부처님의 행적을 찾아서

釋迦如來行跡頌

수말라 편찬
박미경 삽화

불교정신문화원

釋迦如來行跡頌

어 제 서(御製序)

짐이 들으니 서방(西方)에 큰 성인이 계신데 말하지 않아도 믿고 교화하지 아니해도 스스로 행한다 하였다.

어찌 하루아침에 공덕을 닦아 그렇게 될 수 있겠는가.

오랜 세월 좋은 인연을 심어 천변만화(千變萬化) 속에서 그런 인격을 형성하였을 것이다.

한 나라의 왕자로 태어나 네 문을 구경하시고 인생무상을 느껴 설산에서 고행 수도하므로써 근진(根塵)을 탈락하고 원력을 따라 대도를 깨닫고 금강보좌에 앉아 법륜을 굴리시니 이 세상과 저 세상의 공덕이 무량하게 되었다.

그의 원류(源流)를 따라 부사의한 행을 정리하다 보니

부처님께서 깨달으신 법은 가섭존자·아난존자·상나하수 순서로 연면부절(連綿不絶)하였고, 아육왕·문수·용수·천친 등이 갖가지 논을 지어 부처님의 뜻을 더욱 넓고 깊게 이해시키고 있다.

또 마등·축법란은 진나라에까지 법을 전하고 불도징·지의·달마·현장은 그 자비의 물로 메마른 세계를 촉촉히 축여주었다.

시원한 진리의 바람이 중국을 거쳐 우리나라에 까지 들어오니 유정무정이 모두 사악한 마음을 버리고 바르고 착한 마음을 실천하여 지혜의 횃불이 장겁(長劫)의 어두움을 밝히고 메마른 땅에 진리의 비를 흠뻑 젖게 하였다.

해탈의 법선(法船)이여, 얼마나 많은 사람들이 이 배를 타고 저 언덕에 이르러갔든가.

슬프다 이름없는 대도여, 알기 어려운 진리를 닦고 익힌 선배들이 길을 인도하고 본을 보이시니 보는 사람은 누구나 깨닫고, 믿어본 사람은 그 맛을 알리라.

짐이 오랜 세월 사바세계에 유랑하다가 소헌왕후의 7·7재로 인하여 불법의 맛을 조금 보고 거기 또 세종대왕의 천강에 비친 달을 보니 가지마다 열매가 주렁주렁 열렸다. 나는 이 글을 보고 마음을 깨닫고 전생의 업장을 참회하게 되었으니 이 얼마나 다행한 일인가.

이 책에 등재된 조사, 선지식들만도 244명, 4백편에 이르러 눈 어둔 자들의 눈을 뜨게 하고, 길 잃은 자들에게 길을 인도하고자 하노니 누구고 읽는 자는 전생의 빚을 소멸하고 현생의 수복(壽福)을 누리기 바란다.

성화(成化) 22년 8월 15일
세조혜장(世祖惠莊) 근지(謹誌)

머 리 말

부처님의 역사는 여러 사람에 의해 기록되었지만 미얀마 밍군스님의 대불전경을 제일로 치고 마명보살의 불소행찬 등이 있으나 최근 들어 아쇼카왕의 돌비석에 의해 새롭게 증명되었다.

그러나 우리나라에서는 세종대왕이 소헌왕후의 천도를 위해 세조대왕께 부탁하여 여러 학자들이 종합정리한 석보상절을 으뜸으로 삼고 그것을 보고 세종대왕이 5백수의 시를 지은 월인천강지곡(月印千江之曲)이 있다.

그 뒤 세조대왕이 비명횡사한 아들을 위해 석씨원유를 서화(書畫)를 겸하여 8백 페이지로 정리하였다.

돌이켜 생각해 보니 그냥 생각나는 대로 쓴 것이 아니라 근본불교성전인 4아함과 역사서인 고승전, 법원주림 등 수십가지 자료를 모아 정리한 것이기 때문에 후배들에게 좋은 길잡이가 될 수 있었다.

매일 아침 활안큰스님의 강의를 듣고 크게 감동하였는데, 어머니께서 우리 조상님들을 위해 이 책을 출판하여 공부인들에 쓰면 좋겠다 하여 큰스님과 의논하여 인쇄에 붙이게 된 것이다.

원래 산문과 운문 두 가지로 되어 있는 것을 간단히 시문(詩文)으로 정리하되 삽화는 빼기로 하였으니 참고하시기 바란다.

아무쪼록 이 글을 통해 부처님의 넓고 큰 원이 법계에 두루하기를 빌어 마지 않는다.

　그리고 이 글을 정리해 주신 활안큰스님과 서박사님, 그리고 이국장님과 조
과장, 이화출판사에 감사드린다.

2563년 8월 25일
수말라 가족 합장

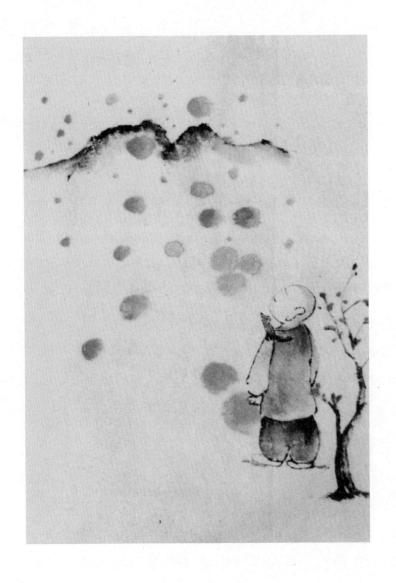

일 러 두 기

1. 이 책은 조선조 때 세종대왕의 부탁으로 세조대왕께
   서 편찬한 것이다.

2. 원문은 한문으로 되고, 거기 삽화까지 있어 800페이
   지 가량 된 것을

3. 원문은 간단히 시(詩)로 재구성하고 그림은 약간 재
   편집하여 넣었다.

4. 다양한 언어 속에 갈수록 어려워지는 역사를 알기 쉽
   게 편찬하였으니 읽고 깊은 신심을 일으키기 바란다.

목　차(目次)

제1편 석가여래행적송

1-1. 석가부처님의 자취를 찾아서 (釋迦垂迹)

석가는 인도의 말이다. 중국말로는 능인(能仁)이다.
사바세계를 교화하기 위해 나타나신 부처님이다.
그 자취는 실로 신묘하여 말로 다 표현할 수 없다.
그의 깨달음은 후대 포교 가운데 나타난다.

대자대비로 만물을 이롭게 하였기 때문에
부처님의 자취를 보면 마치 활짝 핀 연꽃과 같다.
법신(法身)은 불법을 깨달은 것이고,
팔상성도(八相成道)[1]는 불가사의한 자취이다.

왕궁에 태어나시고 쌍림에서 열반하신 것은
오직 중생들에게 감응을 일으키게 한 것 뿐이다.
그대로만 행하면 누구나 성불 할 수 있다.
누가 그 깨달음을 체험하고 느낄 수 있겠는가.

고귀한 석가 왕궁에 태어나 인천(人天)의 공경을 받으면서도
일찍이 번뇌에서 벗어난 부처님만이 할수 있는 일이다.
금륜왕위를 벗어나 옥호광명으로 3천대천세계를 비치시고
팔만법장으로 모든 중생들을 구제하시었으니

대장경 가운데 여래의 언행(言行)이
낱낱이 기록되어 있는 것을
순서를 따라 시종일관 그 자취를 기록해 보도록 하겠다.

---

1) 팔상성도는 ① 도솔래의상(兜率來儀相) ② 비람강생상(毘藍降生相) ③ 사문유관상(四門遊觀相) ④ 유성출가상(踰城出家相) ⑤ 설산수도상(雪山修道相) ⑥ 수하항마상(樹下降魔相) ⑦ 녹원전법상(鹿苑轉法相) ⑧ 쌍림열반상(雙林涅槃相)

1-2. 여래의 전생담 (如來因地)

옛날 옛적에 선혜보살은
등조(燈照)임금님의 아들 보광(普光)이었다.
보리도(菩提道)를 이루기 위해 아버지의 승낙을 받아 구도하였다.

5백외도를 가르치면서 많은 보답을 받았다.
연등부처님께 헌화하기 위해 청의동녀에게 가서
세세생생 버림없는 부부가 되기로 하고
일곱송이 꽃을 사서 연등부처님께 올렸다.

다섯송이는 본인의 것이고,
두 송이는 청의동녀의 것이었다.
두 무더기 꽃이 좌우보처를 형성하자
연등부처님께서 선혜에게 예언하셨다.
"너는 장차 석가모니 부처님이 될 것이다."

그 때 하늘에서 꽃비가 내리니
선혜가 머리를 풀고 옷을 벗어 땅에 깔아드리고
출가비구가 되니 자연 성불이 기약 되었다.

〈因果經〉

1-3. 도솔천에 태어나시다 (上託兜率)

호명보살(護明菩薩)이 가섭부처님 계신 곳에서
금계를 지키고 범행(梵行)을 청정히 닦아
도솔천에 가서 일생보처(一生補處)로 태어났다.

외원의 천인들은 방일했으나
내원의 천인들은 깊은 선정 속에서
사람들을 교화하는데 게으름이 없었다.

5욕이나 선정락에 탐닉하지 아니한 호명보살은
하계 악업중생들을 관찰하시고
"내 마땅히 저들을 위하여 핍박중생들을 해탈시키리라."

하고

인간 세상에 내려와 출가 득도하여
아뇩다라삼보리를 이루리라 맹세하고
구도전법의 길에 나서니 인연 중생들이
함께 내려오게 되었다.

〈佛本行集經〉

1-4. 구담귀성 (瞿曇貴姓)

석가왕의 시조는 평등왕이고
다음은 큰 대모왕 의마왕인데
대모왕이 바라문을 따라 공부 할 때
구담이란 성을 받았다.

구담성인이 감자원을 지나다가 도둑들에게 붙들려
양쪽가슴에 화살을 맞고 죽었는데
거기서 흘린피가 한 쌍의 남녀가 되어 감자족을 형성하였다.

그의 자손가운데 사자협이 있었는데
정반, 백반, 곡반, 감로반 등 네 아들이었다.
그 문하에서 바라문, 찰제리, 바이샤, 수드라 등 4성이 생겼다.

바라문은 학자이고 찰제리는 무사이며,
바이샤는 농공상인, 수드라는 노예다.

석가는 왕족으로 큰 아들로 태어났으나
출가하여 수행자가 되었으므로
성을 그대로 구담이라 쓰게 되었다.

〈釋迦譜〉

1-5. 정반성왕 (淨飯聖王)

선혜보살의 공행(功行)이 원만히 이루어져
십지보살[2]로 일생보처에 가까워지자
일체종지로 도솔천에 태어나 이름을 선혜라 불렀다.

모든 천주들이 일생보처의 행을 실천하는 가운데
시방국토에서 갖가지 몸을 나타내어
중생들의 근기를 따라 설법하였다.

때가 되자 5종 서상을 나타냈다.
① 대광명을 놓고
② 대지를 18종으로 흔들었으며
③ 마궁을 폐하고
④ 해와 달의 빛이 없어지고
⑤ 팔부신장들이 모두 진동하였다.

또 다섯 가지 상이 나타났으니
첫째는 성숙된 인연을 살피고,
둘째는 때가 되었는지를 보고,
셋째는 훌륭한 국토를 찾고,
넷째는 존귀한 종족을 물색하고,
다섯째는 과거부모의 인연을 찾았다.

---

2) 십지보살(十地菩薩) ; 보살의 수행단계 52위 중 제 41위에서 52위까지의 사이에 있는 보
　살로써 최고의 경지에 도달한 자.

마가다국의 아버지 어머니는 부정하고,
화사국은 남의 지배를 받고,
유야리국은 투쟁을 즐기고,
발수국은 거동이 허망하고,
나머지 나라는 변방이 되어
3천대천세계의 중심이 된
가비라국에 태어나기로 하였다.

그 가운데서도 찰제리 종족과 성별을 살펴보니
구담족의 정반왕이 가장 성스러웠으므로
모든 세간의 청정성과 어진 마음 총명지혜를 선택하여
정반왕과 마야부인의 태중에 들기로 하였다.   〈因果經〉

1-6. 마야부인의 태몽 (摩耶託夢)

그 때 선혜보살이 도솔천으로부터 마야부인의 태궁에 들 때
육아백상을 타고 오른쪽 옆구리로 들어오자
감로를 마시듯 편안하였다.

점사를 불러 물어보니 태몽이라 하며
"반드시 성자를 낳아 석범제천[3]의 옹호를 받을 것입니다.
집에 있으면 전륜성왕이 되고
출가하면 반드시 정각을 이룰 것입니다."

하였다.

마야부인은 매일 6바라밀을 행하고
처태(處胎)에 알맞은 음식을 먹어
자연 풍요(豊饒)한 생활을 하였다.

〈因果經〉

---

3) '석'은 옥계 제2천 제석천왕이고, '범'은 색계초선인 대범천왕이다.

1-7. 룸비니 나무 밑에서 탄생하다 (樹下誕生)

마야부인이 열 달이 되자
아이날 것을 생각하고 친정으로 보냈다.
대길상지 룸비니공원에 이르러
바라차나무 밑을 서서히 걸었다.

오른손으로 나뭇가지를 잡자
태자가 광명을 놓으며 탄생하였다.
제석천왕이 가시가 (비단)옷으로 받으니
사천왕이 에워싸 보호하였다.

태자가 홀로 어머니 앞에 서서
사방을 바라보고 일곱 발짝을 걸으니
큰 연꽃을 받들어 모셨는데 큰 소리로 외쳤다.

"천상천하에 내가 홀로 높다" 하니,
인천이 모두 함께 받드는데 아홉 용이
차고 더운 물을 쏟아내어 목욕시켰다.

천지가 6종으로 진동하고
일체중생이 모두 쾌락을 얻었는데,
때는 주소왕 24년 갑인 4월 초8일이었다.

태사소유(太史蘇由)가 말했다.
"서방에 대성인이 출세하였다."
동방(중국)사람들은 성인의 출세를 미리 알았다.   〈本行經〉

1-8. 룸비니 공원에서 가비라성으로 돌아오다 (從園還城)

한 대신이 룸비니 공원 밖에 섰다가
한 여인이 기쁜 마음으로 달려오는 것을 보고 말했다.
"국대부인(國大夫人)이 태자를 낳았습니다."
"그대는 빨리 왕궁에 돌아가 대왕께 아뢰어라."

대신들이 말을 몰아 질풍같이 달려가 아뢰니
왕이 듣고 놀라며 기뻐하였다.

대신이 북을 치고 아뢰었다.
태자가 천인처럼 금색광명을 놓고 있습니다.
왕이 듣고 기뻐하며 친히 보기를 원하였다.

이때 여인이 포대기로 싸들고 와 모시는 지라
"어서 성으로 모셔라"
비수갈마가 칠보연을 사천왕께 돌려 궁중으로 향하자
태자에게는 황의를 입히고 왼손에는 금병을,
오른손에는 보장을 들게 하였다.

전후 종자들이 천인처럼 따르고
옥녀들은 각기 꽃과 향을 들어
미묘한 향기로 태자의 길을 안내하였다.

〈本行經〉

1-9. 선인이 점을 쳤다 (仙人占相)

그때 정반왕이 상사(相師)를 불러 점을 치자
"태자는 큰 덕(32상 80종호)을 갖추어
집에 있으면 전륜성왕이 되고 출가하면 부처님이 되겠습니다."

하니 한 상사가

"전륜성왕이 되면 7보를 구족하겠으나
출가하면 최고의 성자가 되겠습니다."

다시 아사타선인이 와서 태자의 머리와 무릎을 보고
황금머리에 둥근 코와 팔을 보니
"반드시 출가하여 위없는 법륜을 굴리겠습니다."

하며 눈물을 흘렸다.

"왜 우십니까? 무슨 불길한 상이라도 있습니까?"
"내가 박복하여 태자성불 직전에 죽게 되기 때문입니다."
하고 허공으로 날아가 버렸다.

〈本行經〉

1-10. 이모가 양육하다 (姨母養育)

태자탄생 7일만에 마야부인이 돌아가시며
"나는 도리천에 올라가 쾌락할 것인데
태자가 걱정입니다."

하니

"태자는 여러 채녀들이 주위에서
꽃과 향으로 보살필 것이니
걱정하지 마십시오.
태자는 이모 마하파자파티에게 맡기겠습니다."

젖먹이고 목욕시키고 희롱하는 채녀가 32명이나 되니
태자는 날로 초생달이 보름달 같이 커졌다.
마치 니구타수가 좋은 땅에 심어져 점점 자라는 것 같이
왕가에는 점점 금은보화와 소, 양, 코끼리, 말들이 불어났다.

〈本行經〉

1-11. 천사에 나아가다 (往謁天祠)

보살이 점점 자라자 석씨권속들이 정반왕께 말했다.
"이제 태자가 천묘(天廟)에 나아갈 시기가 된 것 같습니다."
정반왕이 마하파자파티에게 말하자

여러 군인들이 보배장식으로 꾸미고
정반왕과 태자를 수레에 모시니
대신들과 석씨 권속들이 향과 꽃으로 앞뒤를 에워쌌다.

번개(幡蓋)를 든 기녀들과 춤과 노래하는 무희들이
허공가운데 가득 찼는데 정반왕이 천묘에 이르자
천왕들이 자리에서 내려와 태자께 예를 올렸다.
백천대중이 환희하니 가비라국이 6종으로 진동하였다.

천인들이 찬탄하였다.
성자는 해와 달이 번갈아 둥글어 지듯이
그 복과 지혜는 수미도 따를 수 없습니다.
이에 한량없는 인천들이 아뇩보리를 얻었다.

〈大莊嚴經〉

1-12. 원림에 나가서 놀다 (園林嬉戲)

태자가 점점 자라자
여러 가지 영락으로 꽃모자를 만들고
허리띠를 만들어 장식한 뒤
태자를 원림에 데리고 가니

석가족 동남동녀들도
사슴수레, 양수레를 타고
갖가지 노래와 춤, 악기로
태자를 즐겁게 하였다.

이렇게 7,8세가 되도록 공원에 나가
석가족 친척들과 손발을 맞춰 놀게 되니
태자는 일취월장 성인이 되어가고 있었다.

그때 허공가운데 이구연(離垢然)이라는 천신이 숨어
때에 따라 갖가지 노래와 춤 놀이를 보여주면
태자는 이모님 품안에서 보배자리에 앉아
즐겁게 놀다가 궁중으로 돌아오곤 하였다.

〈本行經〉

1-13. 유아교육을 익히다 (習學書數)

정반왕이 태자의 나이 8세가 되어
이미 학습을 할 만한 때가 된 것을 알고
군신들을 모아 나라에서 제일가는
선지식을 찾아 교육시키라 명령하였다.

비사바밀다란 선지식이 경론에 밝다는 말을 듣고
석가족 동자들을 모아 함께 공부하도록 가르쳤다.
태자가 스승이 멀리 오는 것을 보고 예배하자
천동천녀가 모두 함께 꽃비를 내려 축하하였다.

이에 범서(梵書) 선서(仙書) 등 64종의 논서를 말하니
석가족 동자들이 함께 읽고 쓰고 공부하며
위덕을 갖춤으로써 통달하지 아니한 사람이 없었다. 〈本行經〉

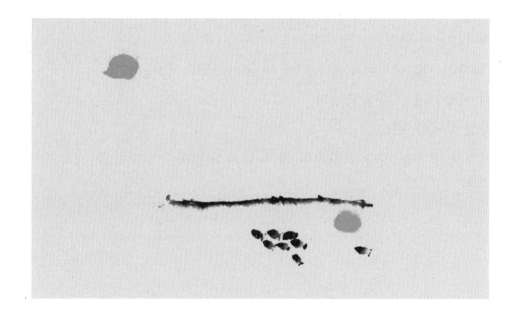

1-14. 무술을 익히다 (講演武藝)

정반왕이 다시 누구에게 무예를 익히도록할까 물으니
양제제바가 29종의 무예를 통달했다고 하자
공원을 만들어 온갖 기구를 만들어 놓고
제바(提婆)등과 함께 그 기술을 익히도록 하였다.

태자가 보고 그 뜻을 이해하며 솔선수범하니
가비라국 태자들이 모두 함께 익히게 되었다.
말하자면 천문(天文), 제사(祭祀), 점찰(占察)
활 쏘는 일과 금수(禽獸)의 언어를 통달하는 일 등

갖가지 기능과 주술(呪術)등의 고서(古書)와
치술(治術) 등을 익히고
석종제자들에게도 통달시켰다.

제바스승이 말했다.
"태자는 어려서부터 문무양면에 다 통달하였으므로
더 이상 배울것이 없습니다."
하고 물러갔으므로
태자의 별명을 싯달다(悉達多)라 부르게 되었다.

〈本行經〉

1-15. 관정식을 거행하다 (太子灌頂)

그 때 정반왕이 군신회의를 열고 의논하였다.

"태자나이 이미 성장했고 지혜 또한 용건해졌으니
4대해 물을 떠다가 2월 8일 관정(灌頂)하는 것이 어떤가?"

모두가 좋다고 하자 정월부터 바라문들을 시켜
증개, 당번(繒蓋, 幢幡)을 들고 꽃과 향을 사루면서
4해의 물을 떠 머리에 이고오자
왕은 칠보안장을 가지고 나와 큰 소리로 외쳤다.

"하늘 땅, 8개 국왕이 보는 앞에서
나라의 도장을 받았으니
인연있는 사람들이 모두 돌아
모든 군신들을 영도하기 바랬다."

이로 인해 정반왕은 근심과 걱정이 없어지고
가비라국은 새 주인을 찾은 듯 밝은 기운이 하늘까지 뻗쳤다.
이에 기녀들이 춤을 추니
가비라국이 온통 환희용약하였다.

〈過去因果經〉

1-16. 농사짓는데 구경가다 (遊觀農務)

그 때 태자의 나이가 성숙하게 되자
왕과 군신들이 농토에 나가 쟁기질하는 것을 보게 하였는데
흙이 뒤집어지면 날새들이와서 흙속의 벌레들을 쪼아 먹는지라

태자가 슬퍼하면서
"아, 세상은 약육강식(弱肉强食)이로다!"
하였다.

태자가 무성한 나무 밑에 앉아
삼계고난 중생들을 생각하며 깊이 선정에 드니
해 그림자도 모두 옮겨가지 않았다.

왕이 일산을 돌고 친히 가서 보고
"산정에 달빛이 뭇 별들을 비치는 것 같도다."
하고 바로 태자를 수레에 태우고 환궁하였다.　　　〈普曜經〉

1-17. 여러 왕족들의 궁술대회 (諸王挏力)

정반왕이 대신 마하제바에게
"석가족 왕자들의 무술경연대회를 시행해 보라."
하면서 철고(鐵鼓) 등을 하사 하였다.

데바닷다와 난다는 세 개의 북을 뚫고
싯다르타는 궁중의 부궁(父弓)을 받아
철고 일곱 개를 뚫고

그 화살이 10구로사를 지나 땅속으로 들어가
우물을 솟게 하여
전천(箭泉)이라는 이름이 생기게 되었다.

태자는 흰 코끼리를 타고 들어왔는데
데바닷다가 화가 나 흰 코끼리를 죽여
성문 앞에 눕혀 놓으니

태자가 왼팔로 끌고 오른손으로 던지니
성문 밖 1구로사에 떨어져서 큰 구렁을 형성하였다.
사람들은 그 구렁을 코끼리 구렁이라 불렀다.

〈本行經〉

1-18. 태자비가 간택되다 (悉達納妃)

그 때 정반왕이 군신들과 의논하여 태자비를 간택하려 하니
석종 바라문 마하나마의 딸 야소다라를 간택하였다.
얼굴이 단정하고 총명 예지하며
현덕으로 추천되었기 때문이다.

나이든 궁녀를 보내 10일 동안 검증한 뒤
또 구이(瞿夷)와 녹야(鹿野) 두 여인을 간택하여
여러 채녀들과 오락을 즐기게 하였다.

나라에서는 하시전(夏時殿), 동시전(冬時殿),
춘추전(春秋殿)을 지어 즐겨 놀도록 하였으나
태자는 시간만 나면 명상하여
부부의 정을 나눌 수 없었다   〈因果經〉

1-19. 오욕을 즐기다 (五欲娛樂)

정반왕이 태자가 3천시녀도 즐기지 않는 것을 보고
"아, 이것은 필시 아시타 선인의 말씀이 꼭 맞는구나!"
하고 더 많은 채녀들을 불러들여
궁전을 완전한 쾌락도시로 만들어주었다.

그러나 이것은 그 마음을 더욱 괴롭게 하는 것 같아
보시 등 선업을 지어 공덕이 쌓아지도록 하니
이때사 태자는 아버지의 원을 받아 10년 동안 쾌락하고

장차 출가를 희망하자 각문에 500인씩의 호위병을 두고
철저히 출가를 방어하였다.
그런데 밤이면 하늘에서 이상한 소리가 들리고

밤이면 희희덕 거리며 놀아나는 남녀를 보고
더욱 염증을 느껴 밖으로만 나가려하자
반유순(半由旬) 이내에는 남다른 장사와
갑옷을 입은 군인들을 배치하여 호위하였다.

〈本行經〉

1-20. 허공에서 이상한 소리가 들리다 (空聲警策)

하늘에 작병(作甁)천자란 사람이 있어
옛날부터 태자의 출가를 간접적으로 도왔는데
태자가 10년 동안 오욕(五慾)에 빠져 방탕하자
밤이면 이상한 소리를 내어 태자를 경책하였다.

"세상은 무상하여 허송세월 할 틈이 없습니다.
도솔천에서 보처행보살로 있을 때
맹세했던 것을 잊으셨습니까?

발심출가하면 금생에 반드시 성불 할 수 있는데
무엇 때문에 욕락에 빠져있습니까?
수많은 중생들이 고통 속에 헤매고 있는데

마음을 가다듬고 올가미에서 벗어나셔야죠."
태자는 비로소 숙세의 인연을 깨닫고
출가할 뜻을 마음 속 깊히 다졌다.

〈本行經〉

1-21. 정반왕이 꿈을 꾸다 (飯王應夢)

그 때 작병천자가 신통력으로 태자의 발심 출가를
일곱 가지로 선몽하였다.
첫째는 제석당(帝釋幢)이 동문으로 나가고

둘째는 코끼리를 탄 태자의 모습을 남문에서 보고
셋째는 태자가 말을 타고 서문으로 나가고
넷째는 여러 가지 보배로 장엄된 수레바퀴가 북문으로 나가고

다섯째는 태자가 손에 큰 채를 들고 큰 북을 치고
여섯째는 높은 루에 올라가 보배를 보시하니 사람들이 받아가고
일곱째는 성 밖 멀지 않은 곳에서 6인이 대성통곡하였다.

왕이 이 같은 꿈을 꾸고 크게 당황하여 해몽자에게 물으려 하자
작병한자가 한 바라문으로 나타나
태자가 출가할 꿈이라 해몽해주었다.

첫째는 출가서상(出家瑞相)이고, 둘째는 증과상(證果相)
셋째는 사무외상(四無畏相), 넷째는 성불상(成佛相)
다섯째는 전법륜상(轉法輪相)이고

여섯째는 37품법보상(三十七品法寶相)이고
일곱째는 외도 6사가 고뇌하는 상입니다.
대왕은 환희하여 근심걱정을 풀고
더욱 태자에게 욕락을 즐기도록 하였다.   〈本行經〉

1-22. 길거리서 노인을 만나다 (路逢老人)

그때에 작병천자가 태자로 하여금
원림(園林)을 구경하게 하여
세속의 욕망을 점점 버리게 하고자
찬란한 수레를 타고 원림(園林)에 나아가게 하였다.

주위를 쓸고 보배수레에 올라 성의 동쪽 문으로 나가니
작병천자가 한 노인으로 변하여
비척비척 사지를 부지(扶持)하지 못했다.

태자가 저자가 누구인가 묻자
"사람이 늙으면 신체를 자유롭게 움직이지 못하여
점점 쇠하여 마지막엔 패자가 됩니다.

걸음도 제대로 걷지 못하고 말도 알아듣지 못하고
아침저녁도 구분하지 못하다가 마침내 죽게 되나니
여기에는 노소남녀 귀천이 없습니다."

하니, 태자는
"그만 가자 무엇을 즐겨하고 무슨 놀이를 하겠는가.
늙고 병든 인생이 다가오고 있는데!"
하고 돌아왔다.

〈本行經〉

1-23. 병들어 누워있는 사람을 보다 (道見病臥)

또 작병천자가 보살로 하여금
이 세상의 욕락과 방일을 깨닫게 하기 위하여
찬란한 수레에 태자를 태우고 남문으로 나가니
길거리에 한 노인이 바짝 마른 몸으로 헐떡거리고 있었다.

"저는 누구인가?"
"병든 사람입니다."
"어떤 것을 병들었다 하는가?"
"기력이 무너져 거동을 마음대로 할 수 없는 사람입니다."

"아, 그래서 병이 들면 죽음의 문에 이른다고 한 것이로구나!"
"그렇습니다. 병들어 누워 있으면
누구도 보살필 사람이 없습니다."
"어서 가자. 무엇을 즐겨하랴!"

태자는 궁에 들어가 밤낮 없이 고민하였다.
'어떻게 해야 늙지 않고 병이 들지 않겠는가?'
먹는 것도 입는 것도 자는 것도 한 가지도 눈에 들어오지 않았다.
늙고 병든 것에서 벗어나지 않고는 이 고통을 면치 못하리라!

〈本行經〉

1-24. 길거리에서 시체를 보다 (路觀死屍)

그러나
"한 번 나갔으니 끝까지 4방 문을 다 구경하리라."
하고 서문으로 나가니

어제 병들어 있던 사람이 오늘 죽어 화장터로 향하고 있었다.
"행상(行喪)은 찬란한데 왜 따라가는 사람들이 울고 가는가?"
"어제 누워있던 사람이 오늘 죽어 화장장으로 가는 것입니다."

"어떤 것을 죽는다 하는가?"
"호흡 하나가 끊어지면 숨도 쉬지 않고 동작도 없으며
찾아오는 사람들을 알아보지 못합니다."

"저 사람만 그러한가, 다른 사람도 그러한가?"
"빈부귀천이 따로 없습니다."
"통탄할 일이로다. 걸음걸음에 죽음이 따라 오는구나!

어서 궁으로 돌아가
죽음없는 세계를 구해야겠다."

〈本行經〉

1-25. 출가사문을 만나다 (得遇沙門)

정반왕께서 말을 몰고 4문을 청소시키고
노인과 환자, 시체를 보이지 않게 하라 하였는데
오늘은 갑자기 정거천인(淨居天人)이 한 사문으로 변하여
걸어가고 있었다.

"그대는 무엇하는 사람이요?"
태자가 즉시 수레에서 내려 물으니
"나는 세상의 무상을 느끼고 출가 수도하는 사람입니다."
"도를 닦으면 무슨 이익이 있습니까?"

"생·노·병·사에서 벗어날 수 있습니다."
"누구나 할 수 있습니까?"
"마음만 먹으면 세속의 올가미에서 벗어나
새가 공중으로 날아가는 것 같습니다."

태자는 즉시 궁으로 돌아와
어떻게 해야 출가할 수 있을까만 생각하였다.

〈大莊嚴經〉

1-26. 야수다라가 꿈을 꾸다 (耶輸應夢)

그 때 야수다라가 꿈을 꾸니
20가지 두려운 일이 눈앞에 전개되었다.

1) 천지가 진동하고

2) 제석당이 부러지고

3) 하늘의 별들이 떨어지고

4) 일산이 찢어지고

5) 머리가 깎여지고

6) 몸위의 장식이 모두 떨어지고

7) 몸이 추해지고

8) 손과 발이 저절로 떨어지고

9) 온몸이 나체로 드러나고

10) 앉았던 상좌가 부서지고

11) 침대의 네 다리가 부서지고

12) 궁전의 지붕이 바람에 흩날리고

13) 큰 나무가 바람에 뽑히고

14) 해와 달이 어두워지고

15) 세상이 캄캄해지고

16) 성(城)이 무너지고

17) 호법선신들이 통곡을 하고

18) 가비라국이 텅텅비고

19) 꽃과 숲이 모두 마르고

20) 장사들이 모두 흩어졌다.

비가 놀라 일어나 겁을 내자

내가 여기 있고 집도 궁전도 모두 그대로 있는데

무엇을 그리 두려워 하는가 하고 도리어 위로하면서도

속으로

'어느 날 필시 내가 출가할 꿈이로다.'

생각하였다.   〈本行經〉

1-27. 정반왕께 출가를 알리다 (初啓出家)

부처님께서 밤중에 생각해 보았다.
"이대로는 살 수 없으니 출가하여 도인이 되어야겠다.
그러나 부왕에게 말씀드리지 않고 출가하면
상심한 바가 더 많을 것이다."

하고 밤중에 찾아가 정반왕께 고백하였다.
"대왕이시여, 출가해야지 이대로는 살 수 없습니다."
대왕께서 이 말을 듣고 펑펑 눈물을 쏟으시면서

"네 말을 듣고 보니 일리가 있다마는 내 나이 늙어
후계자가 없는데 누구를 믿고 살겠느냐!"
"그렇다면 저에게 늙지 않는 약과 병들지 않는 약,
죽지 않는 약을 주시고 해탈을 얻게 하옵소서."

"이 세상 어떤 선인도 네 원을 들어 줄 수 없다."
하고 5백석종과 동자, 장사, 군인, 경찰들을 통하여
4문을 지키고 밤낮없이 채녀들이 그 곁을 지켜
떠나지 않게 하였다.

〈莊嚴經〉

1-28. 야밤에 성을 넘다 (夜半踰城)

하루는 보살이 음악감상실에서
과거 제불들의 4대서원을 생각하였다.

1) 스스로 법성을 증하여 삼계고뇌 중생들을 건지겠습니다.
2) 흑암속에 허덕이고 있는 중생들을 밝은 등불이 되어
   비추어 주겠습니다.

3) 중생들의 아만상도(我慢想倒)를
   정법으로 깨우쳐주겠습니다.
4) 3계에 유전하는 중생들을 빠짐없이 해탈시키겠습니다.

이에 차익을 불러 말안장을 채우라 하니
"이 밤중에 어디를 가신다 하십니까?"
하고 망설이자

"지금 모든 군인들과 채녀들이 깊이 잠이 들었으니 떠나자."
하며 옛 발가바선인이 고행하던 곳으로 가서 말을 내리니
말을 받들고 왔던 4천왕, 범천, 제석들이 다 인사드렸다.
천지가 6종으로 진동하고 하늘엔 밝은 서상이 나타났다.

〈莊嚴經〉

1-29. 금도로 머리를 자르다 (金刀落髮)

보살이 이렇게 생각하고 금도로써 머리를 자르며
"내 마땅히 일체번뇌를 끊어 없애리라."
하니 제석천왕이 옷으로 받아 하늘에 머리칼탑을 세웠다.

또 입은 옷이 수행자와는 다르므로
"이 옷은 가사가 아니다."
하고 바로 벗으려 하는데

가사를 입은 수렵인이 가까이와 바꾸어 입었다.
사냥꾼이 가사를 입으면
짐승들이 도망가지 않기 때문이다.

보살이 이미 삭발하고 가사를 입고 보니
영락 없는 수도인이라 천천히 걸으면서
"나야 말로 옛날 발가바선인과 같도다."
하고 고행림 속으로 들어가 일념으로 구도하였다.

〈莊嚴經〉

1-30. 차익을 궁으로 돌려보내다 (車匿辭還)

태자가 산림에 이르러
"너는 나와 다른 세속인이니
세간에 돌아가 부왕께 사뢰어라.
태자는 출가하였다고."

"안됩니다. 저도 따라서 출가하겠습니다."
"네가 만일 나의 거처를 알려주지 않는다면
온통 왕궁이 뒤집힐 것이니
네가 가서 사실대로 말씀드리는 것이 좋다."

차익이 돌아와서 눈물로 하소연 하였다.
"태자는 세속의 욕락을 바라지 않고 오직 구도하여
생사를 처단하고자 한다고 하였습니다."

차익이 말과 함께 궁중에 들어오지도 못하고 동문 밖에서
이 소식을 전한 뒤 죽었으므로
궁중의 모든 사람과 채녀 군인 동자들이 한결같이
통곡하고 태자의 무사귀환만을 빌었다.

〈莊嚴經〉

1-31. 차익의 환궁 (車匿還宮)

야수다라와 마하파자파티왕후는
차익이 가지고 온 태자의 장식품을 만지며 통곡하였다.
"차익이 어디에 있느냐?"

"차익은 동문 건너편에서 이미 말과 함께 순직하였습니다."
"차익아 너는 어찌 주인을 맹수들이 득실거리는 산골에
버리고 왔느냐!"

이미 삭발하고 옷을 갈아입고
깊은 산골짜기로 들어갔다는 말을 듣고
모든 궁인들은 땅을 치고 통곡하며
하늘을 우러러 바라보았다.

그러나 옆 사람의 말이
"부지런히 공부하여 무상정각을 얻으면
반드시 돌아온다고 하셨다하니 너무 상심하지 마십시오."

하고 태자가 궁을 떠날 때는 4천왕과 8부신장, 범천 등
수 많은 천인들이 말발굽을 들어 올렸다는 말을 듣고
모두 이것은 인력으로
할 수 없는 일이라 포기하였다.

〈莊嚴經〉

1-32. 숲속의 선인들께 묻다 (詰問林僊)

태자가 발가바선인이 있는 숲속에 들어가니
여기저기 선인들이 모여 있었는데
풀잎으로 옷을 해 입은 사람,
나무 뿌리와 과일을 먹고 사는 사람

혹은 1일 1식, 2. 3일에 1식을 하고 사는 사람,
물과 불을 섬기는 사람, 해와 달을 섬기며
한 발을 들고 있는 사람,
진흙 밭 가시 속에 누워

일어나지 않는 사람 등,
다양한 사람들이 있어 물었다.

"그런 고행을 하여 무슨 결과를 바라십니까?"
"천당에 태어나 복 받기를 원합니다."
"복이 다 하면 다시 타락하는 데도?"
"그것은 그때 가서 봐야 알 일입니다."

이렇게 하루 종일 토론하고 나니
"행자는 보통 사람이 아닌 것 같았다.
그렇다면 아라라 카란마와 웃드라카 라마풋다를 만나보세요."

태자는 그 곳을 떠나 보다
깊은 수행자를 만나 보고자
자리를 떠났다.   〈因果經〉

1-33. 왕궁에 돌아오기를 권청하다 (勸請廻宮)

그 때 정반왕은 태자의 스승과 대신들을
발가바선인이 있는 곳으로 보내 출가를 포기하고
왕궁으로 돌아오도록 종용하였다.

그러나 태자는 벌써 발가바선인이 있는 곳을 떠나
아라가 카란마 선인이 있는 곳으로 가 있었다.
"정반왕께서 은애의 정에 빠져 식욕을 전폐하고
태자의 환궁만을 기다리고 있습니다."

그러나 태자는
"내가 어찌 부모님의 은애와
궁중의 비애를 알지 못하겠느냐.
그러나 한 번 빼어든 칼을 다시 접을 수는 없으니
어서 가서 나의 구도심을 전해주기 바란다."

"만약 태자께서 환궁하지 않으신다면
저희들도 이곳에 머물러 함께 수행하겠습니다."
그래서 교진여 등 5인이 달래고 달래다 태자의 뜻을
꺾지 못하고 하는 수 없이 조금 떨어진 곳에서
태자와 함께 공부하게 되었다.

〈因果經〉

1-34. 두 선인을 조복하다 (調伏二僊)

태자가 아라라 칼라마 선인에게 물었다.
"생사의 근본은 어디에 있습니까?"
"계행을 가지고 인욕 정진하면
선정을 통해 각관(覺觀)을 제거하고

기쁜 마음 정념(正念)을 얻어
락(樂)의 근본을 알게 되고
3선으로 고락(苦樂)을 없애면
무상(無上)의 과보를 받습니다."

"비상비비상처(非想非非想處)에
나이도 있지 않습니까?"
"무아의 경지에 이르러
상·비상도 생각하지 않으면 그렇게 됩니다."

'만약 그것을 안다면 반연(攀緣)한 것이고
반연하면 염착(染着)이라 해탈이라고 할 수 없지 않습니까?"
"추세(麤細)의 차이는 있지만 결국 자양(滋養)을 받지 않습니다."

"그렇다면 그것은 완전한 고통을 여읜 해탈의 경계가 아닌데요!"
"거룩하십니다. 저 건너 가란선(迦蘭仙)에게 가보십시오."
그러나 그곳도 별로 신통할 것이 없어
홀로 공부하기로 작정하고 그 곳을 떠났다.   〈因果經〉

1-35. 육년고행 (六年苦行)

스승이 따로 있을 수 없다하니
나의 눈·귀·코·혀·몸을 조복하기 위해
고행하리라 생각하고 호흡(出入息)과 생각을 조정하였다.

외도는 생각 속에서 선정을 닦고
천인은 환락 속에서 공덕을 닦는다.
이제 나는 하루 삼씨 하나, 보리 하나로
난행고행(難行苦行)하며, 생사의 뿌리를 캐리라.

6년 동안 비 바람도 피하지 않고
모기 파리에도 굴하지 않고
꿋꿋하게 위의를 진지(進止),
흔들림 없는 행위를 하니 봄 가을 겨울도 어찌하지 못했다.

장난(障難) 난목(亂目) 사시(斜視) 공포가 모두 사라지니
까치가 머리위에서 알을 낳아 새끼를 쳤다.
똥오줌이 몸을 더럽혀도 알지 못하고 있으니
천룡팔부가 주위를 지키고 보살들이 도덕을 흠모하였다.

〈普曜經〉

1-36. 멀리서 자량을 보내다 (遠餉資粮)

이 소식을 전해들은 정반왕은
마하파자파티와 야수다라를 시켜
태자와 5비구가 수행중 지장이 없도록
온갖 옷과 음식을 실어 보냈다.

그러나 태자는 오불관(吾不觀)
먹고 입고 자고 하는 것에 관계없이
일심으로 정진 하였고,
5비구도 똑같이 행하였으므로
가지고 간 물건들을 다른 수행자들에게 나누어 주었다.

단지 부모를 버리고 국토를 떠나
멀리서 불효한 심정을 알리고
한 소식 얻으면 그때는 나라와 백성들을 찾아 뵙고
감로(甘露)의 젖을 나누어 줄 것을 약속하였다.   〈因果經〉

1-37. 목녀들이 유미죽을 올리다 (牧女乳糜)

태자는 가란타 선인으로부터
하루에 삼씨 하나 보리 하나로 고행하는 법을 배우고
그 후 6년 동안 고행하다 보니 몸이 고목나무처럼 되었다.

걸음도 제대로 걸을 수 없게 되자
이제는 6년의 진구를 씻고
새로운 공부를 시작해야 되겠다고 생각하고
전정각산을 내려오다가 언덕바지에서 쓰러졌다.

몸을 일으킬 수도 뒤척일 수도 없어 몸부림 치고 있는데
가비라국의 행상이 와서 보고 군인 상사의 딸들에게 알려
교정을 받고 우유를 발라 18일 만에 회복이 되었다.

이제는 니연선하에 가서 목욕하고 6년의 진구를 씻으리라 하고
내려갔다가 물결에 휩싸여 흘러가다가
간신히 나무 뿌리를 잡고 올라 왔는데

마침 그 때 목신에게 기도하러 가던 수자타가
그의 동생과 같이 유미죽을 올려
차차 몸을 회복하게 되었다.

먼저 몸을 교정하고 우유를 발라준 사람들은
장차 태국에 이르러 태국 맛사지를 개발하고
수자타는 끝까지 공경하며 부처님의 몸을 회복시켰다.

〈因果經〉

1-38. 니련선하에서 목욕하고 빨래하다 (禪河澡浴)

보살이 6년 고행의 진구를 씻으니
물고기들이 몰려와 진구를 마시고 해탈하였다.
아울러 입었던 옷을 세탁하니
실오라기가 걸래처럼 되어 흐물흐물 무너졌다.

이 광경을 33천과 아가니타 천신들이 보고
그것을 거두어 하늘에 옷탑을 세우니
분소지의(糞掃之衣)가 황금탑으로 변했다.

이에 제석천이 그 옷을 가져가고
아사다 나뭇가지에 허름한 수행자의 옷을 놓아두니
그것을 입고 하반(河畔)을 나와
수자타의 유미죽을 받아 먹었다.

이 광경을 천인들이 니련선하에 오르내리며
영상으로 찍어 천상세계에 올리니
싯다르타의 고행소식이 3계 6도에 다 전해졌다.

〈莊嚴經〉

1-39. 제석이 옷을 드리다 (帝釋獻衣)

그때에 태자가 물가에 앉아 옷을 말리자
정거천인 무구광(無垢光)이 큰 가사를 올렸다.
보살이 받아 입으니 위의가 적정해졌다.

이에 취락신(聚落神)이 선생녀께 고했다.
"그대가 유미죽을 금발우에 가득채워 부처님께 공양하라.

먼저 올린 유미죽은 수신(樹神)에게 올리기 위해 쑨 것이니
진짜 마음속으로 우러난 음식을 올리라."

이 때 니연타야 용녀가 가져온 좌복에 앉아서
유미죽을 받으니 마치 천식(天食)이 이르러온 것 같았다.

이 때 며칠 동안 목욕하고 좋은 음식을 받아먹고
32상 80종호가 드러나 천지가 밝아진 것 같았다.

〈莊嚴經〉

1-40. 보리도량으로 나아가다 (詣菩提場)

보살이 바른 생각으로 보리수를 향하니
비 바람신이 도량을 청소하고 천지가 진동,
천화(天花)가 만발하였다.

대범천이 말했다.
"마땅히 알라. 우리 보살이 정진의 갑옷을 입고
견고한 지혜를 성취해 6바라밀을 실천할 것이니 기대하라."

제석천이 말했다.
"모든 선법은 자각(自覺) 각타(覺他)로부터 시작되나니
장차 여래의 대신통력이 온 세계 중생들을 호념(護念)할 것이다.

무량공덕을 성취한 대 보살이 보리수 밑에 앉아
마군중을 항복받고 아뇩다라삼먁삼보리를 얻어
10력 4무소외 등 18불공법으로 법륜을 굴릴 것이다."

중생은 처염상정한 법안을 얻고 외도는 쟁론을 쉬고
본래의 소원대로 일체법을 원만히 성취할 것이니
부디 세간법에 물들지 말고 연꽃처럼 깨끗하게 하라.

〈莊嚴經〉

1-41. 천인이 길상초를 바치다 (天人獻草)

보살이 생각하였다.

"내가 이제 보리도량에 이르러 어떤 자리에 앉을 것인가!"

정거천인이 말했다.

"과거 모든 부처님들이 풀자리에 앉아 성도했습니다."

"누가 나에게 풀자리를 제공할 것인가?"

제석이 즉시 화현하여 풀을 들고 부근에 서 있었다.

"그대의 풀이 마치 공작의 목털처럼 부드럽구나!

그대의 이름이 무엇인가?"

"길상(吉祥)입니다."

"아, 길상한 일이 생기겠구나! 내 이 자리에 앉아

위없는 깨달음을 얻고자 하니 마땅히 자리에 깔아다오."

길상이 자리를 까는 사이 천지가 진동하였다.

"여기에 앉아서 위없는 깨달음을 얻어

중생들을 이익되게 하옵소서."

드디어 부처님께서 그 자리에 앉으셨다.

〈本行經〉

1-42. 용왕이 찬탄했다 (龍王讚歎)

보살이 자리에 앉으니 갑자기 허공가운데서
5백마리의 새들이 노래 부르며 춤을 추었다.

그때 오랜 세월 그 곳에서 살아온 가타용왕이
깊은 잠에 빠져 있다가 천지가 진동하는 소리를 듣고 깨어나
"아, 보살이 무상보리를 이룰 징조로다!"

하니 흑색용왕의 비 금광이 여러 용녀들과 함께
갖가지 꽃과 향, 진주, 악세사리로 공양하고,
미묘하게 찬탄하는 하늘 음악 소리를 들었다.

그 때 용왕이 보살에게 예배 공양하니 말했다.
"나는 기필코 이 자리에서 아뇩다라삼먁삼보리를 이루어
한량없는 중생들을 제도하리라."   〈本行經〉

1-43. 보리좌에 앉았다 (坐菩提座)

그 때 보살이 보리도량으로 날아갈 때
한량없는 보살들과 천중들이 각각 보리수를
8만4천 가지로 장엄하고 7보로 단장한 뒤 에워쌌다.

보살이 맹세하였다.
"내 마땅히 이 자리에 앉아 마군들을 항복받고
이교도들을 절복하리라."

그의 몸 주위에서 갖가지 빛이 쏟아져
시방의 모든 불국토를 훤히 비추었다.

〈莊嚴經〉

1-44. 마왕의 꿈 (魔王得夢)

그 때 보살이 미간에서 백호광명을 놓아
마왕의 궁전을 비치니 마왕파순이 자다가
서른 두 가지 악몽를 꾸었다.

① 궁전이 진동하고
② 갑자기 불이 일어나고
③ 장벽이 무너지고
④ 기왓장이 깨지고

⑤ 티끌이 휘날리고
⑥ 더러운 냄새가 나고

⑦ 코끼리들이 넘어져 죽고
⑧ 새털이 떨어지고
⑨ 샘물이 마르고 나무들이 말라죽고

⑩ 신체가 절단되고 몸이 추웠다 더웠다 하고
⑪ 얼굴이 노랗게 되고 목구멍이 마르고 기침이 그치지 않고
⑫ 의상이 찢어지고
⑬ 천관이 떨어지고

⑭ 천주가 통곡하고
⑮ 마군들이 걱정하고

⑯ 마자(魔子)들이 울부짖고
⑰ 만민들이 흩어지고

⑱ 칼과 장대가 부러지고
⑲ 악기가 파괴되고
⑳ 좌우의 친구들이 흩어지고
㉑ 원수와 옥녀가 옷을 벗고 울부짖고

㉒ 마음에 두서가 없고
㉓ 공포심이 밀려오고
㉔ 불길한 노래 소리가 들려오고

㉕ 곳곳의 사람들이 도망치고
㉖ 상서스럽지 못한 꿈을 꾸고
㉗ 공포심이 밀려오고
㉘ 말과 행위가 즐겁지 못하고
㉙ 하는 일이 오래가지 못하고

㉚ 복덕인들이 와도 모두 마중(魔衆)으로 변하고
㉛ 용과 나찰 8부중이 보리수 밑으로 가고
㉜ 용맹심을 내어 석가모니 성불을 도왔다.

〈本行經〉

1-45. 마군의 자식들이 간(諫)하다 (魔子諫父)

그 때 마군의 자식들이 상주(마왕자) 아버지께 간하였다.
"싯달다 보살이 원수를 지어
 공포한 것을 후회하고 있습니다."

"그런 소리 하지 말라. 너희들 어리석은 자식들아!
너희들은 아직도 네 아버지의 신통 변화를 보지 못했구나."
"아버지하고는 비교가 안됩니다. 싯달다의 힘은 막대합니다.
잘못하면 한꺼번에 망할 수 밖에 없습니다."

그 때 코끼리 부대, 말 부대,
수레, 보병 백천만억, 천귀들이
갖가지 형상으로 창칼을 휘둘렀으나
중과부적(衆寡不敵)이라

보리수 근처에 가기만 하면 경악하며
몸을 움직이지 못하였다.
부처님 몸에서는 마치 금산처럼 큰 광명을 놓아

한사람도 그 몸을 숨길 수 없으므로
보살은 더욱 용기를 내어 드디어
보리수 밑에서 성불하였다.

〈本行經〉

1-46. 마녀들이 현혹하다 (魔女衒媚)

마왕파순이 장자를 취하지 않고
상주들에게 고했다.
"여자들을 보내서 그 마음을 현혹시키도록 하자."

마녀들이 듣고 그 모습을 편안하게 하고
보살 근처에 가서 갖가지 모습으로
아첨하는 노래를 부르고 꽃과 향을 흩으면서
5욕의 즐거움으로 권청하였다.

그런데 보살이 그 모습을 보기만하면
욕심의 마음이 청정심으로 변하여
본래 청정한 모습을 나타내므로
마치 연꽃이 물속에서 솟아 오르는 것 같았다.

수미산과 같이 확고부동하여
모든 근(根)을 항복받으므로
부끄러워 물러나고
미묘한 음성으로 교태를 부리던 사람들까지도

모두 물러가 마치 깨끗한 자루에 더러운 때가 담겨져
그 모습을 나타내지 못하게 되니 젊은이는 늙어 보이고
하얀 사람은 모두 검게 되어 눈 뜨고는 볼 수 없게 되었다.

〈本行經〉

1-47. 마군들과 싸우다 (魔軍拒戰)

마왕은 욕락과 환락으로 대적할 수 없다는 것을 느끼고
좋은 말로 위안해 말했다.
"인자하신 스승님, 전투할 생각을 버리십시오.
저들은 워낙 악한 무리들이라 쉽게 물러서지 않습니다."

"마왕이여, 나를 시험하지 말라.
나는 금강보좌에 앉아
결과부좌를 맺고 있으니,
어떠한 성냄과 해침도 나를 꺾을 수는 없다."

하고 손가락으로 땅을 가리키며
"땅이여, 증명하라. 이 싯달다의 마음을!"
하자 땅이 입을 벌리고 온갖 마군이들을 함께 삼켜버렸다.

신체는 토막토막 부서져 티끌처럼 날아가고
무기 또한 용광로로 들어가 하나도 남김없이 타버렸다.
만억 코끼리와 낙타 말들은 섬광처럼 나타났고,
천지는 태풍이 지나간 것처럼 고요하기 그지 없었다.

〈本行經〉

1-48. 마군중을 쓸어버리다 (魔衆捧缾)

그 때 여래께서 보리수 밑에 단정히 앉아
파순의 군대 80억중을 항복받으니 파순이 말했다.
"싯달태자여, 너는 거기 홀로 앉아 무엇하고 있느냐?"
"내가 세간을 바라보니 하나도 쓸 것이 없어
바다 밖으로 던져버렸다."

"파순아 너는 전생에 한 절의 주인으로써
널리 공덕을 닦고 한량없는 부치님들께 공양하더니
하루는 8계를 받고 벽지불께 공양, 제6범천이 되었었다.
내 말이 거짓말인지 땅속의 신들께 증명해 보라."

말이 마치기도 전에 모든 대지가 6종으로 진동하고
그 속에서 수 많은 지신(地神)들이 나타나
머리를 조아리고 예배하며 큰 소리로 외쳤다.

"부처님의 말씀은 진실로 허망하지 않다.
너는 이 병속에 들어가 꼼짝 달싹하지 못하리라."
하고 병속에 넣어 허공 가운데 던져 버렸다.
그의 권속들이 모두 병속에 들어가 갇히니
나머지 사람들은 모두 끼리끼리 흩어졌다.

〈雜寶藏經〉

1-49. 지신이 증명하다 (地神作證)

그 때 보살이 즉시 오른 손으로
땅을 가리키며 말했다.
"마땅히 능히 일체 만물을 생하되 상을 내지 않고
평등한 마음으로 증명하리니 땅이여 증명하라."

그 때 땅속에서 지신이 불쑥 나타나
무릎 꿇고 합장 공경하였다.

"내가 옛날 옛적부터 천불의 출세를 증명하였노라."
하니 삼천대천세계가 6종으로 진동하고
여덟 가지 상을 나타냈다.
이에 모든 마군이 퇴진하고
모든 무기가 땅에 떨어졌다.

파순이 대지가 꺼지는 소리를 듣고 마음이 두려워
동서남북을 가리지 못하였다.
이에 천지는 고요해 졌고 마군이들은 모두 도망했다.

〈本行經〉

1-50. 마군이 자제들이 참회하다 (魔子懺悔)

마왕파순의 장자 이름은 상주이다.
부처님께 머리를 조아리고 지극한 마음으로 참회하였다.

"성자이시여, 저희 아버지의 참회를 받아주시옵소서!
생각이 어두워 참 어린아이와 같이 일을 저질렀습니다.
아버지가 중심이 없어 지혜인을 괴롭게 하였사오니
용서해 주시옵소서."

그 때에 석제환인과 한량없는 천인들이
허공가운데 가득 차

다 같이 참회하고 큰 소리를 외쳤다.
"착하다 선재여! 그대의 소리가
4방에 꽉 차 메아리치고 있다.
천인들은 노래 부르고 춤추며 꽃을 뿌려 찬탄하고 있다.
성자께서는 반드시 아뇩다라삼먁삼보리를 얻는다고!"

마왕의 아들 상주와
그의 친구들도 모두 환희심으로
참회하고 돌아갔다.

〈本行經〉

1-51. 보살이 마군이들을 항복받다 (菩薩降魔)

이렇게 해서 보살은
이들 마군들의 간섭을 받지 않고 성도하였다.
"나에겐 털끝만큼도 원한이 없으니 착한 마음들을 가져라.

너희들은 나에 대하여 별별 생각을 가지고 있으나
나는 한생각도 일으키지 아니했다.
나 또한 이 마음을 그대들에게 부촉하노라."

이에 마군이들이 환희심으로 보살의 서원을 본받아
"이 몸이 부서져 미진이 될지라도
아뇩다라삼먁삼보리를 얻지 못하면

결코 일어나지 아니할 것이며,
용맹력, 서원력이 굳게하여
모든 마군이들에게 복업,
선근력이 되도록 하겠다."
맹세하였다.

〈本行經〉

1-52. 등정각을 이루다 (成等正覺)

보살이 보리수 아래서 이미 마군들을 항복받고
등정각을 이루어 대법당을 세우고 삼계중생들을 도탈시켰다.

제1선에서는 일의전심(一意專心)으로 선행(禪行)을 닦고
다음에는 깨끗한 진리를 보고
세 번째는 선에도 의지하지 않고 악을 버리고

고락성쇠에 좌우되지 않은 적연무변(寂然無變)을 얻고
네 번째는 하염없는 마음으로 음노치를 퇴치하여 무루의 지혜를
형성하니 마치 밝은 달이 하늘 높이 떠오른 것 같았다.

10력, 4무소외, 3부동, 대자대비 등 18불공법(不共法)을 얻어
인 · 의 · 예 · 지 · 신과 6도만행, 4무량심으로 중생들을 양육하여
마치 어진 어머니가 어진 아이들을 보살피는 것 같았다.

〈普曜經〉

1-53. 하늘 사람들이 찬탄하다 (諸天讚賀)

3계의 천왕들이 싯달태자께서
보리수 아래에서 성도하신 것을 보고
정거천, 범가위천, 선범천, 타화자재천, 무교락천, 도솔천,
염마천, 도리천, 4왕천과 허공대지에 있는 모든 신들이
부처님께 공양하고, 꽃과 향으로 찬탄하였다.

견고여금강 (堅固如金剛)

지강불가훼 (志强不可毁)

정사기육소 (正使肌肉消)

골수진무여 (骨髓盡無餘)

약불성불도 (若不成佛道)

종불기우좌 (終不起于座)

인사자사정 (仁師子詞正)

건서입위신 (建誓立威神)

여등제천신 (余等諸天神)

함래득선이 (咸來得善利)

내사최존인 (乃使最尊人)

미소불성명 (靡所不聖明)

아등문불음 (我等聞佛音)

개권조불도 (開勸助佛道)   〈普曜經〉

1-54. 화엄대법 (華嚴大法)

그 때 여래께서 정각을 이루시고
적멸도량에서 41위 법신대사와
숙세에 근기가 뛰어난 천룡8부가 에워싸니
마치 둥근달이 구름 속에 은은히 나타난 것과 같았다.

노사나몸을 나타내어 원만수다라경을 설했는데
7처9회39품의 돈교(頓敎)였다.
세주묘엄품, 여래현상품, 보현삼매품, 세계성취품,
화장세계품, 비로자나품, 여래명호품, 사성제품,

광명각품, 보살문명품, 정행품, 현수품, 승수미산정품,
게찬품, 10주품, 범행품, 발심공덕품, 명법품,
승야마천궁품, 야마천궁게찬품, 10행품, 10무진장품
승도솔천품, 도솔천궁게찬품, 10회향품, 10지품,

10정, 10통, 10인품, 아승지품, 수량품, 보살주처부사의품,
10신상해품, 여래수호공덕품, 보현행품, 여래출현품, 이세간품,
입법계품 등 마치 해가 뜨니 큰 산부터 비치는 것 같았다.

산의 높고 낮음을 따라 태양이 온 천하를 비추듯
부처님의 광명이 미치지 아니한 곳이 없었다.
보살, 연각, 성문이 차례로 듣고 착한 마음을 내었으며
근기에 따라 모든 중생이 교화를 받았다.　　　　〈華嚴經〉

1-55. 보리수를 관하다 (觀菩提樹)

부처님께서 성불하자 한량없는 천인들이
부처님의 공덕을 노래로 불렀다.
부처님은 보리수에서 잠시도 눈을 떼지 않고
선열로서 법을 삼고 바라 보셨다.

욕계 색계 제천들이 손에 금분과 향수를 가지고와
머리를 조아려 예배드리고 목욕시켰다.
하늘 옷을 받들어 입으니 천룡8부들이 그 물을 취하여
목욕하고 나머지는 하늘로 가지고 올라갔다.

이 냄새와 향기를 맡은 자는
모두가 환희하여 보리심을 발했다.
그 때 보화천자가 물었다.
"7일동안 무슨 삼매에 들어 계셨습니까?"

"희열삼매로 법을 삼고 정력(定力)으로서 가부좌하였다.
시작도 없고 끝도 없으니 생노병사가 이르지 못했다."

제2·7일에 주위를 경행하니 3천대천세계가
온통 보리도량으로 변했다.

〈華嚴經〉

1-56. 용궁에서 정에 들다 (龍宮入定)

세존께서 마이지처(摩利支處)에 이르러있으니
가라용왕과 목진린타 용왕이 청했다.
"저희 궁전을 빌려 드릴테니 잠시만 앉아 쉬십시오"

7일동안 비구름이 일어 비바람이 엄습하였는데
용들이 주위의 나무를 몸으로 감아 불두를 가려
비를 피하게 하고 9일이 지나자 비바람이 그치어
어린 동자로 화현하여 청하였다.

"저희들에게 가르침을 주시옵소서."
부처님께서 3귀의 5계를 주고
"긴 밤에 안락이 있으라."
축원하니 큰 소리로 3귀5계를 따라서 하였다.

귀의불양족존 (歸依佛兩足尊)
귀의법이욕존 (歸依法離欲尊)
귀의승중중존 (歸依僧衆中尊)

불살생(不殺生) · 불투도(不偸盜)
불사음(不邪婬) · 불망어(不妄語) · 불음주(不飮酒)

이것이 부처님께서 최초로 축생들을 제도하신 일이다.

〈本行經〉

1-57. 숲속에서 연좌하다 (林間宴坐)

부처님께서 용궁에서 일어나니
한 천자가 신통력으로 온
니구로다 동산에 빛을 놓았다.

"세존이시여, 저는 전생에 양치기였습니다.
보살이 되어 6년 고생하시는 가운데 양젖을 공양하고
니구타나무로 그늘을 만들어 고행자들을 편안하게 한 공덕으로

죽어서 33천에 태어났다가
세존께서 성도하신 것을 보고
내려와 예배드리오니
어여삐 여기시어 3귀5계를 주시옵소서."

부처님께서 그를 가엾이 여겨
3귀5계를 주시니
세간에서는
최초로 천중(天中) 우바새(優婆塞)가 되었다.

〈本行經〉

1-58. 4천왕이 발우를 바치다 (四王獻鉢)

부처님께서 사유하였다.
"과거 모든 부처님들이 발우를 가지고 탁발하였는데
나는 누구에게 발우를 얻을 것인가?"

생각하니 4천왕이 금·은·파이·유리·마노·
자거로 만든 발우를 드렸으나 받지 아니하므로
네 분이 각각 돌 발우 하나씩을 받들어 올렸다.

부처님께서 그것을 받아 손바닥위에 놓고 누르니
네 개의 발우가 하나의 합이 되어
물과 밥을 골고루 담게 되었다.
이것이 불교에서 발우가 생기게 된 동기이다.   〈本行經〉

1-59. 두 상인이 음식을 받들다 (二商奉食)

북인도 상인 제수(帝須)와 발이카(跋利迦)가
5백 수레를 끌고 가는데,
소・코끼리가 부처님계신 곳에 이르러
가지 않으므로 숲속을 들여다 보니 부처님께서 앉아계셨다.

"저희들이 공양을 올리고자 하는데 받아주시겠습니까?"
"좋다."
하여 제수가 먼저 미수가루 한 그릇과 밀개떡 두 개를 드리니
달게 잡수시고 축원하였다.
"그대에게 밝은 빛이 있으라!"

발이카가 생각하니 형님만 잘될 것 같아
"저도 공양코자 하는데 받아주시겠습니까?"
물었다.

사실 길상초를 깔고 앉은 이래 56일 동안
아무것도 드시지 않았는데 중생의 마음을 즐겁게 하기 위해
한 번 더 잡수시고 기념품을 원해 머리카락 여덟 개를 뽑아주자
그들은 네 개씩 나누어 맨 앞과 끝 수레에 싣고 갔다.

저녁이면 거기서 빛이 나서 악한 짐승이나 도둑을
만나지 않아 가지고 온 물건의 3백배를 벌었다.
그들은 본국에 돌아와 그 나라 임금님과 의논하여
세 분의 키에 맞춰 황금탑을 세웠는데
그것이 현재 미얀마의 쉐다콘이다.   〈本行經〉

1-60. 범천이 법문을 청하다 (梵天勸請)

그 때 대범천왕이 68억 천중들과 함께 와서
예배드리고 법륜을 굴려 달라고 간절히 청했다.
그러나 살펴보니 사바세계 중생들이 욕심을 여읜다는 것은
쉬운 일이 아니라 말없이 침묵을 지키고 있으니

33천의 주인 제석천왕이 그의 권속들과 함께 와서
"설사 다 깨닫지 못한 사람들이 있다 하더라도 혹 깨달은 사람이 있을지 모
르니 설해주십시오."
하여 상·중·하 근기를 보고 차례로 설하기로 하셨다.

이것이 아함·방등·반야·법화와 열반의 차례법문이다.
어떤 사람에게는 인과를, 어떤 사람에게는 인연법을,
어떤 사람들에게는 반야를 차례로 설하고

마지막에는 법화와 열반을 설하여
화엄의 꽃과 똑같이 설하셨으니
이것으로 8만4천 법문이 나오게 된 동기이다.

특히 마갈타국의 외도들 가운데는
사견(邪見), 범천에 대한 집착이 강한 사람들이 많았는데
마침내 구렁이를 방생하고 3가섭과 그의 노예들이
모두 깨달아 1불제자가 되었다.

〈莊嚴經〉

1-61. 묘법륜을 굴리다 (轉妙法輪)

세존께서 바라나국에 이르러
교진여, 마하나마 바파, 바사 발다라 등 5인을 제도하였다.
그들은 비록 가비라국의 관리들이었으나
6년 고행을 따라 하였으므로
다소 출가 수행자로서 자질을 갖추고 있었다.

"교진여여, 5온은 공하다. 하늘이 텅텅비어
비 구름에 관계없이 존재하는 것처럼 이 몸이 공한 것을 알면
생·노·병·사에 끄달리지 않는다.

번뇌는 끊으면 그만이지만 도를 닦아야 다시 침범하지 않는다.
무상을 깨달으면 변해가는 것 가운데서 변하지 않는 이치를 알고
네 것, 내것이 없으면 무아 속에서 자유를 얻는다."

이렇게 5온 12처 18계를 시간과 공간속에서
작용하는 것을 설하여 낱낱이 깨닫게 하니,
세상에서 비로소 불·법·승 3보가 생기게 되었다.

범천과 제석천왕은 부처님의 가르침을 법보로 섬기고
5아라한을 승보로서 천상천하에 제일 복전을 삼으니
사바세계에 불·법·승 3보의 이름이
천중천(天中天)처럼 빛나게 되었다.

〈因果經〉

1-62. 부루나의 제도 (度富樓那)

가비라국의 대바라문 정반왕의 국사 부루나는
전래로 큰 부자인 동시에 총명예지하여
4위타 베다를 통달하고 있었다.

싯달태자와 동갑으로 본성이 세간을 즐기지 않고
해탈을 사모하여 태자 출가 시부터 친구 30인이 함께
설산에 들어가 고행 구도하며
4선8정을 닦아 5신통을 얻었다.

부처님께서 녹야원에 계신 줄 알고
30인의 도반들과 함께 녹야원에 이르러 예불 드린 뒤
출가를 원하니 5계를 받고 독립수행하게 되었으나

항상 게으르지 않고 부지런히 포교하여
설법제일 부르나 존자가 되었다.

〈本行經〉

1-63. 선인을 제도하다 (仙人求度)

아반제국에 거부 바라문 가운데
대가전연이 있었는데
나라 왕사의 둘째 아들이었다.

아버지께서 대위타론을 가르쳐 모든 주문과 술수에 통달하였다.
형님이 배우면 동생이 알고 동생이 통하면 형님이 통했다.
4선을 닦아 5신통을 얻고 신선이 되면
죽은 뒤 나라연이 된다는 것을 알았다.

그러나 세상은 이양(利養)이 탐연(貪戀)이 중심이고
불신(不信)은 애착에서 온다는 것도 깨달았다.
물들면 청정을 얻기 어렵고
어리석으면 미련하게 된다.

그런데 불법을 믿으면 갖가지 환희법이 생기고
환희하면 출가하여 범행(梵行)을 닦을 수 있다하여
집을 벗어나 도를 닦은 뒤 얼마되지 않아
논의제일 가전연 존자로 널리 알려져
부처님의 10대자 가운데
한 사람이 되었다.

〈本行經〉

1-64. 뱃사공이 뉘우치다 (船師悔責)

세존이 점점 도성에 이르러 간디스강을 건너려 하였는데
사공이 뱃삯을 요구하였다.
"나는 출가하여 도를 닦는 사람이라 가진 것이 없다."
하니
"그렇다면 하는 수 없다."
하고 다른 손님들만 태우고 가버렸다.

우두커니 강가를 바라보니 한 떼의 기러기가 날아가는 지라
새도 날아가는데 사람이 날지 못하겠는가
하고 날아가니 사공이 보고 끝없이 후회하였다.

마가타국 빔비사라 임금님께 가서 사뢰니
"아. 싯다르타가 성불하였구나!" 하고
앞으로는 누구든지 수행자는 삯을 받지 말고 건너주라 하여
지금도 인도에서는 스님들에게는 뱃삯을 받지 않고 있다.

〈本行經〉

1-65. 야사를 구제하다 (耶舍得度)

장자의 아들 야사는 말 잘하고 총명하고 지혜가 있었다.
야밤에 공중에서 빛이나 녹야원 쪽으로 가니
32상 80종호를 갖춘 부처님이 계셔서 청하였다.

"거룩하신 부처님, 저는 7대독자 외아들로 일곱 살부터
여자를 얻어 주어 지금 23명을 거느리고 있는데
저녁이면 서로 데려가려고 하여 도망쳐 나왔습니다.
집에 들어가고 싶지 않습니다. 어찌하면 좋겠습니까?"

잠시 후 아버지가 찾아오니 하소연하였다.
"저는 부처님께 출가하여 사문이 되고 싶습니다."
하니
"죽지만 말고 살아다오, 네가 죽어 버리면
과부가 23명,
네 어머니까지 하면 스물네 명이 된다.
그러니 죽지만 않겠다고 하면 출가하는 것을 허락해 주마."

하며 집에서 녹야원의 5비구를 초대하여 55명의 갑계원들과
함께 공양하고 3귀5계를 받은 뒤 법문을 들었다.

"비구들아 너희들은 오늘부터 인천의 복전이 되었다.
세상 사람들을 불쌍히 여기고 말과 뜻이 구족한 법문으로
어리석은 세상을 깨우치라."   〈因果經〉

1-66. 화룡을 항복받다 (降伏火龍)

세존이 우루빈나 3가섭이 있는 곳으로 가니
용왕의 석굴에서 하룻밤 자도록 인도하였다.
밤중이 되니 천정에서 팔뚝만한 독룡이
혀를 널름 거리며 내려왔다.

"너 이놈 전생에도 화를 잘 내어 독룡이 되었는데
부처님을 몰라보고 헤치려 하느냐?"
하며 화광삼매(火光三昧)에 드니
기름이 뚝뚝 떨어지더니 땅바닥에 쓰러졌다.

간신히 기어 부처님 밥 그릇에 들어가자 이튿날 아침
큰 가섭이 제자들과 함께 와서 문안드렸다.
"부처님 잘 주무셨습니까?"

"너 이놈, 너는 구렁이만도 못한 놈이다. 구렁이에게
처녀를 사서 먹이고 그것으로 종단을 운영하고 있다니!
어서 구렁이를 강물에 띄워 방생하라."

구렁이와 도구가 떠내려 오자 중간 가섭과 끝 가섭이
각기 제자 3백명과 2백명을 데리고 와 형님제자 5백명과 함께
부처님 제자가 되어 부처님제자는 하루 아침에 1천명이 되었다.

〈因果經〉

1-67. 급히 흐르는 물을 분단시키다 (急流分斷)

가야강가에 자리잡고 있었던 3가섭의 제자 1천명이
급류에 휩쓸려 떠나가게 되자 부처님께서 신통력으로
물을 분단시켜 모두 구해주고 5계 10선을 설한 뒤
"선제 비구여!"
하니 모두가 스님이 되었다.

부처님께서 말했다.
"그대들이 사용하던 제기(祭器)들을 버려라.
그대들이 청정한 사문이 되었으니
옛날 빔비사라왕과 약속한 일이 있으니 다 같이
영축산을 넘어 빔비사라왕의 초대를 받아 공양하도록 하자."

스님들은 따로 말하지 아니하여도 목욕재계하고
복장을 단정히 하고 코끼리 머리산(象頭山)을 넘어
왕사성으로 갔다.   〈普曜經〉

1-68. 제기를 버리다 (棄除祭器)

3가섭이 버린 제기들이 아수라장까지 흘러내리자
우루빈나가섭 조카 나계범지(우파사나)가
250명의 제자들을 거느리고 와 노래 불렀다.

"헛된 제사 1백년에 인생이 다 늙었습니다.
저희들도 삼촌들과 함께 3보께 귀의하여
부처님 제자가 되겠습니다.

저희들은 평상시 사슴가죽 옷을 입고
제기에 불을 지피고 하늘과 용들에게 제사지냈는데
이제 3보를 의지하여 계를 받고 스님이 되었으니
하염없는 마음으로 자유스럽게 살아가겠습니다."

"그렇다면 복장을 단정히 하고 임금님의 초대를 받아
왕사성으로 가도록 하자."

3가섭의 제자 1천명과 우파사나의 제자 250명이
코끼리 머리산을 내려오니 빔비사라 임금님이 노래하였다.

"해탈한 사람이 해탈할 사람들을 이끌고 영축산을 내려오신다.
이제 다 함께 스님들을 모셔 왕사성으로 나아가자."

〈本行經〉

1-69. 죽림정사 (竹林精舍)

1250인 대중들은 왕사성으로 모셔져
임금님의 공양을 받고 죽림정사로 갔다.

궁중에는 왕과 백관이 밖에까지 나와 부처님을 모셨고
백까지 음식을 준비한 주방장이 낱낱이 설명하였다.

"이것은 까서 먹고
감로수는 순서적으로 잡수세요.
천천히 소화가 잘 되도록 끝까지 드시기 바랍니다."

아수라, 가루라, 긴나라, 마후라가 등은
그때부터 언제나 3보를 호지하였다.
이것이 4다라니이다.

공양이 끝나고 나니 자신들을 안내하고 온
8부신장들을 소개하였다.

〈因果經〉

1-70. 사리불과 목건련 제도 (領徒投佛)

왕사성에 백명씩 제자를 거느린 두 바라문이 있었는데
총명제일 사리불존자와 목건련이 그 분들이었다.
지극히 사랑하여 누구에게서나 묘법을 들으면
항상 서로 알려주기로 약속하였다.

사리불이 하루는 길가에서 야사 노비구가
걸식하고 오는 모습을 보고 물었다.
"그대는 누구를 스승으로 모시고 있기에
그 위의가 그렇게 단정합니까?"

"모든 법은 인연따라 나고 인연따라 멸한다고
우리의 스승이신 큰 스님께서는
항상 이렇게 말씀하신다."

사리불이 듣고 감격하여 목건련에게 이야기하자
두 사람이 함께 큰 스승을 만나고자 죽림정사로 갔다.

함께 거주하는 대중이 천이백 오십인이나 되는데
기침소리 하나 없이 입정이 풀릴 때 까지 섰다가
부처님께서 가까이 오라하여 가니
"이 두 사람이 장차 여러분의 교수사가 될 것이다."
선언하여 그대로 출가
마가다국을 온통 불법으로 물들였다.   〈因果經〉

1-71. 가섭존자의 구도 (迦葉求度)

투리궐차국에 사는 가섭존자는
4위타론을 외운 바라문이었다.
전래로 금은보화를 다루는 부잣집이었기 때문에
그리울 것이 없었다.

단지 태어나면서부터 황색얼굴을 가져
아이들에게 많은 놀림을 받았으므로
결혼을 하여 아이를 가지고 싶은 생각이 없었다.

부모님께서는 일찍이 결혼시켜 손자를 보고 싶어했으나
"나와 똑같이 생긴 여인이 아니면 결혼하지 않겠습니다."
하여 곳곳에 매파를 놓아 베나레스근처에서
8공주의 마지막 공주가 황색얼굴을 가져 결혼하게 되었다.

결혼은 하되 아이는 갖지 않기로 하여 38세까지 부모를 모시다가
다 돌아가신 뒤에 두 사람은 약속한 대로 바라문가에 출가하였다.
좋은 옷에 발우 하나씩만을 가지고
부모님 재산은 모두 노예 해방에 썼다.

부인은 친정쪽으로 가고 가섭은 베살리성으로 갔다가
다자탑 앞에 앉아계신 부처님을 보고 옷을 벗어 보시하니
반은 깔고 앉고 반은 가섭에게 앉으라 하였다.

여기서 '다자탑전 반분좌'란 말이 생겼는데
일생을 부처님이 주신 옷 한 벌로 지냈기 때문에
1만대중의 영도자로 두타제일 가섭존자가 되었다. 〈因果經〉

1-72. 거짓으로 애기 뱄다고 비방하다 (假孕謗佛)

세존께서 성불한지 얼마 되지 않아 기수급고독원에 계셨는데
한 바라문녀가 저녁때면 들어와서 자고 새벽녘에 나갔는데
점점 배가 불러졌다. 6사외도의 소행이었다.

하루는 법문하시는데 대중 앞에 앉았다가
"남에게만 좋은 일 하라 하시지 말고
우리 애기에게도 도움을 주세요."
하니 6사외도들이 손뼉을 치며 망신시켰다.

그 때 갑자기 회오리바람이 불어
그 여인의 치마를 뒤집었다.
속에서는 바가지와 솜덩어리가 떨어져
하나의 위장극이었음이 드러났다.

외도들이 잡아 죽이려 한 것을 부처님께서 말려 보냈는데
뒤에 출가하여 착실한 불제자가 되었다.
불교가 득세하여 세속의 이목을 끌자 시기 질투한 이교도들이
종종 있지 않은 일들을 꾸며 망신시키고자 하였다.

〈處胎經〉

1-73. 가비라국에 가서 늙은 아버지를 뵙다 (請佛還國)

아버지 정반왕은 아들이 도를 얻어
널리 펴고 있다는 말을 듣고
친구 우다이를 보내 본국에 다녀가기를 종용하였다.

그러나 가는 사람마다 머리를 깎고 중이 되어 오지 않으니
집에 있을 때 가장 가까운 친구를 보내며
등에 '반드시 돌아오라' 는 글씨를 새겨 보냈다.

부처님이 보고 물었다.
"등에 새긴 것이 무엇인가?"
"반드시 돌아오라는 말씀입니다."
"내 바로 아버지를 뵈러 가겠다."

거리거리마다 물동이가 놓여지고 채일이 쳐졌다.
출가자는 왕궁에 들어가 왕좌에 앉지 않게 되어 있으므로
구단(丘壇)으로 가서 아버지와 이모 마하파자파티를 만났다.

이모께서 부처님을 위해 12년 동안 금실로 짜서 만든
금가사를 받지 않고 그것을 팔아
가사 3천벌로 바꿔서 대중들에게 입혔다.

아버지께 사과하였다.
"깨닫고 보니 너와 내가 따로 없이 모두가 한 집안이었습니다."

아버지는 법문을 듣고 무상법(無上法)을 깨달아
아들에게 오체투지하였다.

나홀라와 난다가 출가하고 많은 석가족들이
따라서 출가한 구담은 가비라국의 유일한 절터이다.

〈莊嚴經〉

1-74. 부인과 아들을 제도하다 (認子釋疑)

부처님께서 왕궁에 들어가 임금님과 신하들에게
날마다 백가지 맛있는 음식을 먹고
무량한 중생들을 제도하였는데
그 때 야수다라와 라훌라가 부처님 발에 절하고 물었다.

"오랫동안 시봉없이 얼마나 고생이 많으셨습니까.
나라를 떠나신 뒤 라훌라가 탄생하였다고
헛소문이 돌고 있습니다."

"그것은 오해입니다. 내가 19세에 출가하려 하니
나에게 아들 하나만 낳아주고 가라하여 10년을 더 기다려
야수다라가 아들을 낳은 그 날 밤
내가 몰래 출가하였기 때문에
모르는 사람들은 그렇게 이야기 할 수 밖에 없습니다.

그러나 그 날 나는 아들을 낳았다는 말을 듣고
'아, 파하기 어려운 장애!' 라고 한 말 때문에
아이 이름이 라후라가 되지 않았습니까.

아이를 낳고 곤히 잠든 어머니의 품에 든 아기를 보고자하여
갔으나 아이가 잠이 들어 깨지 않고 내가 궁을 떠났던 것입니다."
비로소 대신들은 그동안의 의심을 풀고 모두 기뻐하였다.

〈莊嚴經〉

1-75. 이복동생 난타를 제도하다 (度弟難陀)

부처님께서 난타의 약혼식 날 가비라국을 떠나게 되어
난타가 니쿠타 동산까지 따라왔는데 부처님께서 강제로
머리를 깎으라 하여 머리를 깎고 출가하였으나
약혼녀를 잊지 못해 날마다 절 문 앞에서 서성거리고 있었다.

"그 여자보다 더 훌륭한 여인이 있으면 어떻겠느냐?"
하시며 부처님께서 난타를 데리고 뒷산에 올라가니
8선녀가 춤을 추면서 추파를 던졌다.
"난타 서방님 어서오세요."

"그대들은 누군가?"
"저희들은 하늘에 있는 천녀들인데 난타 서방님께서 중노릇을
잘하시면 내생에는 저희들이 천당에 태어나 우리 8선녀가
모두 시종을 들것입니다."
하여 집에 있는 약혼녀를 비로소 마음에서 지우게 되었다.

돌아오는 길에서 고기를 엮은 새끼줄에서는
비린내가 나고,
향을 쌓았던 헝겊에서 향내가 나는 것을 보고
크게 깨닫게 되었다.

다시 개울가에 이르러 뿔이 달린 사자들이
마음을 평등하게 쓰지 못하는 난타가
장차 화탕지옥에 들어올 것이라는 예언을 듣고
7일 동안 용맹정진하여 무생(無生)의 아라한이 되었다고 한다.

〈寶藏經〉

1-76. 라홀라의 출가 (羅睺出家)

야수다라가 부처님이 오시는 것을 보고
라홀라를 데리고 높은 루에 올라가서 말했다.
"저기 저 뭇 별들 가운데
태양처럼 빛나시는 분이
너의 아버지시다.
네 아버지에게 가서 재산을 상속해 달라고 하라."

천이백 대중을 헤치고 아버지이신 부처님께 가니
부처님께서 불끈 들어 무등하시면서
"네가 이 세상에 태어나지 아니했다면
내가 어떻게 출가하여 성불하였겠느냐.
마땅히 재산을 물려주어야지.

그러나 라홀라야, 이 법장을 가지겠느냐,
아니면 발우, 가사를 가지겠느냐.
이것은 유위법(有爲法)이다. 너에겐 아무런 소용이 없다.
내 마땅히 진리의 재산을 너에게 물려주리라."
하고 구단에 이르러 삭발시켜 사리불의 시봉이 되게 하였다.

그 때 정반왕이
"나의 승낙을 받은 후에 출가 시켜야지, 서운하지 않습니까?"
하여 그 뒤부터 출가자는 반드시 후견인의 승낙을 받아
출가시켰다.   〈未曾有因緣經〉

1-77. 수닷다 장자가 부처님을 뵙다 (須達見佛)

수닷다 장자는 사위국 대신(大臣)이다.
일찍부터 국제 무역을 하여 큰 부자가 되었는데
왕사성에 물건을 가지고 가니 업자친구가
부처님과 제자들의 공양을 위해 마중을 나오지 못했다.

부처님이 가비라국의 정반왕 아들이고
마갈타국 빔비사라왕의 스승이라는 말을 듣고
영축산에 올라 갔다가 이튿날 대중공양하는 것을 보고
"불교는 무소유이고
공양하는 것 또한 일반 외도와는 판이하게 다르구나!"
생각했다.

사위국을 문화민국으로 만들기 위해 절을 짓고자
스님들을 모셔달라하며 기원정사를 짓는 일에
사리불로 하여금 총감독이 되도록 하였다.

수닷다 장자는 절터로서 비산비야(非山非野)에
산수가 우거지면 더욱 좋다는 말을 듣고 기타태자의 땅을 사서
10만대중이 살 수 있는 국제선원을 지었으니
그 이름이 기수급고독원(祇樹給孤獨園)이다.

그 곳에는 12개의 우물과 경행당,
3천명 이상이 한꺼번에 법문을 들을 수 있는 대강당이 있다. 〈賢愚經〉

1-78. 수닷다 장자가 기타태자의 땅을 절터로 샀다 (布金買地)

수닷다 장자가 부처님께서
절터는 높은 산도 아니고 습한 대지도 아닌
비산비야에 숲이 있으면 더욱 좋다는 말을 듣고
코살라 임금님의 아들 기타태자에게 가서
태자의 숲을 팔라고 졸랐다.

"진정으로 내 땅을 사고 싶으면
5푼 두께로 금은전을 꽉 채우면 그 돈이 깔린 장소만큼 팔겠다."
하여 열여덟 수레를 갔다가 500평 정도를 매꾸었다.

"무엇을 하려고 그 비싼 돈을 주고 사느냐.
부처님을 모시면 무슨 좋은 일이 있느냐?"
"절을 짓고 부처님을 모시려 한다.
그러면 모든 국민이 문화국민이 될 수 있다."
답하였다.

그 동안 내 놓은 돈으로 절을 짓고
나머지 100만평 숲은 보시하겠다 하여
절 이름이 기타태자의 기타와
수닷다(고독한 사람들을 보살펴 그의 별명이 급고독이 됨)
이름을 합하여 '기수급고독원'이라 지었다.

〈賢愚經〉

1-79. 옥야의 교훈 (玉耶受訓)

사위성 급고독장자의 며느리 옥야는
원래 전통적인 부호의 딸로 인물이 고왔다.
그런데 신흥재벌 수닷다 집에 시집와서 보니
한 가지도 본 받을 것이 없었다.

친정은 바라문교의 집안으로 위엄이 충만하였는데
여기는 세계의 무역인들이 수없이 드나들고
가난한 거지와 수행자들이 하루에만 만 명씩 와서
밥을 얻어 먹어 마치 시중의 돗대기 시장과 같았다.

그런데 한번은 배에 종기가 생겨
종들을 시켜 빨고 짜고 해도 터지지 않으므로
화를 내어 모두 다 쫓아냈는데
그 날 따라 종일토록 비가 와 친정생각이 나
울고 있을 때 밖에서 옥야를 부르는 소리가 나서 나가보니
거지대장 석가모니 부처님이었다.

막상 부딪치고 보니 절을 아니 할 수 없어
"부처님 죄송합니다." 하며 절을 올리니
"옥야야 미인이란 인물만 예쁜 것이 아니라
마음씨가 고와야 미인이 된다." 하였다.

당황한 옥야가 그동안의 잘못을 참회하고 물었다.

"어떻게 하여야 착한 며느리가 될 수 있습니까?"
"남편 섬기기를 신하가 임금 섬기듯 하고 종이 주인 섬기듯 하며
시어머니를 친어머니와 같이 하고 음식에 절도를 알고
가정의 의리를 알아야 한다."

순간 복 바쳐 오르는 슬픔을 참지 못해 '으윽' 하고
통곡하는 바람에 곪았던 종기가 터져 나왔다.

부처님께서는 손수 고름을 짜 닦아주시고
"네 마음속에 든 탐·진·치 3독이 다 쏟아져 버렸으니
더 이상 곪지 않을 것이다."

그 후 옥야는
사위성에서는 제일 착한 며느리,
아름다운 여인으로
소문이 나게 되었다.   〈玉耶經〉

1-80. 백개의 머리를 가진 고기를 제도하다 (漁人求度)

부처님께서 베살리성에 계실 때 멀지 않은 곳에
그물로 고기를 잡는 어부가 500인이나 있었다.
원래는 1천명 목동을 데리고 살던 사람인데
고기잡으러 갔다가 머리가 1백개나 되는 고기를 잡았다.

당나귀, 낙타상, 호랑이, 돼지, 개, 원숭이, 이리 등의
모습을 갖추었으므로 아난이 물었다.
"무슨 인연으로 이렇게 많은 얼굴을 가지고 있습니까?"
"네가 물어 보라."
그래서 '가비이(迦毘梨)'라고 불렀으나 대답하지 않았다.

그래 부처님께 여쭈니 부처님께서 답했다.
"옛날 바라문이 한 아들을 낳았는데 총명예지하여
3장의 경전을 다 통달하였으나
스님들과 토론, 지면
"야, 이 말새끼야! 호랑이 새끼야! 하고 업신 여기다가
죽어 백수두(百數頭) 가 된 것이다."

그가 출가하여 부처님 설법을 듣고 통치 못하는 것이 없었다.
이에 대중들이 부처님 말씀을 듣고
"애닯다, 남을 업신 여긴 과보여,"
말하였다.
"삼가 3업을 조심하여야 하리라."   〈賢愚經〉

1-81. 월광동자가 아버지에게 간하다 (月光諫父)

일찍이 6사외도 불난 가섭등이 섬기던 월광동자가 있었다.
불자만 보면 욕을 하고 음식에 독약을 넣어 죽이기도 하고
꾸짖어 쫓아내기도 하였는데
죽은뒤 악귀(惡鬼) 무리에 섞여 태어났다.

아들이 천만가지의 계교(計較)로써 구원하고자 했으나
그 성질을 참지 못하여 화산(火山)에서 떨어지기도 하고
바람처럼 날아 하늘에 올라갔다가 파리 모기처럼
떨어져 죽기도 하므로 대신 부처님께 참회하여 구제하기로
하였으나 전생의 습관을 버리지 못해
매년 정월 5월 9월 신일(申日)에 탄식하고
잠을 자지 아니하였다.

습관이란 이렇게 무서운 것이다.
죽었다 태어나고 죽었다 태어나기를
수십 번 수천 만번 하면서도
사악한 방법, 어리석은 행을 버리지 못하다가
마침내 부처님께 5계 10계를 받고 구제되었다.

〈月光童子經〉

1-82. 신일의 독반 (申日毒飯)

하루는 신일장자가 부처님을 초대하니
그의 간교를 알면서도 6사외도와 96종 외도를
구제하기 위해 갔다.

집에는 환하게 불을 켜고 금강처럼 장엄하였는데
들어오는 문 밑에는 큰 구덩이 못을 파
큰 연꽃이 피어난 것처럼 꾸몄다.

"오늘은 부처님과 그의 권속들이 오다가
모두 불에 타고 물에 빠져 죽으리라."

또 음식에는 갖가지 독약을 타
먹기만 하면 그대로 피를 토하게 만들었는데
먹기는 스님들이 먹었으나
죽기는 6사외도와 96종 외도들이 죽었다.

"마음이 사악하면 좋은 약도 독약이 되고
마음이 선하면 나쁜 약도 성약(聖藥)이 된다."
하고 부처님께서는
4제, 12인연, 8정도, 6바라밀 등의 법문으로
그들 외도들과 신인의 가족들을 제도하였다.

〈月光童子經〉

1-83. 부처님은 번뇌가 없다 (佛化無惱)

사위성에 80넘은 한 외도 바라문이
10대 여성을 거느리고 살아왔는데
사모님이 제자 1인을 사모하여 바라문이 외출할 때면
사모님을 보호하도록 명령을 받았다.

"이웃나라에서 공양청이 왔으니
네가 네 사모를 잘 모셔라. 7일 후에 오리라."

스승이 길을 떠난 뒤 사모님은 스승을 모시듯이
그 제자를 높은 자리에 앉히고 갖은 애교를 부려
술에 취하게 한 뒤 가까이 하려하니
"스승의 어머니는 친 부모와 같습니다.
어찌 이런 부정을 저지르려 하십니까?"

화가 난 사모님이 술을 홀로 마시고
몸의 옷을 다 벗어버린 뒤
머리를 풀고 쓰러져 잠을 잤다.

7일이 지난 뒤 스승이 와서 물으니
"제자가 나를 이 지경이 되게 하였습니다."
하니 당장 칼을 들어 죽이려 하였다.

"나이 80에 사람을 죽이면 당신이 지옥에 들어갈 것이니 저절로 죽게 하옵소서."
"어떻게 저절로 죽게 하느냐?"

"내일 아침 칼을 주고 정오때 까지
산 사람들의 손가락을 잘라
목에 염주를 걸면 바로
성불한다 하십시오."

과연 그는 칼을 드는 순간 99인을 죽이고 마지막에
친 어머니를 손상하려 할 때 부처님이 나타나시니
참회하고 발원하여 스님이 되었다.

이튿날 제자는 발우를 들고 밥 얻으러 가다가
애기를 낳지 못한
여인을 구하고 마을 사람들에게 발각되어
"살인귀가 스님이 되었다."
하고 달려들어 죽이니

부처님은
아라비안 나이트의 청정태자 이야기를 하여
모든 사람들의 의심이 풀리게 하였다.

〈賢愚經〉

1-84. 여섯 외도들을 항복받다 (降伏六師)

부처님께서 죽림정사에 계실 때
빔비사라왕이 초과(初果)를 얻고
부처님을 신행하는 마음이 배나 솟았을 때
융후국(隆厚國) 부란나가섭이 더욱 사교를 퍼뜨렸다.

왕의 동생이 더욱 신봉하여 재물을 끝없이 퍼주므로
병사왕이 은근히 방편으로 불교를 권하자
"형님께서는 나의 스승은 섬기지 아니하면서
무엇 때문에 나의 신앙을 흩어 버리려 하십니까?"
하고 항의 하였다.

이에 왕이 6사와 함께 각술(捔術)을 희망하므로
부처님께서 국왕과 대신들이 보는 앞에서
서서히 팔을 펴고 앉으니
국왕과 대신, 6사외도가 금강신장에게 보내
금강저 끝에서 불꽃이 튀자
6사외도가 놀라 도망치고 참회하여 부처님의 제자가 되었다.

6사외도는
① 부란나가섭(인과부정)
② 말가리구사리자(사명외도)
③ 산자야비라지자(궤변론)
④ 아기다시사흠바라(쾌락론)
⑤ 가라구타가전연(유물론)
⑥ 니건자야데바(자이나교) 등이다.   〈賢愚因緣經〉

1-85. 칼을 들고 부처님을 해치다 (持劍害佛)

부처님께서 구미국에 계실 때 보상바라문이 광폭하여
삿된 말로 부녀자들을 욕하면서 구담사문이 오면 문을 닫고
어떤 집이든 들어오지 못하게 해야 한다고 하였다.

하루는 여래께서 홀연히 어느 집 속에 나타나
바라문 여인들이 보고 있으니 바라문들이 우치사견으로
3보를 비방하고 불신하였다.

그리고 부처님 말을 듣는 이들 몸에서
영락을 끊어 마당에 내던졌다.
사람들은 날마다 문을 열어 놓고 부처님 오시기만을 기다렸으나

혹 어떤 집에서는 부처님이 출현하면 바라문들이 칼을 들고
사정없이 옷을 찢었으나,
부처님께서 허공 가운데로 올라가니
스스로 부끄러워하며
5체투지로 참회하는 사람들이 많았다.

어떤 부녀자는 부처님 설법을 듣고 수다원이 되는 사람도 있고
아나함이 되는 자도 있었다.
악은 막는다고 없어지는 것이 아니라
깨달아야 없어진다는 것을 새삼스럽게 깨달았다.

〈寶藏經〉

1-86. 부처님께서 니건자를 구하다 (佛救尼揵)

부처님께서 사위국에 계시면서 사견을 가진 외도와
6사외도의 권속들을 교화하시는 것을 보고
5백의 니건자들이
"우리는 이제 다 죽게 되었다.

차라리 나무 짚단을 쌓아 놓고 불타 죽어
내세를 기약하자."
하였는데, 갑자기 화광삼매(火光三昧)가 나타나
천지가 함께 밝아지자
모두가 출가하여 아라한과를 얻었다.

부처님께서 말했다.
"옛날 옛적 한 상주가 바다에 들어가 보물을 캐서 나오다가
풍파를 만나 다 죽게 되었을 때 보물을 버리지 못하고
몰사한 일이 있다.

옛날부터 가지고 오는 종교라 하여 아까워 버리지 못하면
모두 빠져 죽게 되니 저 상주처럼 보물을 버리고 생명을 구하듯, 바른 법을
듣고 깨달음을 얻으라."

니건자는 전래로부터 내려오며 나체로 살면서
햇빛을 가리지 않고 고행하는 고행자들이다.

〈雜寶藏經〉

1-87. 처음으로 계단을 건립하다 (初建戒壇)

부처님께서 기수급고독원에 계실 때
누지보살이 청했다.
"부처님께서도 계단(戒壇)을 설립하여 계를 주십시오."

"좋다, 동쪽에는 비구계단을 설립하고,
서쪽에는 비구니 계단,
남쪽에는 재가계단을 설립하리라.

옛날 대범천왕이 사리를 5층탑으로 모셨는데
5불법신을 상징한 것이다.
비구ㆍ비구니 계단 밖에는 모든 불자들이 계를 받아
일불제자가 되도록 계단을 설치할 터이니
대중들은 이를 어기지 않도록 하라.

계단은 복전(福田)이요, 덕향의 근본이 되니
밝은 빛이 파괴되지 않도록 몸과 마음을 깨끗이 가지라."
하였다

〈戒壇圖經〉

1-88. 계법을 널리 펴다 (敷宣戒法)

그 때 노사나 부처님이 천 개의 연잎 위에 올라앉아
대광명을 놓으시자 불보살의 종자인 불성이 드러났다.
"계는 효순(孝順)이니 부모사승 3보가 법을 받들어 모시고
마땅히 제계해야 될 것과 그쳐야 될 것을 알아야 한다.

국왕, 왕자, 백관, 제상, 비구, 비구니, 18범천
6욕천자, 서민, 황모, 음남, 음녀,
노비, 8부, 귀신, 금강신, 축생
내지 변화인이 법사의 말을 듣고
계를 받아 불자가 되면
마땅히 10계를 지켜야 된다.

1은 불살생이요, 2는 불투도, 3은 불사음, 4는 불망어, 5는 불음주, 6은 불
과실, 7은 자찬훼타계, 8은 간린(慳悋), 9는 화내는 것, 10은 사견을 내지
않는 것이다.
마땅히 공경히 받들어 가지라."

〈梵網經〉

1-89. 이모구도 (姨母求度)

가비라국 마하파자파티는 정반왕 입멸 후
아난을 따라 베살리성까지 맨발로 걸어
그 고통은 말로 표현할 수 없었다.

출가를 원했으나 여성이 출가하면 정법이 감해진다하여
반대하였으나 두 번, 세 번 사정하고 급기야는 아난이
"대애도(大愛道)는 어머니를 대신하여 유모로써 어려서 부처님의
생을 책임진 분이신데 어찌 이렇게 박대해야 되겠습니까?"
하니 8경계를 조건으로 출가시켰다.

① 백세 비구니도 10세 사미에게 예배한다.
② 비구니는 비구를 흉보지 못한다.
③ 비구니는 비구 죄를 드러내지 못한다.
④ 대중스님들을 따라 6법을 수지한다.

⑤ 승찬 죄를 지으면 반달동안 참회하여야 한다.
⑥ 비구승을 스승 삼아야 한다.
⑦ 비구가 없는 곳에서는 안거하지 못한다.
⑧ 안거 후에는 반드시 자자(自恣)하여야 한다.

〈中本起經〉

1-90. 발타녀를 제도하다 (度跋陀女)

발타녀는 가섭존자의 부인이다.
부모 이별 후 혼자서 바라문교에 귀의하면서
바라바사카외도에 출가해 있었는데
가섭존자가 신통력으로 보고 데려왔다.

"그대의 스승은 누구인가?"
"옛날에는 바라바사가 외도였으나
지금은 석가모니 부처님이 저의 스승입니다."

"부처님은 어떤 분인가?"
"32상 80종호를 갖추고 18불공법을 행하시는 분입니다."
"그대도 그렇게 따라가 보겠는가?"

"죽어서 다시 태어나더라도 어기지 않겠습니다."
부처님께서 듣고 마하파자파티에게 보내
불법수행을 익히게 하니
비구니 가운데서는 범행제일(梵行第一)이 되었다.

〈本行經〉

1-91. 본국에 돌아오다 (再還本國)

보적경에 정반왕이 우타위를 시켜
빨리 본국으로 돌아오라는 명령을 내렸다.
그 이유는 탁발로서 생명을 유지 하고 있었기 때문이다.

그래서 부처님께서 말씀하였다.
"내가 가비라국 태자로 있을 때
천동천녀들의 공양을 받고 꽃다발을 받았는데

이제 성불한 뒤에는 대범천, 제석천, 야마천, 도솔천,
화락천, 자재천, 타화자재천이 각각 향과 당번을 가지고 와서
공양하고, 4천왕, 33천, 천자들이
허공가운데서 동자동녀들을 시켜

꽃을 뿌리고 향을 올리니 걱정하지 아니하여도 된다고
말씀드려라."

하며

부처님은 다시 본국에 돌아가지 않고
온 세계를
한 집안으로 아시고 천인들과 함께 생활하였다.

〈寶積經〉

1-92. 아버지 정반왕께 설법하다 (爲王說法)

부처님께서 정반왕께 말씀드렸다.
"제가 말씀드리는 법은 처음도 좋고 중간도 좋고
끝도 좋아서 그 뜻이 심원하고 맛 또한 순정(純淨)합니다.

세상은 지·수·화·풍·공·식으로 이루어져
그 가운데서 4대가 이 몸을 형성하여 6근이 이루어지므로
6경을 상대하여 정신과 물질 활동을 함으로써 6식이 만들어 집니다.

모든 것은 인연따라 경계가 생기고 마음도 그러한데
여기에 어두우면 미련한 마음에 화를 내고 짜증을 부립니다.
그러나 색 따라 탐욕이 나고, 진애 우치가 생기는 줄 알면
과보에도 속지 않고 법에도 쫓기지 않습니다.

모든 법이 본래공한 줄만 알면 가고 오는데 걸림이 없습니다."
정반왕은 이 법문을 듣고 무명, 무상, 대해탈을 얻고
다시는 원망하고 경계에 동요되는 점이 없이 있다가 열반하였다.

〈寶積經〉

1-93. 부처님의 그림자 (佛留影像)

그 때 정반왕이 부처님께 말했다.
"세존은 나의 아들이라 현재는 이렇게 볼 수 있지만
상사(相師)의 말에 의하면 32상에 백천만의 호감이
나타난다 하였는데 어떻게 불광명을 보아야 하겠습니까."

그 때 세존이 백천삼매에 드니
5색광명이 입으로부터 쏟아져 나왔다.

"누구나 이 광명을 보면 다겁(多劫)의 죄악이 소멸되고
아무리 어두운 세계에서도 그 그림자를 실물처럼 보아
백천(百千)이 무진하게 나타나게 될 것입니다.

하나의 잎(葉) 속에서 천개의 잎이 나고
그 잎 속에서 만개의 광명이 나니
천하가 온 통 부처님 아닌 것이 없게 될 것입니다."

〈觀佛三昧經〉

1-94. 모든 석가족들을 제도하다 (度諸釋種)

그 때 500석자(釋子)가 부처님께 물었다.
"저희들은 항상 부처님을 뵙지만 부처님 몸이 재(炭)와 같습니다.
저희들이 숙세에 모슨 죄를 지어 그런 모습이 나타날까요?
원컨대 태양처럼 밝은 부처님을 뵙고 모두 해탈하게 하옵소서.

과거 비바시여래, 그의 아들 일월광명덕과
그의 제자 5백명이 총명예지하여
세간 일체 문예와 역수(歷數)를 꿰뚫지 아니함이 없습니다.

그의 아버지 장자 신경불, 법제자 관본심이
12인연에 대하여 듣고
의혹을 일으킨 노모(老耄)등을 어느 시절을 중심으로 찾으리까?

혹 중병에 들어 계시는 부모님들과 제자들,
사견 불신으로 정법을 믿지 않는 중생들,
칼로 몸을 베고 마음으로 번민하는 것들을
어느 곳에서 찾아 참회시킬 수 있겠습니까?

저희들은 오늘 출가하여 도를 배우고
부왕에게 고하여
하나도 빠짐없이 제도되기를 바랍니다."

〈觀佛三昧經〉

1-95. 독룡을 항복받다 (降伏毒龍)

부처님께서 나건하라국 나찰국에 계실 때
다섯 나찰이 용녀로 변하여 독룡과 관통,
나찰우박을 쏟아부어 4년 동안 공포 속에서 살았다.

주사(呪師)들이 주문을 외우니 독룡나찰들이
주술을 하지 못하여
그 때 왕이 부처님을 뵙게 되자
사리불, 목건련 등 무려 5백분이

백천용신으로 변화하여
그들의 입을 틀어막음으로써
불길이 금대(金帶) 7보상을 형성하였다.

또 새롭게 이마에서 무수한 광명을 놓으니
갖가지 화불이 허공 가운데 나타나
시험삼아 불을 토하였다.

금강신이 손에 달구를 들고
불을 쏟아내 악한 용들을
불살라 죽였다.

그런데 그들이 부처님의 그림자 속으로 들어가기만 하면
모두 감로로 변해서 환희용약
5체투지하고 부처님의 수기를 받아 해탈하였다. 〈觀佛三昧經〉

1-96. 음녀들을 교화하다 (化諸淫女)

사위성중에 많은 음녀들이 있어서 남자들을 유혹하여
하루 저녁사이에 수 백만금을 벌어 2백국에
6천장자가 생겨 백억 자식들은 낳았으니
그 이름이 화덕 형제였다.

서로 경쟁하여 한번 가면 수백만금을 썼다.
나라가 망하게 되자 임금님이 부처님께 부탁하여
부처님 계를 받고 대부분 스님이 되게 하였으니

1200비구가 대정(大定)에 들어 전생을 살펴보니
다른 사람의 일이 아니라
바로 자신들의 일이었으므로

18지옥을 변하게 하여 허공가운데서 날게하고
음녀들도 모두 발심하여
3귀와 5계를 받게 하였다.

〈觀佛三昧經〉

1-97. 아난이 우유를 얻어오다 (阿難索乳)

베살리성에 큰 부자가 있었는데 그 이름이 마야였다.
아난존자가 우유를 구하러 가니
안 주면 욕을 먹겠다고 생각하여
병든 소에게서 마음대로 짜 가라 하였다.

아난이 망설이고 있으니 한 소년이 와서
"나에게 그릇이 있으니 마음대로 짜서 갖고 가세요."
하여 필요한 만큼 가지고 왔다.

부처님이 받아 보시고 말씀하였다.
"이 우유는 16겁전에 악도에 떨어져 고생하다가 불법을 듣고
이에 우유를 짜내 보낸 것이니
그가 장차 성불하면
그 이름을
유광여래(乳光如來)라 할 것이다."

〈乳光佛經〉

1-98. 술 취한 코끼리를 조복하다 (調伏醉象)

조달이 아사세왕과 작당하여 부처님을 헐뜯고
5백 악한들을 기사굴산 중에서 흩어지게 한 뒤
술 취한 코끼리 500마리를 놓아 부처님을 밟아 죽이려 하였다.

대선왕(大善王)이 물러나면 조달이 성에 들어와
술 취한 코끼리들을 몰고 담벼락을 부수고
담장을 부순 뒤
한 바탕 전쟁을 일으키니
온통 나라 안이 아수라장이 되었다.

이에 부처님이 다섯 손가락 끝에서
다섯 마리의 사자를 놓아
천지를 진동하니
코끼리들이 모두 엎드려 꼼짝 달싹 하지 못했다.

그 때 부처님이 말했다.
"나이기리야, 그대들이 부처를 알지 못하고 해치면
내생에는 극악한 과보를 받게 되어 있으니 정신차려라."

코끼리들이 모두 물러가니
왕사성이 바람 잔 듯 조용하였다.

〈法句經〉

1-99. 활로 부처님을 쏘려하다 (張弓害佛)

부처님이 왕사성에 계실 때
데바닷다가 아사세 태자와 작당하여
아버지 빔비사라왕을 잡아 가두고
5백사수를 뽑아 나무 밑에 숨었다가
부처님이 걸식 나갈 때
활을 쏘아 죽이라 하였다.

그런데 날카로운 독화살을 쏘기만 하면 화살이 바로
구물두화, 불타리화, 파두마화, 우바라화로 변하여
부처님께 공양하였다.

드디어 사수(射手)들이 참회하고 호궤합장,
계를 받고 수다원이 되니
온 산천이 온통 아라한 천지가 되었다.

"데바닷다는 금생 뿐 아니라 세세생생 나의 적수가 되어
내가 화를 내는지 안내는지 시험하고 다녔으니
내생에는 천왕여래(天王如來)가 될 것이다."
수기하여
사람들이 더욱 놀랐다.

〈雜寶藏經〉

1-100. 노지장자의 교화 (佛化盧志)

수바라성에 노지 장자가 니건자들을 모시며
만약 우리성에 구담의 권속들이 오면 누구고
밥을 주거나 편의를 제공하면 안된다고 선언하였다.

그런데 그 말이 떨어지기가 바쁘게 비가 내리지 않고
우박이 쏟아지고 곡식이 흉년들어 나라 전체가
굶어죽게 되었다.

부처님은 성 밖에서 맑은 물에 목욕하고 샘물을 떠와
병들어 죽게 된 사람들을 구호하니
온통 성읍이 자비심으로 꽉 찼다.

백성들이 살아나니 니건자들도 하는 수 없이
손을 들고 불법에 귀의하여
서로 자비희사(慈悲喜捨)를 행하니
온통 나라안이 설법을 듣고 무상보리심을 발했다.

〈經律異相〉

제2편 이심전심의 전법자들

제2편 이심전심의 전법자들

2-1. 가난한 사람이 부처님을 뵙다 (貧公見佛)

사위성에 백살이 넘은 노인이 지팡이를
짚고 와서 부처님을 뵙고져
석범(釋梵)이 지키는 문을 지나가려 하니 막았다.

노인이 크게 소리 지르며
"내가 가난한 가운데서는 천 년만에 부처님을
뵙고져 하는데 왜 막느냐. 내 들건데 부처님은
인자하여 누구나 가리지 않는다 하는데 왜 막느냐.
나는 비록 의지없는 노인이어도 남을 괴롭히지 않는다."

하니 부처님께서 즐겨 승낙하여 친히 들어와 부처님을
뵙고 한을 풀었다.
"부처님 저는 어찌하여 금생에 이렇게 천대받는 사람이
되었습니까?"
"전생에 큰 부자로 살았는데 남을 업신 여기고
박대하여 이런 과보를 받는 것이니 후회하지 말고
만인을 어여삐 여기고 공경하십시오."

노인은 자신의 죄복 보응을 크게 뉘우치고 돌아갔다.

〈貧窮老人經〉

2-2. 노인출가 (老人出家)

왕사성에 시이필제라는 장자가 있었는데
나이가 100세나 되었다.
출가하면 여러 가지 공덕이 있다는 말을 듣고
죽림정사로 갔더니 부처님이 계시지 않아
사리불께 물었더니 불가하다고 하였다.

다시 대가섭, 우팔리, 아일루타 5백 비구에게 찾아갔으나
모두가 불가능하다고 말하여 죽림정사 문 앞에 서서
큰소리로 울고 있었다.

이에 부처님께 듣고 불러 물으니
장자가 우선 부처님의 위대한 광명을 보고
부드럽고 사랑스러운 말씀을 듣고
감격하여 사실대로 말하니
부처님께서 위로해 주시고 대목건련 앞으로 출가시켰다.

나이 든 사람도 오랜 세월 닦고 익히면
성불을 할 수 있으니 인연따라 받아 주라하고 경계하였다.

첫째는 거동을 자재하고
둘째는 걸식할 수 있어야 하며
셋째는 좌선, 경행에 큰 지장이 없어야 한다.

〈賢愚因緣經〉

2-3. 추한 여자가 어여뻐지다 (醜女改容)

바사익왕의 말리부인이 한 여아를 낳았는데
얼굴이 추잡하게 생겨 사람같지가 않았다.

한 가난한 호족의 아들과 결혼시켜 사택 속에 가두어 놓고
출입을 금지시켰다. 아버지께서 사위에게 재물을 주어
의식주에 대해서는 걱정이 없었으나 자물쇠가 저절로 열리면
그대는 사람들을 보게 되리라 하였다.

호족과 대신들은 매달 모일 때 마다 부부가 한데
모여 기꺼이 말하고 즐겁게 놀다가는데 사위 대신은
언제나 홀로 왔다가 외롭게 떠나게 되므로 잔뜩
술을 마시고 부처님께 가서 하소연하였다.
"부처님 저는 무슨 죄가 있어 사랑하는 여인을
암실에 유폐시켜 놓고 찾아볼 수도 없습니까?"
하고 우니 부처님께서 친히 갔다.

그녀가 부처님을 뵙고 감격하여 과거의 죄업을 참회하고
뉘우치니 악한 마음이 없어져 당장 단정한 모습이
천녀(天女)와 같았다.

이에 문을 열고 밖으로 나오니 모든 사람들이 보고
감격하였다. 이에 여인은 남편을 따라 왕을 친히 뵙고
어려서부터 화내고 짜증내던 것을 후회하고 참회하니
궁중의 모든 여인들이 다같이 본을 받아 미인들이 되었다.

〈百綠經〉

2-4. 부인의 원이 원만히 이루어지다 (夫人滿願)

왕사성에 아사세 태자가 있었다. 악한 벗 조달을 시켜
부왕 빔비사라왕과 어머니 위제희 부인을 유폐시켰다.
두 사람이 감격 속에서 부처님께 예배드리며 눈물을 흘리는 것을 보고
목련과 아란존자 석범호세천왕을 보내 위문하였다.

위제희 부인이 말했다.
"부처님이시여. 저는 무슨 죄가 있어 나쁜 자식을 낳아
이런 나쁜 과보를 받고 있나이까.
다시는 사바세계 5탁 악세에 태어 나고져 하지 않습니다."

하니 부처님께서 미간의 백호(白毫)에서 대광명을 놓아
시방세계를 두루 보도록 하고
"그대의 원을 따라 가서 나라. 극락세계 아미타불이
계신 곳이 이곳에서 멀지 않다. 부모님께 효도하고 스승을
섬기고 10선업을 지은 자가 3귀 5계를 구족하면
누구나 그곳에 가서 태어날 수 있다."

"부처님. 저는 깨닫는 마음으로 깊이 인과를 믿고
대승경전을 독송하여 과거의 지은 죄를 참회합니다."
"그렇다면 일심으로 극락세계 아미타불, 관음, 세지
양대보살님께 귀의하라"

그리하여 빔비사라 임금님과 위제희 부인은
극락세계 왕생하였다.   〈觀無量壽佛經〉

2-5. 앵무새가 부처님께 청법하다 (鸚鵡請法)

부처님께서 기원정사에 계시다가 마가다국으로 가시자
뭇 새들이 따라 나섰는데 그 가운데 앵무새왕이
허공 가운데 높이 떠 부탁하였다.

"부처님, 저희들을 어여삐 여겨 저희들의 숲 속에서
하룻저녁만 자고 가십시오."
부처님께서 허락하고 숲 속으로 들어가 비구들이 자리를 잡고 좌선하자
앵무새왕이 보고 환희 희열하여 밤새도록 돌아,
호랑이 악한 짐승들과 도적도 침범하지 못하게 하였다.

이튿날 아침 세존께서 앵무새를 불러 모으고 왕사성
빔비사라 임금님께 말했다.
"새들의 원을 따라 모든 스님들께 공양을 베푸옵소서."

왕이 듣고 청한 대로 그날 저녁 앵무새왕이
명을 마치고 도리천에 태어나서
"매일 아침 공양을 저희들이 하겠습니다."

하여 모든 대중이 기쁘게 공양을 받았다. 그때 천당에 태어난 천사(전생의
새)가 내려와 감사하고 3귀 5계를 받은뒤 바로 4제 12인연 법문을 듣고
마음이 열려 수다원과를 증득하였다.

〈百綠經〉

2-6. 악한 소를 제도하다 (惡牛蒙度)

부처님께서 코살라국에 계실 때 륵마숲 속에 한 못이
있는데 거기 5백마리의 수우가 살고 있었다.
이 소를 관리하는 사람들이 부처님과
비구 스님을 보고 외쳤다.
"부처님, 이곳에 가까이 오지 마십시오. 5백마리 수우
가운데는 힘이 세고 악한 것들이 있어 사람들을 가리지 않고 찌르고,
밟아 죽은 자가 많습니다."

말이 끝나기도 전에 소들이 꼬리를 치고 물속에서 헤엄치며
소리 지르고 자기네들끼리 싸워 야단이 났다.

그때 세존께서 다섯 손가락을 펴자 손가락 끝에서
다섯 마리의 사자가 나와 소리를 지르니
소들이 이리 몰리고 저리 몰리다가
그만 지쳐 쓰러져 일어나지 못했다.
부처님께서 악우들에게 노래 불렀다.

盛心興惡意 欲來像害我
歸盛望得勝 返來舐我足

그때 소들이 이 게송을 듣고 풀도 먹지 않고 노래로
열반에 들어 도솔천에 태어나 꽃 향으로 재를 올리고
법문을 들은뒤 수다원과를 얻었다.　　　　　　　〈百綠經〉

2-7. 흰 개가 부처님을 보고 짖다 (白拘吠佛)

부처님께서 사위국 앵무마랍대도 제자 집에 흰 개 한 마리가 있었다. 밥상
위에서 밥을 먹다가도 스님들만 보면 짖고 달려들어 다른 스님들이 출입
을 하지 못해서 부처님이 갔다.

과연 밥상 위에서 밥을 먹던 개가 부처님을 보고 상 아래로 내려와 짖었다.
부처님께서 말씀하셨다.
"이놈. 전생에도 나와 나의 권속만 보면 짖더니 그 버릇
버리지 못하고 있구나."

하고 야단치시니 평상 밑으로 들어가 죽는 시늉을 하자
주인이 나와 나무랐다.
"왜 남의 개를 그렇게 괴롭게 하십니까?"
"그래 그 개만 보이느냐?"

"그럼 개가 개지, 또 다른 것이 있습니까?"
"너희 아버지다."
"그런 말씀 마세요. 우리 아버지가 사위성 바라문교의 총회장이었는데
어떻게 개가 됩니까?"
"내가 사위성에 온다는 말을 듣고 네 아버지가 사람들을 데리고와서
데모하지 않았느냐? 그때도 짖기를 좋아하더니 개가 되니 입만 벌리면 짖
는구나!"
"그것을 무엇으로 증명할 수 있습니까?"
"너희 아버지, 어머니 밥 그릇에 밥을 담아 놓고

'아버지. 진실로 아버지가 개가 되었다면 당신 밥그릇과
어머니 밥그릇에 담긴 밥을 잡수어 보세요'
하고 공경한 마음으로 대접해 보라."

그래서 아버지 놋그릇과 어머니 철그릇에 밥을 담아 놓고
무릎을 꿇고 합장하고 말했다.
"야 이 개새끼야. 네가 나의 아버지야. 진실로 우리 아버지라면 네 밥그릇
을 알 터이니 네 밥을 찾아 먹어보아라."
했더니 개가 눈물을 주르르 흘리며 먹지 않자

"아버님, 당신 밥그릇도 모르십니까. 찾아 잡수세요."
하니 간신히 뛰어가 밥을 먹었다.
분명히 확인한 수가장자는 6개월 동안 아버지를 위해
바라문의 수행을 본을 보이고 천이백 대중을 공양하며
아버지를 천도하였다.   〈中阿含經〉

2-8. 불 속에서 아들을 구하다 (火中取子)

첨파성중에 큰 장자가 있었는데 조상을 계승할 자식이 없어
6사외도에게 기도하여 아이를 가졌다.
궁금하여 물으니 "딸을 낳는다" 하여 걱정이 되므로 다시
부처님께 가서 물으니 "아들을 낳는다"하였다.

궁금하여 달이 차자 엄마라과에 독약을 넣어
여자에게 주어 먹였더니 먹고 죽었다.
화장장에서 죽은 여자의 배를 갈라 놓고 보니
분명 남자라 6사 외도는 그로부터 기가 죽어 말도 못하고
장자는 불 속에서 아들을 꺼내 조상의 얼을 계승하게 되었다.

사람들은 이것을 보고 더욱 더 부처님을 받들어
온 동네가 모두 불교왕국이 되었다.

〈經律異相〉

2-9. 부처님을 뵙고 믿음을 일으키다 (見佛生信)

국왕 아질위세는 용맹심이 강하여 이웃 나라들을
징벌하여 광적으로 양민들을 괴롭혀 원망을 샀다.

그때 부처님께서 대중들을 포교하기 위해
그 나라에 갔는데 아질다왕이 듣고 즉시 악한 마음을 일으켜 모든 왕자들
에게 무장하고 나오라 하여 길거리에서 거역하는 데모를 가졌다.

그런데 부처님께서 큰 광명을 놓아 종군하는
군인들의 북이 울리지 않고 화살도 쏘아지지 않으며
병사들과 코끼리, 말들이 쓰러져 넘어졌다.
하늘을 쳐다보니 해와 달이 빛을 잃고 군인들도
다 전쟁할 뜻이 없어져 모두 왕궁에 달려가 궁문을 열고
부처님과 그 제자들을 맞았다.

대왕이 부처님을 뵙고 말했다.
"어려서부터 배우지 못하고 싸움하는 것만 즐겨
예의범절이 없습니다. 부하들까지도 무지하여 성인을
몰라보고 망행(妄行)을 저질렀으니 용서하여 주옵소서.
저희들은 계를 받아 부처님을 받들고 인의예지로서
효도하고 정절을 지켜 6바라밀을 실천하겠습니다."

비로소 나라는 평화를 얻었고 백성들은 서로 받들고
사랑하였다.   〈經律異相〉

2-10. 부인으로 인하여 득도시키다 (因婦得度)

난국왕이 사신을 보내 사위국 장자 아난에게 갔다.
장자가 사신을 알아보고 물었다.
"그대들은 어찌하여 얼굴이 검고 귀신처럼 더럽게
생겼으며 무엇하러 왔는가?"

"난국왕 태자의 아내 될 사람을 구하러 왔습니다."
"딸이 셋이 있는데 부처님께 물어 보내겠다."
하였다.
그때 혼사를 치러 난국왕의 며느리가 되어 갔는데 먼저
나체로 도를 닦는 니건자들께 인사를 시켰다.
깜짝 놀라 인사를 하지 않고 나오니 물었다.
"그대는 어떤 성자를 모시고 있기에 이들 성자들을 업신
여기는가"
"저는 부처님을 스승으로 모시고 있는데
복장 단정하고 예절이 법답습니다."

"우리도 볼 수 있는가?"
"향을 사루고 간절히 청하면 뵐 수 있습니까."
하고 높은 루에 올라가 향 사루고 예배드리니 부처님
제자들이 각기 용, 봉, 호랑이, 공작 등을 타고 허공을
날아와 설법하니 그날부터 왕이 직접 니건자들에게 옷을
입히고 법을 듣게 하며 장차 인도에서 몇 째 가지 않는
문명국이 되었다.   〈三摩竭經〉

2-11. 장님이 부처님을 보고 눈을 뜨다 (盲兒見佛)

바라나국에 월난장자는 억대 거부의 장자이지만 매우
인색하여 보시를 할 줄 몰랐다. 누구든지 오면 수문장에게
철저히 단속하여 사람들이 보지도 못하게 하였는데
때가 되어 죽어 두 눈이 어두운 장님으로 태어났다.

일곱 살에 어머니가 말했다.
"너도 이제 성년이 되었으니 밥을 얻어먹도록 하여라."
애기가 듣고 탁발나갔다가 수문장(守門將)이 쫓아 내서
들어가지 못하고 울고 있었다.

그때 부처님이 대중들과 함께 그곳에 이르니 물었다.
"부처님, 저는 전생에 무슨 죄를 지어 태어나면서부터 장님이 되고
자라서는 가는 곳마다 핍박을 받고 음식 한 접시 얻지 못합니까?"

"너는 전생에 거부 장자였으나 들어가는 문을 세 개나
만들어 걸식수행자들을 들어오지 못하게 박대하였으므로
이런 과보를 받는 것이다."

사람들은 그의 숙명(宿命)을 듣고 모두 착실하게
불승들을 접대하므로 편안한 마음으로 공부하게 되었다.

〈越雜經〉

2-12. 늙은 노비가 득도하다 (老婢得度)

수닷다 장자의 한 노비에 비저라(毘低羅)가 있었는데
부지런하며 창고직으로서 불승들 공양을 성실하게 해 왔다.
병든 비구가 많아 구하는 것이 많으므로 시봉하기
어려웠으므로 다른 노비들이 불평하였다.

"장자가 어리석어 스님들을 수없이 받아들이니
보기도 싫다."
하고 3보를 비방하였다.

말리부인(末利夫人)이 듣고 연꽃을 좋아하는 한 노비를
수닷다 장자 집에 보내
"그대가 가서 병자들을 잘 살피라."
하니 그의 부인이 듣고 환희심을 내어 함께 가 달라고 하였다.

그런데 부처님이 제자들과 탁발 가면
열 손가락을 활짝 펴고 지극정성으로 받드니 부처님이 보고 말했다.
"너는 나와는 인연이 없고 라훌라와 인연이 있으니 스님이 되어 라훌라를
잘 살피도록 하여라."

하여 늙은 노비가 부처님께 제도되었다. 그는 라훌라를 위해 설하는
3귀 5계를 듣고 그 자리에서 수다원과를 증득하였다.

〈觀佛三昧經〉

2-13. 부모님께 부처님을 뵈오라 청하다 (勸親請佛)

수닷다 장자의 친구에 외도를 숭배하는 사람이 있었는데
천지신을 숭배하여 의사 노릇을 하였다.
"누구고 환자가 오면 천지신을 믿으라."
하고 개종하지 않았다.

수닷다 장자가 말했다.
"그대의 신앙에 부처님 가피까지 겸하면 한량없는 복이 생기리라."
그 말을 듣고 의사가 대문을 크게 열어 불승들이 드나들게 하니
하루는 부처님께 큰 광명을 놓으며 집앞에 당도하자
흔현 영접하니 물었다.

"그대는 어떻게 환자를 보는가?"
"첫째는 다스릴 수 없는 것을 치료하지 않고
둘째는 치료해도 낫지 않으면 관여하지 않으며
셋째는 교만한 사람은 치료하지 않습니다."

"그래, 나에게도 세 가지 방법이 있으니
첫째 4대병은 한열에 해당되는 의약으로 다스리게 하고
둘째 사악한 귀신병은 청정한 계로 다스리게 하고
셋째 여러 가지 액에 빠져 있는 자는 복덕으로서 다스리게 한다.

이와같이 지혜있는 사람은 자신의 능력만 믿지 않고
4대를 안정하게 하고 심식(心識)을 편안하게 한다."
하니 그렇게 실천하며 천하 제1의 명의가 되었다.   〈法句經〉

2-14. 수라타 장자가 아들에게 반승을 부탁하다 (囑兒飯佛)

인도 부자 수라타(須羅陀) 장자가 있었는데
매년 12월 8일이면 부처님과 스님들을 청하여 공양하고
자손들에게 부탁하였다.

"내가 죽더라도 매년 한 번씩 이 행사가 그치지 않게 하라."
그런데 손자 비라타가 점점 가난해져
부처님 성도재일에 이르러서도 공양할 능력이 되지 못하였다.

"그대는 그의 아버지 유언을 잊어버렸는가."
이 말씀을 그의 부인이 듣고 외가에 가서 돈 100전을 빌려 공양하니
모든 스님들이 주문을 읽어 주었는데
그날 밤 창고 속에서 빛이 나 들어가 보니 보물이 창고에 가득 차 있었다.
놀라 이튿날 아침 관청에 아뢰니
"이는 부처님의 덕행이다."
하고 비라타에게 벼슬을 주어 12월 8일 행사가 대대로 그치지 않게 되었다.

사람들은 이 말을 듣고 너나 없이 3보를 공경하였으며
집안에 부모님 제사나 자손들의 생일을 맞이하여
불승들에게 공양하였다. 그로 인해 불교를 믿고 불승을 대접하면
가정이 편안하고 부자가 된다는 말이 세상에 퍼지게 되었다.

〈法句經〉

2-15. 돈을 빌려 공양을 하다 (貸錢辨食)

나열성(羅閱城) 인민들이 다 같이 의논하여
각기 100전씩 내서 불승들을 공양하기로 하였다.

그런데 그 가운데 계두(鷄頭) 바라문이 돈이 없어 그 회원이될 수 없었다.
할 수 없이 공양하는 장소에 나가지 못해 기가 죽어 있었다.
부인이 말했다.

"내가 밀다라 장자 집에 가서 돈을 빌려다 드릴테니
좋은 일에 동참하십시오.
만약 내가 그 돈을 갚지 못하면 그 집의 노예가 되겠습니다."

두 사람이 열심히 계두 바라문 집에 가서 노비로 활동하여
공의 회원으로써 보람을 느끼고 사니 소문이 퍼져
계두 바라문은 발심하여 대강당을 짓고
큰 잔치를 벌인 뒤 두 노예를 해방시켰다.

이 말을 듣고 모여온 대중들이 환희용약하여 특별히
불승들을 초청하여 주원(呪願)을 읽어주니
모여온 대중들이 모두 환희용약하였다.

〈經律異相〉

2-16. 노인 걸사가 부처님을 만나다. (老乞是佛)

그때 부처님께서 사위성에 계셨는데 한 늙은 바라문이 근기가 성숙하여
그릇을 가지고 집집이 구걸하고 다니므로 부처님께서 물었다.
"그대는 어찌하여 이렇게 다니는가?"
"처자 권속을 위해 다 버리고 구걸하고 있습니다."
"그대는 나의 게송을 들으라."
하고 게송을 읊었다.

生子心歡喜　　爲子聚財物　　復爲嫂娶妻　　而自捨出家
邊鄙田舍兒　　違負於其父　　人形羅刹心　　棄捨於老父

老馬復無用　　則奪其豆草　　子少而父老　　棄捨行乞食
曲杖爲最勝　　爲我防惡牛　　能却暴惡狗　　扶我暗處行

避深坑空井　　憑仗於杖力　　婆羅門徒佛　　受偈還至家

집에 돌아와 문 앞에서
옷을 벗고 그 게송을 읊으니
자식이 부끄러워 아버지를 안고
들어가 그 아버지를 목욕시켜 주고
집안의 주인으로 모셨다.
노인은 비로소 부처님께
멀리서 예배드리고 옷을 바치니

부처님께서 옷을 받고 갖가지 법을 설하였다.

〈經律異相〉

2-17. 고통에 대하여 말할 때 부처님이 오셨다 (說苦佛來)

기원정사에 네 비구가 있으면서 의논하였다.

이 세상에서 가장 고통스러운 것이 무엇이냐?

① 음욕이 제일 참기 어렵다.
② 화내고 성내는 것이다.
③ 목마르고 배고픈 것이다.
④ 다투고 공포에 떠는 것이다.

그때 부처님께서 오셔 말씀드리니

"이 몸보다 더 괴로운 것이 없다."

하셨다. 그런데 그때 비둘기, 까마귀, 뱀, 사슴

네 마리가 모여 의논하였다.

"세상에서 가장 참기 어려운 것이 무엇이냐?"

비둘기가

"색욕이다, 색욕 때문에 날다가 그물에 걸린다."

하니 뱀이

"이 세상에서 가장 참기 어려운 것은 화내는 것이다."

하였다. 이에 사슴이

"나는 수렵인과 호랑이 같은 것의 소리를 들었을 때다."

그때 비구가

"이 세상에서 가장 큰 고통거리는 이 몸보다 더한 것이었다."

하였다. 〈法句經〉

2-18. 즐거운 말속에 부처님이 탄생했다 (談樂佛生)

부처님께서 사위국 기원정사에 계실 때 네 사람의
신락 비구가 있었다. 배꽃나무 가지 밑에서 경행하다가
쪽 뻗어 나간 배꽃을 보고 좋아하였다.

한 사람이
"세상만사가 이것보다 더 즐거우랴! 봄꽃이 백 가지가
뿜어대는 향기로써는 이를 능가할 것이 없네."
하니

"종친들이 모여서 술 한 잔 하고 음악에 맞추어 노래
부르고 춤추는 것이 제일이다."
하였다. 또 한 사람이

"많은 재보를 수레에 싣고 거마(車馬)에 옷깃을 휘날리며
사람들을 휘몰아치게 하는 것이 제일이다."
하니 또 한 사람이
"처첩을 거느리고 연지곤지 찍고 야한 음악 들으며
종횡으로 달리는 것이 제일이네."

부처님이 그때 오셔서
"그대들의 도는 영원한 것이 아니다.
이것들은 계절 따라 나타난 즐거움이고 영원히 즐거운 도는
열반보다 더한 것이 없으니 무상 속에서도 영원히, 고통 속에서도 즐겁게,
부자유 속에서도 자유롭게, 더러움 속에서도 깨끗하기 때문이다."
신락 비구들이 듣고 즉시 아라한이 되었다.   〈法句經〉

2-19. 하늘에 제사 지내다가 부처를 만났다 (祀天遇佛)

변경에 화묵봉사(和墨奉事)란 외도가 나라를 세워
삿된 신앙을 가지고 있었다. 살생하여 제사 지냈는데
왕모가 병이 들어 오랫동안 누워 있으면 바라문을 불러

"저희 대부인이 병이 나서 곤경에 빠진 지 오래되었으나 그 이유를 알지 못
합니다. 무슨 까닭입니까?"
"별과 별이 서로 뒤바뀌어 음양이 조화를 이루지 못한 까닭입니다."

"어떤 방편을 써야 할까요?"
"소와 말, 돼지, 양, 백 마리를 잡아 하늘에 제사 지내면
차도가 있을 것입니다."
즉시 명을 받들어 소와 말 백 두씩을 끌고 와 죽여 제단에 올렸다.

왕이 멀리서 부처님이 오시는 것을 보고 인사하자 물었다.
"어머님 병이 좀 어떠하십니까?"
"어머니 병을 위해 천제를 지내고자 합니다."
"곡식 같으면 밭에 씨를 뿌리듯 부자들은 당연히 보시를 행하면
장수할 것입니다. 지혜를 얻으려면 학문을 닦아야지
백 년 제사를 지내도 소용이 없습니다."

어머니께서 제사를 지내기도 전에 이 말을 듣고 병이 나았다.
부처님의 광명이 천 리를 비추자 왕이 듣고 바로 도적(道跡)을 얻었다.
그때부터 왕은 부처님을 믿고 백성들을 자식처럼 사랑하니
백성들은 한결같이 10선을 행해 해마다 풍년이 들어 즐겁기 짝이 없었다.

〈法句經〉

2-20. 부처님께서 아기를 죽이려는 도완이를 제도하다 (佛度屠兒)

500 외도가 부처님만 보면 비방하였다.
하루는 그들이 모여 의논하였다.
아이를 죽이려 하면서
부처님과 스님들을 청하였다.

그리고 부처님이 오시면 물 위에 앉아
유식을 잡수시게 하자고 의논하였다.
죄와 복이 어떻게 해서 생기는지 보자고.

세존께서 미리 살피시고 해에서 큰 광명을 놓으니
성내가 대낮같이 밝아졌다.
진인(眞人)은 도로써 살고 어리석은 사람들은 질투로써
악행을 저지르고 있다는 것을 훤히 보여주었다.

이에 5백 범지(梵志)가 선악인과를 훤히 깨닫고 오체투지 하였다.
"밭은 한 밭이지만 종자를 따라
그 싹이 다르다는 것을 깨달았습니다."

기쁨과 슬픔, 즐거움과 괴로움이
모두 한 생각 속에서 달려 있다는 것을 깨닫고
그 다음부터는 다시 아이를 죽여 제사 지내는 일이 없었다.

〈法句經〉

2-21. 그물로 고기를 잡는 사람을 제도하다 (度網漁人)

사위성 동남쪽에 큰 강이 있고 그 강 주변에
500여 가구가 살고 있었다.

일찍이 도덕이란 무엇인지 듣지 못하고 고기 잡는 것으로
업을 삼고 탐욕만 가득 차 있었다.
부처님께서 그들의 뜻을 아시고 물가 나무 밑에 앉아 계시니
그 주위가 온통 불광명(佛光明)으로 가득 찬 것을 깨달았다.

촌사람으로서 기이하게 생각하여 와서 예배드리고 물었다.
"안녕하십니까? 부처님, 왜 똑같이 복을 짓는데 한 무리는 물에 빠지고
한 무리는 물에 빠지지 않고 물 위를 걸어 저 언덕에 이릅니까?"

"하는 일은 같아도 마음에 선악의 차이가 있기 때문이다.
선한 자는 기쁨을 얻고 악한 자는 불신(不信)을 받느니라."

그들은 모두 강변에 이르러 투망을 버리고 법문을 듣고
3귀 5계를 받았다.

〈法句經〉

2-22. 수렵인을 제도하다 (度捕獵人)

나열성 산 밑에 수렵으로 살아가는 백성들이 있었다.
부처님이 나무 밑에 앉아 큰 광명을 놓으시자
주위가 온통 황금빛으로 빛났다.

수렵인들이 짐승을 잡으려고 나서니
온 사람들이 모여 금색 부처가 되어 다 같이 예배드리고 주위에 앉았다.
부처님께서 말씀하셨다.
"이렇게 사랑하고 살던 사람들이 일시에 자식, 부모를 잃고
살생으로 고기만 먹으면 병이 많고 채식하면 몸이 가볍고 병이 적다."

하니 모두 주위에 모여 예배드리고 법문을 들은 뒤 계를 받으니
짐승과 사람이 온통 한집안 식구가 되므로 부처님께서

"殺生은 多短命 放生은 健康壽"

하고 게송을 읊으니 많은 사람들이 와서 환희심으로
계를 받고 자비의 생활을 하였다.

〈法句經〉

2-23. 부처님께서 추악하게 생긴 아이를 제도하다 (佛化醜兒)

사위성 중의 한 장자가 태어나면서부터 더럽게 생겼는데
클수록 부모가 싫어 산중에 버리고 멀리 떠났다.

아이가 초근목피(草根木皮)로 생활하니
부처님께서 어여삐 여겨 스님들과 함께 산중에 이르자 아이가 놀라 도망쳤으나
아무리 애를 써도 멀리 도망갈 수가 없었다.

그때 정신을 차리고 보니 많은 스님들이 나무 밑에 앉아 좌선하고 있었다.
그때 부처님이 더러운 사람으로 변해 떨어진 옷을 입고
발우에 성찬(盛饌)을 들고 가까이 오자 더럽게 생긴 사람이 기뻐서
"진짜 이 사람이야말로 나의 친구다."
생각하고 물었다.

"그대는 어떻게 금방 단정한 사람이 되었는가?"
"이 밥을 착하게 보면 단정하게 되는데
좌선인들을 보니 나도 모르는 사이에 이렇게 되었다."

이에 부처님이 32상 80종호의 대인상을 나타내니
그것을 보고 즉시 수다원과를 얻고 출가를 희망하여
수계사문이 되었다.

〈百緣經〉

2-24. 도둑놈들을 구제하다 (求道賊人)

5백 명의 도적들이 사람들의 물건을 훔쳐 가며 살아가고 있었다.
사위국왕이 장사들을 놓아 추적하여 잡았는데
죽이려 하니 대성통곡하며 살려달라고 애원하였다.

아난이 듣고 부처님께 아뢰니 임금님께 가서
"놓아주면 다시는 도적질하는 사람이 되지 않도록 가르치겠다 하라."
하였다.

아난이 형처(刑處)에 이르러 부처님 말씀을 전하자
풀어주어 다 같이 부처님께 데리고 왔다. 들판에 앉자
부처님께서 계박(繫縛)을 풀어주게 하니 모두 땅바닥에 엎드려 참회하였다.

부처님께서 4제 인과법과 12인연 인연법을 설해 마음을
풀어주고, 다음에 3귀 5계를 설하시니 모든 사람들이
그 가운데서 수다원이 되고 사다함이 되어 출가를
희망하였다.

부처님께서 "善來比丘여" 하고 설법하니
모두 착한 사람이 되어서 나라의 백성들을 편안하게 하였다.

〈經律異相〉

2-25. 똥치는 사람을 구제하다 (度除糞人)

사위성 중에 한 전타라(旃陀羅)가 있었다.
화장실 청소로 생을 유지해 가고 있었는데
멀리 부처님을 보고 소리를 지르며 도망가자 부처님께서
"나는 똥이 더럽지 않다. 네 몸에 똥이 묻었거든
간디스 강에 가서 깨끗이 씻고 돌아오너라."

하였다. 그는 강에 가서 목욕하고 옷을 빨아 말려 입은
뒤 스님들을 따라 다니며 틈나는 대로 선(禪)을 닦았다.
얼마 가지 않아 아라한이 되어 6신통을 얻었다.

왕이 듣고 감격하여 귀성(貴姓)을 내리고
좌우에서 4성받이가 호위하도록 하였다.

그러나 임금님이 그에게 절이 잘되지 않으므로
멀리서 바라보는데 갑자기 땅속에서 바위가 솟아나
그 위에 앉으시니 마치 물속에 연꽃이 솟아난 것 같아
이름을 화왕(花王)비구라 불렀다.

사람들은 끊임없이 사사공양(四事供養)을 올려
많은 사람들이 그를 의지하여 살게 되었다.

〈經律異相〉

2-26. 시식의 연기 (施食緣起)

아난이 부처님 심부름을 갔다 돌아오는데
간디스 강가에서 바짝 마른 귀신들이 몸에서
불이 나 타죽는 것을 보고 부처님께 아뢰니
부처님께서 발우에 물을 가득 담아 주면서

"이것을 그들에게 뿌리며 4다라니(변식진언,
감로수진언, 일자수륜광진언, 유해진언)를 외워주라."
하여, 뿌려 주니 다시 불타는 것이 없어지고
아귀들이 질서 있게 먹고 쉬게 되었다.

이것이 시식(施食)이 베풀어지게 된 동기다.
이로 인해 마갈다국에서는 곳곳에 음식을 베풀어 주는
장소가 생기게 되었고 인정이 후(厚)해서
굶어 죽는 사람이 없게 되었다.

〈救面然餓鬼經〉

2-27. 목련이 어머니를 구하다 (木蓮求母)

목련존자가 일찍이 부모 은혜를 생각하여 아버지 돌아가신 뒤
3년 상을 모셨는데 재산이 많이 줄어들어
어머니에게 살림을 맡기고 남인도에 가서
향료 장사를 하여, 가지고 간 물건의 88배를 벌어오게 되었다.

집 근처에 가까이 오면서 어머니께서 아버지 재를 모시느라
얼마나 고생을 하실까 하고 일보일배(一步一拜)를 하고 있으니
동네 사람들이 보고 물었다.

"왜 그렇게 절을 하고 오는가?"
"우리 어머니가 아버지를 위해 제사 지내느라 얼마나
고생을 하였을까 생각하며 절을 합니다."
"너도 네 어머니와 똑같은가. 네가 장사를 나간 뒤
보름도 안 되어 바람이 나 동네가 시끄럽게 되었는데
재는 무슨 재(祭)인가."

하여 놀랐는데 어머니가 목련에게 약속하고
정한 날 피를 토하고 죽자
세 번이나 공양미를 3백석씩 내고 재를 지냈어도 효험이 없었다.

부처님께 나아가 물으니
너의 어머나가 어디 있는지를 먼저 찾아보라 하여
9순 안거 중 천안통을 얻고

6도 세계를 다 돌았으나 찾지 못했는데
마침내 지장보살의 말대로 부처님의 발우를 얻고
법장을 가지고 가 무간지옥의 어머니를 만나
7월 백중에 천도한 일이 있다.

이것이 7월 백중에 조상의 재를 지내고
죄업(罪業)을 참회하며 천도하는 의식이 생기게 된 것이다.

〈盂蘭盆經〉

2-28. 부처님이 영아를 구하다 (佛求嬰兒)

사위국 재덕(財德)장자 아들이 다섯 살에
산지귀신(散脂鬼神)을 보고 놀라 하므로
"南無佛"을 외우게 하였는데 아기가 이 소리만 지르면
귀신들이 입이 굳어져 말을 못하였다. 아이의 눈에서는
불꽃이 튀어나와 보는 사람들마다 놀랐다.

부처님께서 멀리서 이 소리를 듣고 광명을 놓으니
아기가 말했다.
"부처님 일찍이 금강과 금강신장이 저를 보호해 주고
있으나 이따금씩 무서운 불과 칼로 저를 위협하고 있으니
구해주십시오."

"그렇다면 오늘부터 3귀의와 5계를 받아 지키라.
네가 평상시 광야에 돌아다니면서 그들 신들을
이용만 하고 보답하지 아니한 까닭이니 3귀 5계로
몸과 마음을 깨끗이 하고 3계 중생을 제도하겠다는
위대한 원력을 가지면 괜찮을 것이다."

동자는 그 뒤 3귀 5계를 받고 몸과 마음을 청정히 하여
광야의 귀신들과 금강신장이 보더라도 부끄럽지 않은
삶을 하였으므로 부지런히 정진하여
마침내 무상법미(無上法味)를 맛보게 되었다.

〈觀佛三昧經〉

2-29. 금강이 음식을 청하다 (金剛請食)

어느 때 일적금강역사(壹跡金剛力士)가 부처님께 여쭈었다.
"부처님, 광야의 귀신들이 왕사(王舍)의 주위에서 밥을
얻어먹고 있는 잡귀들을 혼 짝을 내어 벌벌 떨고 있습니다.
이들에게 진에(瞋恚)의 독해가 미치지 않게 해주십시오."

"좋다, 그들에게 불의(不義)를 범하지 않게 하고 인자한 마음으로
살생, 도적질, 사음 등 10 악을 범하지 않게 해야 할 것이다.

귀신은 누구나 간악(慳惡) 하기 때문에 입에서 불이 나니
보시, 지계, 인욕, 정진으로 악심을 조복 받고
선정의 마음으로 편안케 하고 지혜로써
옳고 그름을 판단하는 능력을 길러야 한다."

그때 이 법문을 듣고 일적금강역사 5백 귀신들이
무생법인을 얻어 함부로 달려드는 잡귀들을
자비로써 교화하여 불안이 없게 하였다.

〈寶積經〉

2-30. 귀자모에게서 자식을 찾다 (鬼母尋子)

반사가(盤娑加)라는 귀신은 그의 부인과 함께
5백 제자들을 거느리고 있었는데 끔찍이도 막내아들
빈가라(嬪伽羅)를 사랑하고 있었다.

자기 자식은 말할 수 없이 사랑하면서도 남의 아이들을
잡아다 삶아 먹고 구워 먹곤 하였다.
일반 백성들이 자식을 키울 수 없을 정도로 공포에
사로잡혀 있으므로 부처님께 하소연하니
부처님이 아난 등 제자들을 데리고 그곳으로 갔다.

부처님은 아난존자에게 반사가가 제일 사랑하는
그 아이를 감쪽같이 데려오너라 하여
부처님 뒷자리에 숨겨 놓자
그의 어머니가 때를 걸러 가면서 아이를 찾으며 울고 다녔다.

"왜 그렇게 우십니까?"
"자식을 잃어버렸습니다."
"그렇다면 부처님께 한번 찾아가 여쭈어 보시오."

그래 부처님께 찾아가니
"내 자식은 귀하면서 남의 자식은 귀하지 않느냐?"
"남의 자식은 남의 자식이기 때문에 개의(介意)할
것이 없습니다."

"그들도 네 마음과 다르지 않다.
네가 남편과 함께 3귀 5계를 받아
다시는 살생하지 않겠다 하면 네 자식을 찾아주리라."

그래 3귀 5계를 받고 맹세하니
부처님 뒤에서 빈가라가 웃으며 "엄마" 하고 불렀다.

〈雜寶藏經〉

2-31. 어린이들이 땅을 보시하다 (小兒施土)

세존과 아난이 걸식하러 나갔다가
길거리에서 놀고 있는 아이들을 보고
옛날 옛적 여기서 세 명의 아이가
흙을 한 주먹씩 집어 보시하며 말했다.

"부처님, 저희 공양을 받으세요."
"너는 장차 전 세계의 주인공이 되어
천하를 다스리는 전륜성왕이 되리라."

또 한 놈이 옆에 섰다가 제 흙을 한 주먹 떠서
"저희 공양도 받으세요."
"너는 장차 큰 부자가 되어
매일 만 그릇의 공양을 보시하리라."

그때 옆에 섰던 아이가
"저기 저 그늘에 앉아 잡수세요."
"너는 장차 한 임금의 아들로 대공원을 가지고 있다가
성자께 보시하여 큰 절을 지으리라."

그들이 곧 수닷다이고 기타태자이며
장차 세계를 통치할 아쇼카 대왕이다.

〈賢愚因緣紀〉

2-32. 버드나무 가지로 물을 뿌리다 (楊枝淨水)

그때 베살리에 월계장자(月桂長者)란 분이 있어
부처님께 청하였다.
"저희 나라에 대악병이 들어 의사 기바(耆婆)가
정성을 다해 치료하였지만 구하지 못하고 있습니다.
부처님께서 자비심으로 구해주십시오."

"서쪽에 무량수 부처님이 관음보살과
대세지보살을 데리고 고통 중생의 액을 구해주나니
마땅히 예배드리라."

서방을 향해 예배드리니 서쪽 하늘에
세분의 모습이 또렷하게 나타나 광명을 놓고 있었다.
돌아보니 베살리성이 온통 금색 광명 속에 놓여 있었는데
그 가운데 관세음보살이 버드나무 가지에 물을 묻혀 뿌리자
온 세계가 평온해졌다.

그로부터 부정(不淨)한 세계에는 양지수를 가지고
물을 묻혀 뿌리고,

지장보살 멸정업진언 '옴 바라 마니디 사바하'

를 외웠다.

〈請觀音經〉

2-33. 꽃을 따서 바치다 (採花獻佛)

세존께서 나열성(羅閱城)에 계실 때
왕이 여러 사람을 보내 꽃을 따 부처님께 올리려 하였다.

하루는 대소 남자 부녀들께 꽃을 따
부처님께 올리려 하였는데 세존께서 위대한 빛을 놓아
뭇 별 가운데 해와 달처럼 드러나니 많은 보살 제자들이
좌우로 에워싸 자신들도 모르고 예배 공양하였다.

"부처님과 부처님법은 세상에 만나기 어려우니
이 인연으로 사바세계 모든 중생들이 무병장수하고
빈천(貧賤)이 없게 하옵소서."

"무엇을 하든지 때를 잃지 않고
제 때 심어 제 때 기르고 제 때 거두어
수용자들이 부족하지 않게 하고
모든 고통에서 벗어나 해탈 자유를 얻게 하옵소서."

"3보의 꽃이 활짝 피어
무명중생이 하나도 없게 하고
은혜를 입고 은혜를 갚아
사바세계가 그대로 불국토가 되게 하옵소서."

〈採花違王經〉

2-34. 등불이 꺼지지 않다 (燃燈不滅)

사위국에 난타라는 한 빈녀(貧女)가 살고 있었다.
여러 나라를 다니면서 빌어먹고 살고 있었는데
가는 곳마다 임금과 신하, 백성들이 불승들께 공양하였다.

스스로 생각하였다.
"얼마나 인색하고 베풀 줄을 몰랐으면
이런 몸을 얻어 늙어 죽을 때까지
빌어먹고 살아야 하는가!"

그런데 한 나라 임금님이 부처님 앞에 만 개의 등불을 켜
우순풍조민안락(雨順風調民安樂)을 기원하고 있었다.
나도 등불 하나라도 밝히리라 하고
종일토록 돌아다녔으나 기름 반 종지 값도 얻지 못했다.

"기름 좀 주세요."
"종지와 심지를 가져오세요."
아무것도 가진 것이 없어 우두커니 서 있으니
"나도 불교 신자인데 내 종지에 기름을 가득 넣고
심지를 꽂아 줄 터이니 내 몫까지 등불을 켜 주세요."

그러나 임금님이 켜 놓은 장소에 불을 켤 수가 없어
들고 다니다가 부처님 화장실에 켰는데
이튿날 아침까지 꺼지지 않았다.

아난이 부채를 가지고 가 끄려하자 부처님이 말렸다.
"신심과 원력이 기름과 심지가 되어 타고 있으니
그는 반드시 장래 수미등왕불이 될 것이다."

〈賢愚因緣經〉

2-35. 번을 만들어 부처님께 공양하다 (造幡供佛)

가비라국에 한 여성이 부처님 오시는 것을 보고
긴 번 하나를 만들어 공양하였다.

마침 그는 어린이를 갖고 있을 때라
"건강하게 잘 자라 부처님의 큰 일꾼이 되게 하옵소서."
기원하였다.

과연 그는 아들을 낳아 이름을 파다가(波多伽)라 하였는데
부처님의 위대한 상호를 보고 출가하여
3명 6통 해탈을 얻은 위대한 스님이 되니
그 부모님 또한 발심하여 훌륭한 불신자(佛信者)가 되었다.

부처님께서 말씀하였다.
"이들은 오래전에 반두바제 부처님이 열반하신 뒤
그 사리를 모아 7보탑을 세우고 거기 큰 번을 세운
인연으로 이 세상에 큰 부자가 되어 귀한 아들을
낳아 성불하게 되었다."

하고 91겁 전의 이야기를 들려주었다.

〈百緣經〉

2-36. 옷을 시주하고 수기를 받다 (施衣得記)

그때 세존이 성에 들어가 걸식하는 한 바라문이
부처님 옷이 떨어진 것을 보고 집에 들어가
하얀 모단 옷을 가지고 나와 부처님께 드렸다.

부처님이 받고 그 자리에서 수기하셨다.
"그대는 100겁 후에 부처가 될 것이다."

장자 거사들이 생각하였다.
"이렇게 작은 시주를 하였는데
어떻게 그런 큰 과보를 받는단 말인가?"

"옛날 한 대신은 석 달 동안 공양하고
한 나라 왕이 되었으며
한 거사는 석 달 동안 공양하고 대바라문이 된 일이 있다.

오늘 이 옷의 주인공은 오늘 뿐 아니고
오랜 세월 동안 3보를 신행하고
7조 가사를 만들어 스님들께 봉양한 바 있으므로
반드시 성불할 것이다."

아난존자는 한 바라문의 흰 옷 보시와 거사, 임금님의
석 달 동안 공양을 바라보고 보시에는 때와 장소가 있는데
그 가운데서도 가장 중요한 것은 정성임을 느꼈다.   〈賢愚因緣經〉

2-37. 부처님의 가사를 받고 용난을 벗어나다 (衣救龍難)

흡기(噏氣), 대흡기(大噏氣), 웅비(熊羆), 무량색(無量色)
네 용왕이 부처님 발에 절하고 사루었다.

"대해 중에 무수한 용족들이 각기 업을 따라 살아가고
있는데 늘 금시조의 저격을 받아 피해를 보고
있아오니 무슨 방법이 없겠습니까?"

"내 가사를 그대들에게 줄 터이니 나누어 가지면
실오라기 하나만 있어도 피해를 보지 아니할 것이다."

해상용왕이 부처님의 가사를 받아 백 천 쪽으로
나누어 가지되 모두 3귀의 5계를 받고
정법을 지킬 것을 다짐하였다.

〈海龍王傳〉

2-38. 길상다라니 주문으로 재앙을 소멸하다.
(說呪消災)

그때 부처님께서 정거천중(淨居天中)에서 말했다.
"모든 별들이 허공 가운데 28숙 12궁신으로
배정되어 있는데 내가 지금 바라왕 여래께서 설하신
치성광대위덕 다라니를 말하고자 한다.

모든 나라 임금님과 대신들이 거처하는 곳에서
혹 5성의 핍박을 입거나 라후라 요성(妖星) 비침이
있으면 본명성과 여러 별들의 장애를 없게 하기 위해서는
이 다라니를 지성으로 수지 독송하여라.
일체 재난을 모두 소멸하고 도움이 될 것이다.

다라니를 말하면 다음과 같다.
"나무 사만다 못다남 아바라지 하다사 사다남 다냐타
옴 카카 카혜 카혜 훔 훔 아바라아바라 바라아바라
지따지따 지리 지리 빠다 빠다 선지가 시리예 사바하"

모든 재앙이 길상으로 변하게 되어 있으니,
소망이 있는 자, 먼길 가는 자, 교통안전, 험한 길 가는 자,
물을 건너고 배를 타는 자는 이 주문을 외우라.
모든 재앙이 소멸하여 오히려 길상으로 변할 것이다.

〈消災經〉

2-39. 대비경을 증명하다 (證明說呪)

석가모니 부처님께서 보타낙가산 관음궁전에 계실 때
도량을 장엄하고 사자좌에 앉았다.

그때 관세음보살이 은근히 신통광명을 놓아
시방세계를 비추니 천궁용궁이 모두 진동했다.

그때 관세음보살이 말했다.
"저의 대비심다라니는 중생들의 안락을 위해
일체 중생들의 병고액난과 수명장원을 위해
설해진 것이오니 부처님께서
애민섭수(哀愍攝受) 하는 마음으로 들어주십시오."

"특히 일체중생들의 악업 중죄를 위해 말하라."
"만약 사부대중이 이 주문을 외운다면
몸 안의 모든 중죄가 소멸되고 소원이 성취될 것이다."

주문은 다음과 같다.

나모라 다나다라 야야 나막알약 바로기제 새바라야
모지사다바야 마하사다바야 마하가로 니가야 옴
살바 바예수 다라나 가라야 다사명 나막가리다바
이맘알야 바로기제 새바라 다바 니라간타 나막
하리나야 마발타 이사미 살발타 사다남 수반
아예염 살바 보다남 바바말아 미수다감 다냐타

옴 아로계 아로가 마지로가 자기란제 혜혜하례
마하모지 사다바 사마라 사마라 하리나야 구로구로
갈마 사다야 도로도로 미연제 마하 미연제 다라다라
다린 나례 새바라 자라자라 마라 미마라 아마라
몰제 예혜혜 로계 새바라 라아 미사미 나사야
나베 사미사미 나사야 모하자라 마사미 나사야
호로호로 마라호로 하례 바나마나바 사라사라
시리시리 소로소로 못자못자 모다야 모다야 매다리야
니라간타 가마사 날사남 바라 하리나야 마낙 사바하
신다야 사바하 마하 신다야 사바하 신다유예 새바라야
사바하 니라간타야 사바하 바라하 목카 싱하 목카야
사바하 바나마 하따야 사바하 자가라 욕다야 사바하
상카섭나녜 모다나야 사바하 마하라 구타다라야
사바하 바마사간타 니사시체다 가릿나 이나야 사바하
먀가라 잘마 이바사나야 사바하

나모라 다나다라 야야 나막알야 바로기제
새바라야 사바하 (3번)

하고 즉시 설했다.
"한번 외우면 신구의 3업이 맑아지고
백 번을 설하면 선세 죄업이 없어지며
만 번을 설하면 몸과 마음을 자유롭게 쓰고
10만 번을 외우면 물 위를 걷고 허공 위로 날아갈 것이다."

말을 마치자 천지가 6종으로 진동하고 하늘에서 꽃비가 내렸다.
〈大悲經〉

2-40. 용궁에서 설법하다 (龍宮說法)

부처님께서 난타 용왕과 우바난타 용왕 대위덕 마니장전
궁전 안에 계실 때 갖가지 꽃과 영락으로
부처님께 공양하고 예배하였다.
"부처님 어떻게 하여야 모든 용왕들이 온갖 고통을 여의고
안락한 마음으로 부처님의 바른 법을 듣고
실천할 수 있을까요?"

"때를 따라 비를 내려 산천초목에서
약풀들을 채취하여 음식으로 달여 먹으면
모두가 쾌락할 것이다.
그리고 모든 용들에게 고통을 제하려면
3귀 5계를 받고 바른 법을 듣고 행하면
온갖 고통을 없애게 될 것이다.

만약 자비심을 가지면 불이 나도
불이 범하지 아니할 것이고
독해가 미치지 못할 것이다.
천 번 읽고 백 번 쓰면 도적의 침범이 없어지고
만 번 읽고 10만 번 쓰면 마음에 요란이 일어나지 않고
단정한 모습으로 세상 사람들에게 사랑을 받으리라.

그래서 모든 용왕들이 대자대비로써 신구의 3업을 맑히고
대자의 행을 실천하고 법문을 들어 생각이 터지고
6신통을 얻게 될 것이다." 〈大雲輪請雨經〉

2-41. 천룡들이 구름처럼 모여 법회하다 (天龍雲集)

부처님께서 정각을 이루었을 때
보살 대중이 바다처럼 몰려와
인연 없는 상왕(象王)처럼 설법하고 계셨다.

법장보살이 명령하니 모든 부처님들의 깊고 깊은 경계가
욕색이천(欲色二天) 가운데 7보를 변화하여
3천대천세계 천룡귀신들이 시방불찰 모든 보살들이
일시에 운집하여 갖가지 장엄, 갖가지 광명, 대비의 행상

인연 및 여래의 32업, 10력 사무소외 18불공법, 37조도품,
32사업상, 32대승법, 32속성법 등을 성취,
한량없는 법보가 신통, 지변, 행원 4무량심으로
해탈도를 구하고

갖가지 다라니로 일체중생을 이익되게 하는 모습,
모든 용들이 태어나 고락 업보를 받는 모습,
3귀의로 깨끗한 눈을 얻고 은근히 시방일체 불토를
보살들의 백억 3계 일체 용천 귀신들이
남김없이 모여 대집법회를 여는 모습을 보여

불법을 옹호하는 모습과 또 각 염부제 국토의 석범제천들과
8부신장들이 각각 제 있을 곳에 있으면서 일체중생을
보호하고 양육하여 모든 장애를 없애고 잘 보호하여
영원히 법이 오래오래 머물게 하고 있다.   〈大集經〉

2-42. 부처님이 지장보살을 찬탄하다 (佛讚地藏)

부처님께서 천제석에게 말했다.
"너희들은 지장보살이 성문의 모습으로
한량없는 겁(劫)을 5탁악세 부처님이 없는 세계에서
불가사의한 신통력으로 시방국토 중생들을 이익
안락하게 해 줄 것이다.

병든 이에게는 병을 치료하고
소망 있는 이들에겐 소망을 성취하여
구하는 것을 모두 있게 하고

밥 한 그릇을 먹는 사이 온갖 세계에 다니면서
5욕의 돌밭에 묘목하나 나지 않는 10악 세계를
나쁜 냄새가 나지 않도록 번뇌를 없애줄 것이다.

3보를 오랫동안 머물게 하면 내가 나의 법제자들을
보내 그릇이 아닌 것이나 계행이 없어 마땅히 벌을
받아야 할 사람들에게 지계(持戒)로서 국법을 지켜

신료들과 백성들께 선악법을 내려주어
10악이 10선으로 변해 법안을 얻으므로써 긴 밤에
마원(魔怨)들이 무상으로 이루게 하라 하였다."

〈地藏十輪經〉

2-43. 승광왕이 법을 묻다. (勝光王問法)

교살라국 승광왕이 청했다.
"부처님, 원컨대 저희나라에 오셔서 불법을 펴주십시오."

"대왕의 아버지가 불제자들을 사랑하고 안은하게 하여
악행을 선법으로 고쳤는데 태자께서도 나라에 충성하고
부모님께 효도하여 부모님의 은혜를 갚고자
상선벌악이 분명한 세계를 만들고자 하고 있으니
진실로 장하도다 대왕이시여, 나라를 잘 다스리려면

① 관리들이 검소하고
② 일을 번다(繁多)하게 시키지 않고
③ 악을 멀리하고
④ 선을 받들어 행하면 형육(刑戮)이 없어지고
⑤ 항상 서로 공경하고 사랑하여 사견(邪見)이 없어져
　　그대로 불국정토가 형성 될 것이다.

어찌 용왕이 환희하지 않으며 정신과 물질이 풍족하여
태평성대를 이루게 될 것이다."
과연 그는 불법을 받아들여 관리들이 공헌하고 자손들이
효도하여 모든 국토 가운데서 최승묘락(最勝妙樂)을
즐기는 불국토를 이루었다.

〈勝光經〉

2-44. 유마거사가 병을 보이다 (維摩示疾)

베살리성에 한 장자가 있었는데 그 이름이 유마힐이다.
변재가 걸림 없어 무슨 법문이든지 지혜로써 잘 통달하였다.

방편으로 병을 앓아 문안 오는 사람들에게
병의 원인을 널리 설법하여
무상, 무아, 무력, 몸이 쉽게 썩는 이치를 보이고
영원히 썩지 않는 열반법(涅槃法)을 증득하도록 가르쳤다.

"이 몸은 지, 수, 화, 풍 4대로 이루어져 거품과 같고
메아리, 그림자와 같아 목마른 사랑이 파도처럼 성하여
마침내 구름처럼 흩어지고 맙니다.

생각은 마치 전깃불과 같아 번쩍 일어났다 사라지는 것이
거품과 같아 있다고 할 수가 없습니다.
정신은 4대 위에 이루어진 눈, 귀, 코, 혀, 몸, 뜻이
빛, 소리, 냄새, 맛, 감촉, 빛을 따라 일어났다, 꺼졌다
기약할 수가 없습니다.

몸과 입과 뜻으로 사물을 분석하면서
거짓 악행을 저질러 참회 없이는 없앨 수 없는
업력이 태산과 같습니다.
참회하면 목욕탕에 가 몸을 씻으면 지덕지덕 쌓인 때가
불어 없어지듯 말끔히 벗겨지니 참회하고 인연을 소중히
여기십시오," 〈維摩詰經〉

2-45. 문수가 병문안 가다 (文殊問疾)

부처님께서 문수사리에게
유마힐에게 가서 병문안 하라고 부탁합니다.
그래 문수보살이 유마힐에게 가니
유마힐은 텅빈 상위에 누워 있었습니다.

문수보살이 물었습니다.
"거사여, 병이 좀 어떠합니까? 참을 만합니까?
증세는 조금이라도 나아지고 있습니까?
거사의 병은 어떻게 생겼으며 병이 난 지 얼마 됩니까?"

"어리석음으로 사랑의 병이 생긴 지 오래되었습니다.
일체중생 때문에 생긴 병이므로 중생 병이 나으면
내 병도 나을 것입니다.

보살은 자비라, 자비로써 중생을 어여삐 여겨 사바세계
고통받는 중생이 없어지면 나의 병은 깨끗하게
낫게 될 것입니다.
일체중생이 정명(淨命)으로 살아가는 것을 보면
나 또한 즐거울 것이기 때문입니다."

이렇게 유마힐은 10대 제자와 32보살이 문병 왔을 때도
똑같은 말을 하여 몸의 병을 문안 갔다가 마음의 병까지
놓아버리고 온 사람들이 많았다.　　　　　　〈維摩詰經〉

2-46. 금고의 참회 (金鼓懺悔)

그때에 실상보살이 꿈을 꾸고 나서 시를 읊었다.

如來說夢見金鼓所 　　出妙音悉能滅除苦
地獄餓鬼畜生苦厄 　　金鼓所出實消滅
諸佛世尊大慈悲 　　　當證微誠受我懺
若我百劫所作罪 　　　所作重罪悉消滅

"소는 죽어서도 가죽을 남겨
이렇게 천지를 진동하고 있는데
중생들은 번뇌 속에서
허망한 생각만 하고 있으니
내 이 법고의 소원을 남김없이 씻어 주리라."

이렇게 서원하고 금고 소리를 따라
아침저녁으로 참회하며 신, 구, 의 3업을 맑혔다.
마침내 아상, 인상, 중생상, 수자상을 없애고
아견, 인견, 중생견, 수자견을 없앤 뒤
위없는 깨달음을 얻어 대해탈인이 되었다.

〈金光明經〉

2-47. 능가산에서 삼매법을 설하다 (楞伽說經)

부처님께서 남해 능가산정에 계실 때
갖가지 보배꽃으로 장엄하고
많은 보살들과 함께 다른 불국 세계에서도
대혜(大慧)보살을 만났다.

그는 일찍이 모든 부처님에게서 수기를 받아
마음의 경계에 대자유를 얻은 분이었다.
중생들이 좋아하는 갖가지 색, 갖가지 방편 등을
통달하였는데 5법, 3자성, 8식, 2무아가 그것이다.

대혜보살이 부처님을 찬탄하였다.

世間離生滅　猶如虛空花
一切法如幻　遠離於心識

遠離於斷常　世間恒如夢
知人法無我　煩惱及微焰

常淸淨無相　而興大悲心
一切無涅槃　無有涅槃佛

無有佛涅槃　遠離覺所覺
若有若無有　是二悉俱離

牟尼寂靜觀　是卽遠離生

是名爲不取　今世後世靜

이렇게 108의(義)와 8식, 2무아 뜻을 자문하니

부처님께서 낱낱이 설명해 주시고

이 세상 스님들도 그렇게 수행하여

하루에 한 때만 먹고

마늘과 파 등 5신채는 물론

주육을 금지하게 되었다고 한다.　　　　　　　〈楞伽經〉

2-48. 원각 삼관 (圓覺三觀)

여래께서 적광(寂光)에 들어 범부와 성인이 하나이나
다만 수용신의 몸을 가질 때는 주반(主伴)이 함께 모인다
하니 문수사리가 물었다.

"본래 바가바(薄伽婆)의 씨를 뿌려
결국 좋은 열매를 얻을 때는 진체가 없어져
나와 남을 구분하지 못하게 되어 있는데
계속 윤회 전생하는 종자가 환화와 같은
글이나 각심 뿐이라 환(幻)이 다 하였을 때는
우주 법계가 다 통하는 것이 아니겠습니까.
본시 부처도 한 생각에 의해 일어나 수 없는 바다에
표류하다가 어느 곳에 정박한다 하여 끝나는 것이 아니다.

당장 망상을 제하고 공불생(空不生)의 꽃이
다시는 돌 속에 들어가지 않는 금처럼 깨달음을 얻으면
그때는 망상이 없어져 원만한 깨달음을 이루려면
3관(觀)이 점점 밝아져 진가(眞假)가 다 함께
단신으로 또는 복합적으로 원만한 수행을 닦아야 한다.

이것이 원각경 25륜도다. 위빠사나, 삼마발제 선나
이것을 하나씩 또는 둘씩, 셋씩 단계적으로 닦아가다가
두 가지씩, 세 가지씩 돌리니 3관이 이룰 수 없는 경계에
이르면 다시는 재앙과 별들이 소멸되어 만인이 풍족한
삶을 하게 되는 것이다.   〈圓覺經序〉

2-49. 능엄대경 (楞嚴大經)

아난이 부처님께 물었다.
"어떻게 하여야 환술(幻術)에 걸리지 않겠습니까.
하마터면 계체를 끊어 생사대해에 빠질 뻔하였습니다."

"백도광명(百道光明) 중에 천엽보연화가
화신불을 앉혀 신주를 외웠으니 그 이름이
대불정수능엄왕 구족만행 시방여래 일문초출 묘장엄이로다.

칠처징심(七處徵心) 8환변경(八幻辨見) 비광격촉
보수계항 현진성부 논자심 묘명상광 현전성조 법계갈앙
보리무종 인득문수 선택제성 25원통 관음종중입도
위차 방진교체 5탁12류 수생원인 수3점차 방득제멸

종견혜지 수행증진 10신 10주 10행 10회향 4가행
등각 묘각 55위 10인 10류 7지단 7취 3계 생업인연
10종선나 5음 지자 종종마사 살도음망 도량지주를
읽어 공덕을 증해야 한다.

만약 사람이 부처님께 7보를 받들어 보시하더라도
부처님들의 한 생각이 법문을 열어 보이는 것만
같지 못한 것이다. 만약 사람이 4중 10바라밀을
구족하더라도 지옥에 들어갈 죄장이 있더라도
이 경전을 잠깐만 생각하고 닦으면
마침내 보리를 이루고 마업(魔業)에 빠지지
아니할 것이다.　　　　　　　　　　　　　　〈楞嚴經〉

2-50. 반야진공 (般若眞空)

부처님께서 영축산, 급고독원, 타화자재천, 죽림정사,
4처 16회로 반야심경을 설했는데 인도본에는
10만 게송이 있을 뿐이다.

중국에 와서 광찬, 도행, 소품, 대명, 도승천왕, 무수,
금강 등 8부가 있었는데 3장법사 현장이 전본을
서인도에서 가져와 옥화사에서 번역하여 600부 반야경을
형성하니 비로소 공종(空宗)이 천하에 주유하게 되었다.

또 주나라 때 라집법사가 번거로운 것을 제거했다가
꿈 가운데서 지극히 공포스러운 경계를 보고 광번을
의지하여 수승한 경계를 보니 드디어 하늘에서 꽃비를 내리고
공중에서 음악 소리가 들리고 이상한 향기가 나니 법사가
"眞圓의 寶典이요 人天의 大寶經이다."하여
국왕 대신과 사부대중이 모두 쓰고 읽고 베끼게 되었다고 하였다.
그러므로 반야는 모든 부처님들의 어머니요,
육도의 1수다. 5도가 있다 하더라도 반야가 빠지면 원만하지 못한 것이다.
生天解脫 究竟解脫般若淵府群智 玄宗萬法
근본이 되기 때문에 5도를 제치고 반야로써
이름을 삼은 것이다.

〈法寶標目〉

2-51. 국왕에게 부촉하다 (付屬國王)

부처님께서 왕사성 영축산에 계시면서
16대국의 왕 바사익 왕을 위해서
반야경 14정행을 설하시고 왕들에게 부촉하였다.

"각기 해당되는 나라에 재난이 생길 때는
마땅히 백법사를 청하여 높은 자리에 앉히고
하루에 두 번씩 송경하고 강의하면 많은 귀신들이
경을 호지하므로써 백성들이 인천 과보를 받아
모든 재난에서 벗어날 수 있다."

하시고 특히 바사익 왕에게
"내가 멸도한 뒤라도 법력이 미약하게 되어 있으면
중생들이 갖가지 악업을 지어 갖가지 재난이
일어나게 되어 있으니 왕과 태자 구비 등과 백관,
백성 모든 국민들이 이 경전을 받아 가지고 읽고
외우면 백성들이 안락하고 나라가 평온하게 될 것이다."

하고 비구, 비구니와 우바새, 우바이 등도 외워 힘 없는
왕을 도우라 하였다. 그 말씀을 듣고 후세 왕과 왕자들이
스님들과 합세하여 반야탑을 세우고 경전을 그 안에 모셨다.

〈仁王般若經〉

2-52. 법화묘전 (法華妙典)

부처님께서 기사굴산중에 있을 때 사부대중과 석제환인,
대범천왕, 사천왕, 천룡팔부, 위제희의 아들 아사세왕 등
백천 권속들을 위하여 먼저 무량의처 삼매에 들어 천우
4화가 6종 진동하게 하고 미간의 백호상에서 광명을 놓아
시방세계가 빛나게 한 뒤 사리불에게 말씀하였다.

"모든 부처님들은 한 가지 큰 인연 때문에
이 세상에 출연하여 그를 열어 보이고 깨달아
듣게 하고 있다."

하시고 성문들에게도 수기하시니
우담바라가 일시에 활짝 핀 것 같았다.
화성유품에서 계주(繫珠)를 눌러 주시고 3거의 비유를 들어
성문, 연각, 보살을 제도하시니 다보불이 나타나 이를 증명하였다.

마침내는 땅 속에서 수많은 보살들이 쏟아져 나와
미래 불교를 책임지겠다고 하시고 다라니 삼매를
나타내어 상주불멸(常住不滅)의 이치를 밝히시니
이야말로 부사의한 경지였다.

천태지자대사는 당나라 이전의 불교를 총종합하여
4교의와 마하지관으로 결론 지었으니 참으로 놀랄 일이다.

〈蓮華經〉

2-53. 정반왕이 병을 얻다 (淨飯王得病)

그때 정반왕이 갑자기 중병에 들어
4대가 제대로 움직여지지 않았다.

지절(枝節)이 분해되는 것 같았고
천식이 심하여 숨이 가빴다.
"아무래도 내가 오래 갈 것 같지 않으니
싯달다와 만나게 연락하여
아난, 손다리, 나훌라 등을 보게 해 다오."

"거리가 2천 여리나 되는데 속히 내왕할 수 있는지
걱정입니다. 그러니 우선 어진 의사를 불러 치료하고
심부름꾼을 속히 불러 가도록 하겠습니다."

하여 계족산에 계신 부처님께 심부름꾼을 보내고
한편으로는 기바의사를 불러 치료하도록 하였다.

〈泥洹經〉

2-54. 부처님께서 돌아와 아버지를 뵙다 (佛還覲父)

그때 부처님께서 영축산에 계셨는데 가비라국의 왕이
병중에 누워 아들과 손자를 보고 싶어 한다는 말을
천이통(天耳通)으로 듣고 잠깐 사이 큰 광명을 놓으니
온통 광명천지로 변했다.

부처님께서 신통력으로 왕궁에 이르러
아버지의 손을 잡으니 정반왕의 마음이 평온해졌다.
"아버지, 아무런 생각을 마시고 호흡을 고르시옵소서."
"세존이 옆에 있으니 그림자만 보아도 평온하다."

이렇게 두세 마디 서로 나누고 아버지 정반왕은
평온한 마음으로 합장하고
"거룩하신 부처님께 귀의합니다. 법보님과
스님들께도 귀의합니다."

숨이 끊어지면서도 불안한 마음 없이
손을 꼭 쥐고 돌아가셨다.

〈泥洹經〉

2-55. 아버지의 장례를 치르다 (殯送父王)

그때에 정반왕은 명이 다하여 숨이 떨어졌다.
석가족 사람들은 시신을 향수로 목욕시키고
4천왕이 들고 부처님도 뒤를 따랐다.

장지는 궁(宮)으로부터 500m 상거에 있는
마야부인 묘 옆에 쓰게 되었다.
어머니 묘지는 붉은 벽돌로 3m 정도,
아버지 묘지는 5m 정도 크기로 커다란 나무 옆에서
화장하였다.

국민들은 크게 호곡하지 않고 진중하게 길을 따랐으며
부처님은 손에 향로를 들고 가 향을 피운 뒤 말씀드렸다.
"세상이 무상하고 괴롭고 공하여
내가 있다는 것은 누구나 아는 것이지만
직접 이런 경계를 당해 보기 전에는
실감이 나지 않습니다.

천 년이나 만 년이나 살 것 같은 인생이 백 년 만에
화염처럼 사라지면 물속의 달과 같습니다.
우리 다 같이 정진하여 생사를 여의고 대안락을
얻을 때까지 노력합시다.
함께 동참해 주신 일가친척과 국민 여러분께
진심으로 감사드립니다.   〈泥洹經〉

2-56. 부처님이 석가종족을 구하다 (佛救釋種)

바사익왕이 부처님의 위대한 상호를 보고
부처님과 똑 같은 자식을 낳으면 얼마나 좋을까
물으니 석종 임금님께 권청해보라 하셨다.

이에 석가족은 다른 종족과 피를 섞지 않기 때문에
다른 나라 왕실에서 바쳐져서 석가족 일을 보고 있던
한 여인을 보내 마침내 유리태자를 탄생하게 되었다.
태자가 여덟 살 때 어머니에게 졸라 외가를 가 보게 되었다.

애들과 놀고 나면 자신이 앉았던 자리를 물로 싹 씻어버리고
"이 종년의 자식이 석가족 왕자들과 놀다니……"
하며 수모를 당했기 때문에 집에 돌아오자마자 친구들을
졸라 정예부대를 만들고 석가족 정벌을 계획하였다.

병사들을 데리고 가비라국으로 향하는데
갑자기 부처님께서 뙤약볕에 앉아 계시자
"부처님, 잎이 있는 숲도 많은데 왜 잎이 없는
나무 밑에 앉아 계십니까?"
"내 종족의 씨앗은 이미 다 말랐다."

이렇게 3번 하는 동안 도망칠 사람은 도망치고 마하나마를
중심한 왕족들은 나라를 지키고 있었는데
왕이 물에 빠져 시신이 뜰 때까지 도망간 사람들은 살려달라하며
지금 인도에 60만 명 이상의 석가족이 살아있다. 〈增一阿含經〉

2-57. 어머니를 위하여 설법하다 (爲母說法)

어머니께서 도리천 환희천에 계실 때
파이질다라 나무 밑에서 3개월 동안 안거한 일이 있다.
여래께서 가부좌를 맺고 백천광명을 놓으니
천 개의 연꽃 위에 천 개의 화불(化佛)이 일월성진과
같이 위광을 나투자 부처님께서 문수사리에게 말했다.

"네가 어머니 계신 곳에 가서 어머니에게
내가 여기 있을 때 진리의 젖을 마시고
깨달음을 형성하여 영원히 고락성쇠를 여의게 하라."

어머니께서 하얀 연꽃 줄기를 타고 부처님 입 가운데
들어가는 것을 보고 바른 생각으로 업장을 소멸하고
서원을 세웠다.

"일체중생이 5도에서 윤회하는 것을 보고
결박을 풀어 자재를 얻기 원합니다.
저희 모든 친족들과 친구들이 다 같이
임종을 당해 두려움 없이 바로 해탈하기를 바랍니다."

모든 사람들이 듣고 감격하여 흐느껴 울면서
모든 고뇌에서 벗어났다.

〈摩訶摩耶經〉

2-58. 최초에 불상을 조성하다 (最初造像)

부처님께서 도리천궁에서 3개월 동안
어머니를 위해 설법하실 때

우타연 왕이 목마르게 부처님을 사모하여
비수갈마천 장인에게 부처님의 모습을 조각해달라 하였다.

그래서 그는 부처님께서 룸비니에서 탄생하여
천상천하 유아독존을 외치시던 모습과 3도보계를
타고 내려오는 모습을 세밀하게 조각하여
사람들을 경복시키고 사랑을 받았다.

부처님께서 그 조각을 보고 찬탄하였다.
"만약 어떤 사람이 비단과 금, 은, 동, 철, 연(鈆),
석(錫), 용주(鎔鑄), 향옥, 옥석으로 조각하고
비단에 수를 놓아 불상을 만들면 크고 작고를
막론하고 무량한 복과 공덕을 얻는다 하고

작은 나라 하열한 종성이 부정한 마음 삿된 생각으로
사는 사람이라도 그 부처님께 예배하고 공덕을 닦으면
다음 생에는 반드시 동방의 원만한 국토에 태어나
병 없이 3도의 고통을 받지 않으며 갖가지 죄업을
소멸하고 갖가지 복덕을 얻는다."
하였다.   〈造像經〉

2-59. 목욕하는 부처님 모습 (浴佛形像)

부처님께서 마하찰두제천 인민들에게 말했다.
"사람 몸은 받기 어렵고 부처님도 만나기 어렵다.

내가 옛날 옛적 아승지겁 때에 흰옷을 입고
오랜 세월 덕을 쌓기 위해 천지를 돌아다니며
재보를 탐하고 사랑에 인색한 왕으로 태어나

4월 8일 땅에 발을 딛자마자 사방으로 일곱 발짝씩 걷고
오른 손은 하늘을 가리키고 왼손은 땅을 가리키며
'천상천하유아독존' 이라 외쳤다.

천지가 진동하자 범천, 도리천, 4왕천들이
각기 12종의 향탕을 가지고 와 태자 몸을 목욕시키고
태자의 몸으로 성불, 자연스럽게 도법을 설하여
군미(群迷)를 제도한다 하였다.

4월 8일은 봄, 여름 가운데 모든 재앙을 씻고
만물을 널리 살리되 독기가 나지 않게 하고
춥고 더움을 조화하기 때문이다.

적당할 때에 부처님이 세상에 태어나
선남선녀들이 지심으로 염불하면
한량없는 공덕을 쌓았다.

부처님 몸을 목욕시키면 부처님이 살아 계실 때에는
한량없는 복을 받아 천룡신들이 항상 옹호한다.

만약 자신의 처자가 감손하게 되면
다섯 집 재물을 모아 목욕시키면
살아서 소망을 이루고 세상에서 구하는 것을
마음대로 얻을 것이며 하염없는 도를 이루어
벗어나게 될 것이니
위 없는 도를 구하기 바란다.

〈灌佛經〉

2-60. 이모께서 열반하다 (姨母涅槃)

그때 부처님의 이모 대애도(大愛道) 비구니가
500명의 비구니와 함께 살았는데
부처님께 합장하고 서서 말했다.

"부처님께서 돌아가시는 것을 볼 수 없으니
먼저 열반에 들면 어떻습니까?"
말없이 허락하며 머리를 어루만지며
"여래 응진 정진도 최상 정각도법 천인사를
다시는 보지 못하리라."

500 비구니들도 마찬가지다. 몸이 있는 이상
생사고통을 면할 수 없다. 청정, 무욕, 공, 무원,
무상 멸도하리라."

하니 다 같이 부처님을 세 번 돌고 갔는데
도량에 이르러서는 7다라수를 경행하고 허공 가운데서
마음대로 눕고 앉고 밑에서는 물을 뿜고 위에서는
불을 놓아 4유 사방을 마음대로 유행하다

마침내 큰 광명을 놓고 다 같이 떠나니 장성들이 모여
500 장례기구로 몸을 펴고 당(幢)과 번(幡)을 들고 행렬하여
간디스 강가에 이르러 화장하여 법답게 다비(茶毘)하였다.

〈佛母般泥洹經〉

2-61. 부처님께서 파순에게 먼저 갈것을 알렸다 (請佛入滅)

그때에 마왕 파순이 부처님께 와서
머리를 조아리고 말했다.
"저희들이 옛적에 세존께서 입멸하여 반열반하시기를
칭찬한 바 있는데 나에게 사부대중이 구족해 있으므로
천천히 가겠다 하였습니다.
이제는 가실 때가 되지 아니하였습니까?"

"착하다 마군이여, 머지않아 3개월 후에는
반열반에 들리라."
마왕 파순이는 환희용약하여 부처님께 삼배 드리고
뛰어가 온갖 천인들께 알렸다.

"부처님께서 2월 8일 반열반에 든다 하셨으니
누구고 뵙고 싶은 분은 가 뵈어라."
부처님께서는 2월에 때가 이르자 천지를 6종으로
진동하고 서거하셨는데
그때는 세상에 빛이 없어지고 비바람이 몰아쳤다.

"나의 수명은 1겁에 1겁을 더하더라도 넉넉하지 않지만
반열반한 법신으로써 영원히 법을 펴고자 하니
너희들은 게으름 없이 정진하라."
아난이 듣고 참지 못하고 큰 소리로 울었다.　　〈摩訶摩耶經〉

2-62. 부처님이 손가락으로 큰 돌을 옮기다 (佛指離石)

쿠시나가르 성 중에 큰 역사(力士)가 30만이나 있었다.
부처님 세존께서 열반에 드신다는 말을 듣고
길을 고르고 있었는데 큰 돌이 하나 있어 움직일 수 없었다.

그때 한 사문이 나타나 돌을 치워 주겠다 하니
"그런 소리 하지 말라. 30만 명이 움직여도
움직일 수 없는 돌인데 너 같은 사미가 어떻게 움직인다는 말이냐."
하며,
"걱정하지 말라 내 이들과 의논하겠다."
하고 돌에게 말했다.
"돌아, 너도 이 소리를 들었지.
부처님이 길을 가시려 하는데 장애물이 있어 되겠느냐!"

하고 두 손가락으로 미니 금방 허공 가운데 날아가 가루가 되고 말았다.
마군들이 말했다.
"저 사문은 부처님 화신일 것이다. 세상의 무상을 알고
색력(色力)을 의지하여 명재(命財)로써 마군이들의
교만을 겪은 것이다."

돌이 없어지자 그 스님들도 간 곳이 없었다.

〈涅槃經〉

2-63. 사리분배를 부탁하다 (囑分舍利)

부처님께서 발제하(跋提河)에서 아난에게 말했다.
"내 몸이 피로하니 목욕하고 싶다."
가사를 물가에 벗어 놓고 개울 속에 들어가
목욕을 하고 말했다.

"너는 나를 32상을 장엄했다 하지만
석 달 있으면 열반에 들 것이다."
"부처님 저희들을 위하여 말씀해 주십시오.
여래께서 입멸하신 뒤에는 어떻게 공양하오리까?"

"열반 후에 중생들은 사리에 공양하면 된다.
금강사리는 겨자씨와 같아 일부는 천(天) 용(龍)
야차(夜叉) 비사문(毘沙門)들이 나누어 봉안하고

염부제에 모셔진 사리는 장차 아쇼카 임금님이
나와 8만 4천 탑을 세워 사바세계 모든 중생들이
모시고 아뇩다라삼먁삼보리를 이루도록 할 것이다.

왜냐하면 법신으로부터 생신이 나고
생신으로부터 사리가 나왔으니
사리에 공양하면 즉시 법신을 공양한 것이 되기 때문이다.

〈蓮華面經〉

2-64. 제천들께 부촉하다 (付屬諸天)

그때 세존이 아난존자에게 사리분담을 부촉하였다.
"나는 3아승겁 동안 근고수도하며 불법이 오랫동안
세상에 머물 수 있도록 생각하였는데 당연히
제천(諸天)들이 모시고 있는 불법이 세간의 불법보다는
더 오래갈 수 있다 생각하여 천인들께 부촉하였다."

이때 33천 제석천왕이 높이 앉아 계신 부처님을 뵙고
인사드리니
"그대는 장차 얼마 안 있으면 내가 사바세계를
하직하고자 한다.
그대가 불법을 의지하여 파괴되지 않도록 부탁한다."

제석천왕이 울면서
"어찌하여 부처님의 수명이 그렇게 짧으십니까. 마땅히
부처님의 정신이 오래오래 지속 될 수 있도록 최선을
다하겠습니다. 부처님께서 도솔천에 계시다가 이 세상에
내려오실 때부터 저희들은 잠시도 방심하지 아니했습니다.

부처님께서 성도 하신 자리, 처음 법을 전한 녹야원,
수기를 받은 영축산을 비롯하여 탄생지 룸비니 공원과
열반에 드실 쿠시나가르를 빠짐없이 보호하겠습니다."

이 외에도 호세 사천왕과 대범천왕 등이
불법의 영구 유통을 다짐하였다.   〈蓮華面經〉

2-65. 용왕에게 부촉하다 (付屬龍王)

부처님께서 제석천왕에게 불법을 옹호할 것을 부촉하시고
다음 사가라 바다 용왕에게 말했다.
"내가 얼마 되지 않아 열반에 들려하니
그대에게 불법을 부촉한다.

특히 용들 가운데는 화를 잘 내는 악룡과
죄복을 모르는 폭악 용왕들도 있으니
알아서 조복시키라."

백천용들이 부처님께 정례하고 슬피 울면서 말했다.
"걱정하지 마십시오. 때로는 눈 없는(無智者) 용왕들이
종종 일을 저지르는 수가 있지만
제가 알아서 당부하겠습니다.

단지 슬픈 것은 세간의 눈이 되시는 부처님께서
가신다 하니 천지가 캄캄해지는 것 같습니다."

덕가용왕, 난타용왕, 발난타용왕, 화수길용왕, 흑색용왕 등
8대 용왕과 그의 권속 백천용들이 불법을 영구 보존할 것을 맹세하였다.
〈蓮華面經〉

2-66. 부처님께서 오래오래 이 세상에 머물러 주시기를 권청하였다 (請佛住世)

부처님께서 쿠시나가라성 역사생지(力士生地),
아이라발제하변 사라쌍수 간에서 80억 비구들에게
에워 쌓여 있을 때 2월 15일 반열반에 드시기
직전 큰소리를 외쳤다.

"여래 응공, 정변지께서는 중생들을 어여삐 여겨
외아들처럼 살펴주었는데 돌아가신다는 말씀이
무슨 말씀입니까. 오래오래 사시면서 저희들을
보호해 주십시오."

하니 부처님 얼굴에서 5색 광명이 쏟아져 나왔다.
노랑, 청색, 적색, 백색, 파리, 자거, 마니색
3천대천 세계와 시방불토 6취 중생들을
빠짐없이 비쳐 온갖 죄와 번뇌가 다 소멸되게 하였다.

사람들은 눈물을 비 오듯 쏟으며
"슬픕니다, 부처님. 누구를 의지하여 살아야 합니까.
잠깐만 머물러 고통 중생들의 아픔을 달래 주시옵소서."

별별 소리로 사정하고 청하였지만 부처님은 이미 3개월
전부터 예언해 오신 일이라 말없이 조용히 열반에 드셨다.

〈大般涅槃經〉

2-67. 하늘, 사람과 용이 비통해 울다 (天龍悲泣)

부처님께서 보리수를 떠날 때 제석천왕, 범천왕,
수염마천, 도솔천, 화락천이 각기 수 없는 권속들을
이끌고 와서 비 오듯 눈물을 흘리면서 부처님을 찬탄하였다.

"여래의 모습은 심히 미묘합니다.
세상의 중생들로서는 상상할 수 없습니다.
세상에는 비유할 자 없으신데
이런 몸을 가지신 분이 오래 살지 못하다니
이해할 수 없습니다."

비바길라 아수라왕, 사갈라용왕, 비로륵차천왕, 구반다,
비로박차천왕, 장마니발다라대야차대장, 지신, 천신,
숲신, 금강인적, 룸비니숲신, 가비라성신, 보리수신,
천, 용 등이 큰소리로 외치면서 울부짖었다.
"아버지가 돌아가시면 우리들은 누구를 의지해 삽니까?"

그때 부처님께서는 62장경 불유교정으로 그들을 위로하고
그들의 경례를 낱낱이 받고 열반에 드셨다.

〈蓮華面經〉

2-68. 마왕이 주문을 설하다 (魔王說呪)

그때 대마왕 파순이 한량없는 천자, 천녀들을 데리고
갖가지 음식을 가지고 와서 예배드리고 모든 선남
선녀들을 위하여 두려움 없는 주문을 설했다.

"타시 팍팍라 타시도루려바라 노루여아라마라다
라실파 노곡려 아타마라다라"

실파아마왕이 말했다.
"세존이시여, 이 주문은 어지러운 마음을
편안하게 하고 모든 고통을 해방시키고 있으니
다 같이 외우고 세상의 재난을 벗어나게 하겠습니다.

그러니 저희들의 공양을 받으시고 그 공덕이 널리
일체에 미치게 하옵소서."
그때 대자재천왕이 널리 빛을 놓으며 찾아온
모든 권속들을 칭찬하였다.

〈大般泥洹經〉

2-69. 순타가 마지막 공양을 올리다 (純陀供養)

부처님께서 쿠시나가라에 계실 때 순타가 500 장자들과 함께
부처님에 대해 매우 걱정하며 눈물을 흘리면서 예배하였다.
"원컨대 세존께서는 저희들을 위하여 최후의 공양을
받으시옵소서. 옛날 옛적 저와 함께 약속하시지
아니하였습니까?"

"그래 걱정하지 말고 기쁜 마음으로 공양하라.
성한 자는 패하고 장(壯)한 자는 부서진다.
병고에 찌드는 인생, 인생은 마침내 죽고 만다.

하물며 처자, 상아(象牙) 재물이며 일가친척,
권속이겠느냐. 생자는 반드시 병쇠의 고통이
있나니 너는 슬퍼하지 말고 마지막 공양을 준비하라."

순타는 오랫동안 생각해 왔던 돼지감자를 끓여 대접하였는데
부처님께서 보시고
"이 음식은 나에게만 주고 다른 스님들께는
공양하지 말라."
하시고 태연자약하게 드시고 칭찬하셨다.

"순타는 이 인연으로 세상의 고통을 여의고
마침내 반열반에 들리라."
과연 그 후 얼마 있다가 불법의 대의를 깨닫고 해탈하였다. 〈大般泥洹經〉

2-70. 수발타를 제도하다 (度須跋陀)

수발타라가 부처님의 법문을 듣고 출가,
법안정(法眼淨)을 얻어 열반에 든 뒤
120세 된 노스님이 부처님을 뵙고자 애원하였다.

"부처님께서 당장 열반에 드시려 하니 안 된다 하여도
잠깐 뵙기만 하면 죽어도 한이 없습니다."
하고 극구 청원하자 부처님께서
"무엇 때문에 그렇게 소란한지 그 자를 이리 데려오너라."

수발타라는 부처님을 뵙자마자
"이 세상 모든 종교인들이 제 종교가 제일이라고
자랑하는데 어떤 것이 제일입니까?"
"바를 정자가 있으면 정법이고 바를 정자가 없으면
모두가 사법(邪法)이다."

이 말을 듣고 수발타라는 그 자리에서 깨달음을 얻고
"부처님 앞에서 먼저 가는 것은 예가 아니나
이 세상의 가장 큰 의혹을 풀어주신 선생님
앞에서 죽는다는 것은 영광입니다."
하고 해탈하였다.

〈涅槃經〉

2-71. 예적금강다라니 (佛現金剛)

부처님께서 열반에 드실 때 모든 천인들이 와서
공양하는데 나계범왕(螺髻梵王)만은 오지 않고
그의 권속들을 보내 갖가지 주문을 외웠다.

그런데 바로 그때 주문 가운데서 달덩이 같은
다이아몬드가 나타나 말했다.
"너희들은 내가 죽었다고 생각하고 있지만 나는 실제 열반에 든 일이 없다.

나계범왕이 듣고 말했다.
"누구고 악마 외도가 세상을 괴롭히는 자 있으면
나의 주문을 읽고 영원히 번뇌에서 벗어나라.
부처님께서 돌아가신 뒤에는 나를 통해 이 주문을
외우게 하셨으니 죽지 않고 영원히 변치 않으리라.

주문은 다음과 같다.
옴 밀실구리 마하바모구리 훔훔 반반반 사바하"

만일 중생이 이 주문을 외우면 영원히 고난을
여의고 소원을 성취하리라."

〈涅槃經〉

2-72. 여래의 현기 (如來懸記)

세존께서 열반에 임하여 아난존자에게 말했다.
"내가 열반한 후 말세가 되면 나의 제자들이
정법을 버리고 많이 이양(利養)을 탐하여

희론을 즐기고
내 법종에서 불선을 익히고
몸과 마음으로 계를 닦고 지혜를 기르지 않고
분노, 투쟁, 모사, 쟁탈, 비방, 탐착하여
갖가지 옷과 방사 부구(敷具)로서 당을 지어

끼리끼리 집회를 가지고 계를 지키는 사람들을
헐뜯고 욕하면 천룡 등 호법신장들이 다 멀리
떨어져 대신 장자들까지도 가까이 오지 않아
3보가 성장하지 못할 것이다.

바른 신자를 업신여기고 헐뜯어 정법의 무리는
없어지고 심지어는 비구들까지도 악행을 익혀
국왕 대신들과 밀접한 관계를 가져 3보의
세력이 퍼나가지 못할 것이다.

그러나 그 가운데서도 계를 지키고 정려(靜慮)를
닦고 법문을 많이 듣고 여래의 3장교범을 널리 펴
4중에 불변 연설하여 세상을 편안하게 하는 사람들이

없지 아니할 것이니 남의 잘못을 보지 말고
자기 일이나 충실히 할 수 있는 사람이 되라 하였다.

모두 이들은 전생부터 보살의 대원력으로
이 세상에 태어나 여래의 위 없는 법을
펴기 위해 노력하는 보살이니 유정무정이
모두 좋아할 것이다.

〈法住經〉

2-73. 최후의 가르침 (最後垂訓)

그때 세존께서 모든 비구스님들께 말했다.
"비구들아 너희들은 마땅히 알라. 나의 진짜 몸은
법신이고 세상에 태어난 것은 방편과 원으로 나타난
보화신(報化身)인 것을!

말하자면 4념처, 4의단, 4신족, 4선, 5근, 5력, 7각지,
8정도 법 가운데 모두 녹아있으니 다투지 말고
한 스승 밑에서 물과 우유처럼 지내라.

그렇게 하면 내가 말한 12분교 즉 계경, 기야, 수기, 게송,
법구, 상응, 본연, 본생, 방광, 미증유, 비유, 대교 등을
잘 받아들이고 일을 따라 분별하면 내가 오래 있든지
당장 죽든지 법에는 증감이 없을 것이다.

왜냐하면 법을 믿고 따르고 펴는 자는 나와 관계없이 깨달음을 얻고
설법 포교하여 제2, 제3의 깨달은 자를 파생할 것이기
때문이다.

그런 사람에게 무슨 마가 방해를 놓고 해를 끼치겠느냐.
파순들은 오히려 우리 법에 들어와
삶의 보람과 영광을 느낄 것이다.
나는 세속적인 면에서는 열반을 보이나
진짜 내 몸에는 열반도 없기 때문이다.　　　　〈長阿含經〉

2-74. 임종유교 (臨終遺敎)

부처님께서 장차 열반에 드시려 할 때 중야에 말없이
있다가 제자들에게 강력히 법요를 설했다.

"비구들아, 내가 죽은 뒤에는 바라제목차를 스승 삼아라.
바라제목차는 가난한 사람이 재보를 얻은 것 같고
어두운 곳에서 밝은 등불을 만난 것 같다.

이를 믿고 실천하면 내가 없더라도 있는 것과
하등에 차이가 없다. 마치 이것은 무역하는 사람이
만 가지 물건을 집에 가득 쌓아 놓은 것 같고
농사짓는 사람이 노비, 전택 모든 종자를 다 지니고
별들(星宿)을 관찰하고 역수를 계산하여

때에 맞추어 행동하는 것 같고
병든 사람이 의사를 만나 침 맞고 뜸 뜨고
몸에 맞는 약을 달여 먹는 것 같다.

그러므로 깨끗한 계를 지키고 사는 사람은
사람들이 보기만 해도 존경하고 사랑하고 싶은
마음을 낼 것이다. 왜냐하면 바라제목차는
선공덕을 짓는 기본이 되고 최후의 스승으로
스승없이도 스승과 같이하는 결과를 갖기 때문이다.

〈佛遺敎經〉

2-75. 다비법칙 (茶毘法則)

아난이 부처님께 물었다.
"부처님 돌아가시면 어떤 법에 의지하여
다비(茶毘)하면 좋겠습니까!"

"전륜성왕의 장례법을 따르라.
7일이 되면 입관하되 묘한 향유를 관 안팎에 바르고
관 4면에 7보로써 장엄하라.

일체 번과 당, 향화로 공양하고 7일 후에는
다시 금관을 열고 여러 가지 향수로 몸을 씻고
목욕시킨 뒤 도라 솜으로 몸을 싸고
부드러운 천으로 몸을 감은 뒤 금관에 다시
향유를 채워 폐관하여 밀폐하라.

우두, 전단, 침수향으로 7보 수제를 만들어 아름답게
장엄하고 보관을 실어 다비장으로 옮겨
갖가지 음악으로 공양하고 다비 후에는
천인 4중이 사리를 수습하여 7보병에 담고
성내 4거리 중에 7보탑을 세워 4문 안에
누구나 처다볼 수 있도록 안치하라.

그렇게 하면 처다만 보아도 복전이 될 것이고
믿는 마음을 가지는 이는 마침내 해탈하게 될 것이다. 〈涅槃經後分〉

2-76. 탑 만드는 방법 (造塔法式)

열반경 후분에 이르기를
다비는 다음과 같이 하라 일러 주었다.

"쿠시나가르성 밖에서 화장하여
탑을 시내 4거리에 7층으로 보탑을 세우는데
높이는 13층으로 하고 상륜은 여러 가지 보배로써
장엄하라.

각층의 난간에는 7보로 장식하고
4면에 문을 내어
층마다 창이 있게 하라.
그 안에 보병을 안치하고 천인 4중이 나누어
우러러 공양하면 큰 공덕이 있으리라."

아니루타가 물었다.
"천인 4중이 어떻게 분배하면 좋겠습니까?"
"평등심으로 3계 6도 중생들이 공양할 수 있도록
나누어 탑을 세우도록 하라."

그래서 이 말씀에 의하여 여덟 나라 임금님과 신하들이
사리를 나누어 가고 한 나라 사람은 그곳 재를 모두 쓸어
갔으며 분배한 바라문은 마지막 병을 가지고 가 각각
탑을 세우고 예배하니 부처님을 살아 계실 때 모습으로
공양하였다.   〈涅槃經後分〉

2-77. 본래 상태로 돌아갔다 (應盡還源)

부처님께서 몸에 통증이 오자 즉시 초선에 들어
그 통증을 잊었고 다시 2선에 들어 출입을 자재하였으며
3선처에 들어가니 식처(識處)가 쓸모없게 되었다.

그 경계는 비상비비상처에 나아가니
상이 있지도 없지도 않는 경계에서
선정까지도 소용없게 되었다.

마음이 허공과 같은 경계에 이르러
제 4선처까지 왔다 갔다 하다가
초선부터 비상비비상처까지
세 번 왔다 갔다 하다
식처(無邊識處) 공처(無邊空爲)를 거쳐 말씀하였다.

"내가 불안(佛眼)으로 3계의 근본 성을 보니
결국 적멸상태에 있는 것이 허공과 같다.
본래 자리에 돌아가면 기엽(技葉)도 해탈하는지라
생로병사가 모두 해탈하느니라.
거기 무슨 인연 인과가 있으며 적멸이 있겠는가!"

〈涅槃經後分〉

2-78. 사라쌍수간에서 입멸에 들다 (雙林入滅)

2월 15일 쿠시나가르성 사라쌍수간 사이에
4부대중과 천룡8부가 둘러싸고 있는 가운데

머리를 북쪽으로 두르고 남쪽으로 얼굴을 들고
북방으로 옆으로 누워 깊은 밤중에 반열반에 들었다.

그때 네 개의 사라나무가 학처럼 휘어졌으며
열매들은 다 벌어져 떨어졌다. 하늘 땅이 진동하여

바다에서는 해일이 일고
해와 달이 떠 있는 곳까지도
암흑처럼 캄캄해졌다.

초록 약초가 태풍에 휩쓸려 넘어지고
허공 가운데서 호곡(號哭) 소리가 들렸다.
강하 계곡은 바짝 마르고 솟던 샘도 말라버렸다.

온 세상이 벼락이 지나간 듯 조용했고
하늘에서는 곡하는 소리가 들렸다.

〈涅槃經後分〉

2-79. 금강역사들이 슬퍼하였다 (金剛哀戀)

금강역사(金剛力士)가 부처님 돌아가신 것을
보고 매우 슬퍼 통곡하였다.
"부처님께서 이렇게 돌아가시면
우리는 누구를 의지하여 살겠습니까.
귀의할 곳도 보호받을 곳도 없습니다.

세상은 일시에 망한 집처럼 텅텅 비었고
근심 걱정에 쌓였으니 누구를 시봉하고
살아야 합니까."

천제석이 말했다.
"역사들이여, 너무 근심 걱정하지 말라.
부처님께서 남겨주신 유훈(경전)이 있으니
그를 의지해 살면 되지 않겠는가.

모든 것은 모였다 흩어지고 올라가면 내려가는 것이다.
제행무상, 제법무아, 열반적정을 생각하고
고, 집, 멸, 도 4제법문을 의지해서 살아가자.

태어난 자는 수포(水泡)와 같고 아침이슬과 같다.
그런 줄 알면 성인의 멸도만 슬퍼할 것이 아니라
우리도 그와 같이 도를 닦아야 할 것이다."

〈金剛力士哀戀經〉

2-80. 마야부인께서 꿈을 꾸다 (佛母得夢)

그때 불모 마야부인께서
천상에서 5쇠 현상을 보았다.

첫째는 두상의 꽃이 시들어지고
둘째는 다리에서 땀이 흐르고
셋째는 머리에 광명이 없어지고

넷째는 두 눈이 어두워지고
다섯째는 본 자리가 즐겁지 아니하였다.

또 다섯 가지 나쁜 꿈을 꾸었는데
① 수미산이 무너지고 4해가 마르고
② 나찰들이 칼을 들고 날뛰니 세상이 흑풍으로 뒤덮었다.
③ 색계제천의 보관 영락들이 광명을 잃고
④ 독룡들이 입에서 불을 뿜고
⑤ 다섯 마리의 사자가 허공으로부터 와서
마야부인의 옆구리로 들어가 젖을 빨아 통증이 생겼다.

꿈을 꾸고 나서
"이는 필시 내 아들이 열반에 들 악몽이다."
하고 여러 천자들을 모아 꿈 이야기를 하였다.

〈摩訶摩耶經〉

2-81. 승천보모 (昇天報母)

아나율다가 천상에 올라가
마야부인에게 게송을 읊었다.

"大師最勝天中天　善導一切世間者
今已爲彼無常海　摩竭大魚之所吞

在於拘尸那竭國　婆羅林中雙樹間
不久當出城東門　種種供養而闍維"

도리천 마야부인께서
이 게송을 듣고 말을 못하고
까무러쳤다가 살아나서 말했다.

"세간의 눈이 없어졌구나.
이제 다시 만나볼 수 없게 되었구나"
하고 눈물을 흘리며 오열하였다.

〈摩訶摩耶經〉

2-82. 부처님 어머니께서 꽃을 뿌리다 (佛母散花)

그때 마야부인이 모든 천녀들과 허공 가운데서 내려와
부처님의 관 앞에 이르러 눈물을 흘리면서
"과거 무량겁에 나는 어머니가 되고 그대는 아들이 되어
세세생생 살아왔는데 하루아침에 헤어지게 되었으니
슬픕니다.

무량중생의 복덩어리가 가셨으니 진실로 세상이
어두워진 것 같습니다."
하고 만다라 꽃과 마하만다라를 관 위에 뿌리고 게송을 읊었다.

今此雙樹間　天龍八部衆　唯聞啼哭音　不知何所說
無能解其語　充塞在於地　與汝爲母子　曠劫積恩愛
今者無常風　吹散各異處　在若諸衆生　希望法甘露
何故便於今　而速入涅槃　潛身重棺中　知我來此否

이렇게 게송을 설하고 승가이와 발우 석장을
오른손에 잡고 왼손으로 땅을 짚고 태산이
무너지게 통곡하였다.

"세간의 복덩어리로 불려 인천을 이익되게 하였는데
이제 떠나 없으니 빈 허공과 같구나. 슬프고 괴롭도다.
가히 말로 표현할 수 없으니 잘 가십시오."
눈물이 비 오듯 쏟아졌다. 〈摩耶經〉

2-83. 부처님이 관에서 일어났다 (佛從棺起)

그때 세존이 신통력으로 관에서 일어나 처음 태어날 때
사자왕이 굴속에서 나오는 기세를 하고 8만 4천
털구멍에서 백천 가지 광명을 놓아 낱낱이 광명
가운데서 천백억 화신을 나투어 마야부인께 예배하고
부드러운 범음성으로 물었다.

"어머니 멀리서부터 오시느라 얼마나 고생이 많으셨습니까!
이렇게 인사하고 게송을 읊었다.

一切因緣中　佛福田第一　一切女子中　王女寶第一
所生子超勝　無倫比能生　三世佛法僧　三寶最第一
我從棺起掌　觀喜所生恩　是我孝戀情　帝位三寶故

마야부인이 이 게송을 듣고 안색이 밝아지며
노래를 불렀다.

我生分已盡　梵行及久立　所作皆已辨　不受於後有

하자 부처님께서

願母自安慰　不須古憂惱　一切行無事　信是生滅法
生滅旣滅已　寂滅爲最樂

하니 천지가 진동하였다.
마야부인은 관을 세 번 돌고 천상으로 올라갔다.

〈摩耶經〉

2-84. 금관이 움직이지 않았다 (金棺不動)

그때 쿠시나가르성에 모든 사람들이 슬피 울면서
공양하니 대중들은 따라서 울었다.

7보로 장엄 된 관을 백단으로 묶어 싸고
세 장사가 들었으나 전혀 움직이지 않았다.
8대 장군과 16장사가 들어도 꼼짝하지 않자

인천 대중들이 다시 한번 공양을 올리고
부처님을 찬탄한 뒤 들었으나 가사 자락도
움직이지 아니하였다.

심지어 관 속에 향유(香油)를 붓고 네 명과 여덟 명,
열여섯 명의 장사가 줄을 지어 들고 모여온 사람들이
상두(喪頭)를 쓰고 합창으로 노래 불렀으나
꼼짝달싹하지 않았다.

"가세 가세 어서 가세
열반의 화장터로
중생들의 복전으로
해탈 자재한 님이시여!"

하고 상여 노래를 부르기도 하였다.

〈涅槃經後分〉

2-85. 금관이 저절로 들리다 (金棺自舉)

그때 세존께서 세상의 모든 사람들을 불쌍히 여겨
평등심으로 차별 없이 관하니 사라림 중의 관이
스스로 들려 허공 가운데 7다라수 가량 떠

쿠시나가르성 서문으로 갔다가 동문으로 나가
허공 가운데서 남문 쪽으로 점점 돌아 북문으로 갔다.
이렇게 하기를 거듭 일곱 번 쿠시나가르성에 온갖 복이
이루어지도록 한 뒤 점점 관이 다비소 있는 쪽으로
가자 시내의 사부대중이 모두 나와 예배드리고 공양하였다.

이렇게 7일 동안 원이 없이 공양하고 찬탄하고 호곡하니
천지가 진동, 자신들도 모르는 사이 칠보상(七寶狀)이
관을 받쳐 한 자리에 좌정하였다.

여러나라 임금님들로부터 관리, 백성, 스님들이 빠짐없이
예배드리고 분향하자 주위에 빠진 사람이 있는지 없는지
살펴보고 내일이면 화장장으로 옮겨 다비하기로 하였다.

〈涅槃經後分〉

2-86. 부처님께서 가섭에게 두 발을 보이다 (佛現雙足)

이렇게 천인들이 예배하고 공양하는 사이
마가제국에서 멀리 떨어져 있던 가섭존자가
500 제자들을 거느리고 왔다.

"제행이 무상하며 생자는 반드시 죽는다 하시더니
이렇게 빨리 가셨습니까!"
하고 500 제자와 함께 부처님 관을 세 번 돌자
두 발이 관 밖으로 쭉 뻗어 나왔다.
가섭존자가 돌면서

혼자 생각으로
"부처님 두뇌처럼 살아가야 합니까?
가슴처럼 살아야 합니까?
배를 채우는 것으로 살아야 합니까?"

하고 돌았는데 두 다리가 뻗어 나왔으니
"우리들로 하여금 부처님의 발자국만 밟고 살아가라."
는 말씀이로구나 하고 대성통곡한 뒤 관을 들으니
불끈 들려 화장장 4역사처로 옮겨갔다.

〈處胎經〉

2-87. 불이 붙지 않다 (凡火不然)

부처님 관을 4역사 탄생지로 가
자리에 안치하니 큰 수레바퀴와 같은 광명이
온 하늘을 붉게 물들였다.

성내에 있는 8대 역사와 16역사, 36역사가
차례로 예배드리고 기름 묻은 막대기를
관 밑에 넣고 불을 붙였으나 종내 타지 않았다.

더 나아가서는 하늘 사람들도 내려와
향유를 뿌리고 관을 일곱 바퀴씩 돌고
불을 붙였으나 보통 불로는
부처님 관을 태울 수 없었다.

〈涅槃經後分〉

2-88. 성화가 오니 저절로 불이 붙었다 (聖火自燒)

그때에 여래께서 대비력(大悲力)으로
가슴 가운데에 불을 맞자 관 밖으로부터
불이 차차 붙어 7일 동안을 탔다.

쿠시나가르성 안팎으로 향냄새가 진동하였는데
사리에서 나타난 빛이 1주일 내내 스며들지 않았다.

천상 사람들은 급히 사리를 받아가지고 천상에 가서
공양하였고 그것을 7보병에 담아 4천왕도
금병을 가져와 담아 갔다.

그때에 사가라 용왕과 강신, 하신이 서로 독차지하려고
몰려왔다. 그때 4천왕이 참회하고 도로 가져오니
바다 가운데 사가라 용왕과 강신, 하신들도
모두 가지고 와 참회하였다.

왜냐하면 부처님은 어떤 한 곳의 성인이 아니라
3계 6도 중생이 똑같이 사모하고 존경해 온
성인이기 때문이다.

〈涅槃經後分〉

2-89. 평등하게 사리를 분배하다 (均分舍利)

그때에 8대국왕 우전왕 정생과 악생왕 아사세 등이
4대 병마국과 각기 부처님과의 인연을 말하면서
한 몫씩 달라고 하였다.

그때 대신 우파길이 말했다.
"제왕들께서는 다투지 마십시오,
석제환인이 아뇩달용왕 문진, 이나발 용왕도
한 몫씩 달라 하였습니다."

그래서 모든 사리를 3분하여
1분은 천과 용이,
1분은 8대용왕이 각각 나누어 가지고
병과 재, 탑은 분배자와
맨 나중에 온 사람들 까지도 나누어 가 각각 탑을 세웠다.

사리는 모두 3만이 넘었는데 모두 49곳에 나누어 탑을
세우고 향과 등불을 공양하고 밤새도록 음악 소리가 그치지 않게 하여
그 위신이 온 나라에 퍼져서 나라에 임금님들이 모두 수호하였다.

〈處胎經〉

2-90. 법장을 결집하다 (結集法藏)

부처님 멸도 후 7일 7야가 지낸 뒤
대가섭이 500명 아라한들에게 고했다.
"부처님의 육신사리는 인천에 분배하여 탑을 세웠으나
진짜 법신사리는 그대로 남아 있어 이것을 편집하여
큰 보배로 삼도록 합시다."

그래서 시방세계에서 아라한 8억4천 중이 한데 모여서
아난존자를 높이 올려세우고 가섭존자가 사회를 보아
말 한마디, 글자 한 자도 틀리지 않게 정리하였다.

한 곳에서는 율장을, 한 곳에서는 보살장을, 한 곳에서는
성문장을 각각 편집하였다. 편집의 원칙은 언제, 어디서,
누가 누가 있는 자리에서 무슨 말씀을 하였는데,
그의 감회가 어떠하였겠는가.

이것이 저 유명한
"如是我聞 하사오니 一時에 佛이 某某處에서
무슨 말씀을 들었는데 어떠하였다"
썼으니 그를 보다 세분(細分)하면

① 마하방등장 ② 중음장 ③ 계율장 ④ 10주보살장
⑤ 집장 ⑥ 금강장 ⑦ 불장 ⑧ 석가 연보가 그것이다.

〈處胎經〉

2-91. 아육왕이 8만 4천 탑을 세우다 (育王建塔)

아육왕이 계두마사에 들려 상좌 야사 앞에 합장하고
"제가 염부제에 8만 4천 탑을 세우려 합니다."
하니,
"장합니다, 임금님이시여. 왕이 만약 탑을 세운다면
대왕이 탑을 세울 때 해를 가려 탑 세우는 자에게
시원하게 해드리겠습니다."

왕이 듣고 본 궁에 돌아와 8만 4천 보병과
8만 4천 보협(寶篋), 금, 은, 유리로 잘 꾸미고
한 보협 중에 사리 하나씩을 넣었다.

그 위에도 필채(疋綵)로써 장식하고 한 사리에
1야차를 따르게 하니 1억 인에 탑 하나씩을 갖도록 하였다.

인구 1억에 보탑 하나씩을 만들고
매일 저녁 재를 지냈다.
덕차시라국에는
"우리 인구가 36억이니 보협도 그렇게 만들어야 한다."

생각하였는데 너무 많아 사리 하나를 둘로 나누어
1억 처에 나누어 주었다.

〈阿育王傳〉

2-92. 아육왕이 구슬을 얻다 (育王得果)

아육왕이 8만 4천 보탑을 일으키고 나서는
사자국 임금님께서 다섯 개의 여의 보주를 받았다.

하나는 불생탑에 시주하고
두 번째는 부처님 성도탑에 시주하고
세 번째는 전법륜탑에 시주하고
네 번째는 열반탑에 넣고
나머지 한 개는 여러 부인들을 쳐다보다가 제일 작은
수자타에게 주었다.
그런데 수자타가 임금님께 말했다.
"제가 8계를 받았는데 몸 안에 영락을 지닌다는 것은
옳지 않은 것 같습니다."

왕이 듣고 감동하여
"모든 부인들은 하얀 복장 위에 영락들을 다 걸고
다니는데⋯⋯"
"부처님의 계율에서 보면 매우 부끄럽기 때문에
다른 사람은 어떻게 하든지 저는 기악(妓樂)
까지도 받아드릴 수 있습니다."

"장하다 수자타여!"
이 일로 인하여 왕궁의 여인들까지도 8계를
더욱 철저하게 지키게 되었다.　　　　　　　〈阿育王傳〉

2-93. 가섭이 법을 전하다 (迦葉付法)

마하가섭이 열반시 최승법을 아난에게 부촉하였다.
"장로여, 마땅히 옛적에 세존께서 법을 나에게
부촉하셨는데 내 나이 늙어 부촉 받은 법을
아난에게 부촉하노니 더욱 부지런히 정진하라."
"예 그렇게 하겠습니다."

아난은 묘법을 연창하여 교화를 편 뒤 숙명통을 얻어
지혜가 넘쳐 흘러 널리 듣고 많이 펴서 총지혜인으로 알려졌다.
모든 부처님의 법장이 큰 바다와 같아 백천이 말없이
그 속에 이르기만 하면 한 맛이 되었다.

아난존자는 모르는 것이 없고 아는 것도 잊지 않아
인연따라 전해주고 있는데 마치 옛날 정광여래시에도
아침에 들으면 저녁에 외우고 저녁에 들으면 이튿날
읽고 외우는 것을 쉬지 아니하였다.

마하가섭이 이것을 보고 법보를 전했으니
아난장로도 그렇게 했다.
이렇게 아난다는 왕사성의 상아화수(象牙和修)에게 그렇게 법을 전했다.

〈付法藏經〉

2-94. 가섭 입정 (迦葉入定)

가섭존자는 법장을 결집하고 아난존자에게 법을 부촉한 뒤
스스로 열반지를 향해 가면서 제자들에게 부촉하였다.
"아난과 아사세왕에게 이별하고 나는 계족산(鷄足山)으로 들어간다.
3악중 돌로 자리를 깔고 있을 것이니

분소의와 발우를 받으라. 나는 장차
미륵이 하생할 때까지 있을 것이니
그때 미륵의 제자가 와서 다비하리라."
하고 하직하였다.

아난존자가 아사세왕께 이야기를 하자
아사세왕이 그 산에 이르니 산문이 저절로 열려
인사드리고 나오니 산문이 저절로 닫혔다.

석제환인도 꽃과 향으로 공양하였다.
굴신은 필발라가 가섭이 입멸한 것을 보고
"법악(法岳)이 무너지고 법선(法船)이 침몰하였습니다."

그 뒤 아사세의 꿈에 들보가 부러졌는데 그 날사 말고
수문장이 와서 알렸다.
"가섭존자가 열반에 들었습니다."

〈阿育王傳〉

2-95. 상나화수가 법을 받다 (商那受法)

아난이 멸도 할 때가 되자 상나화수에게 말했다.
"부처님께서 정법안장을 가섭에게 전하고,
가섭은 나에게 전하고, 나의 법을 너에게 전한다.

부지런히 정진하여 이 법을 수호하라.
이 법은 모든 중생의 감로미(甘露味)다."

"예. 잘 받들어 옹호하겠습니다. 묘법의 덕은 높고
깊어서 오랫동안 수행하지 않으면 아니됩니다.
널리 일체중생의 법등이 되고 위 없는
법약이 되어 번뇌 병에 약이 되게 하겠습니다."

"부처님께서 옛날 옛적 마들라국에서 유행하실 때
나에게 말해준 나라 가운데 장사의 아들이 있었는데
그 이름이 우바굽다이다.
내가 멸도 후 대법을 일으켜

그 맥이 끊어지지 않게 할 것이니
출가하면 큰 법장이 될 것이다 명심하라."
하였다.

〈付法藏經〉

2-96. 우바국다 주실 (趣多籌室)

아난존자에게 법을 받은 상나화수가 말했다.
"세존께서 옛날 마들라국을 지나시다가
나에게 말씀하였다.
'이 나라에 우바국다란 장자가 있어 내가 멸도한 뒤
나의 법을 받아 세상을 크게 이롭게 하리라.'"

12세에 출가하여 설법을 듣고 흑백석자(黑白石子)가
산수의 용도를 따라 악심을 일으켰다.
흑석자가 나타나니 그 밑에 백석자가 이겼다.

많이 받들어 그 가르침이 생각을 거두어 들이지 못하니
악심을 일으켜 투석하고 처음에는 흑이 꽉 찬 것 같으니
오히려 백이 많았다.

점점 밀고 나가 흑과 똑같아 생각을 그치지 못하자
순전히 깨끗한 것이 하나도 남지 않았다.

백자는 선한 생각으로 구성, 드디어 초과를 이루니
상나화수가 이렇게 성불하였다.

〈付法藏經〉

2-97. 밀다가 번을 들고 가다 (密多持幡)

존자 불타라밀다가 생각하였다.
'우리 스승 난제께서는 나에게 법을 전했다.
무엇 때문에 정법을 전했는가.

우리나라 왕이 깊이 사견에 빠져 있는데
내가 마땅히 빨리 가서 그를 조복하리라'

하고 붉은 깃발을 들고 임금님 앞에 나아 가니 물었다.
"어떤 사람이 내 앞에 왔는고."
"뛰어난 지혜인과 담론하러 왔습니다.
한번 시험해 보십시오."

왕이 듣고 국내에 있는 모든 바라문과 장자, 거사,
총명박달한 사람들을 모아 전상(展上) 올려놓고
논쟁하였으나 누구 하나 이기는 자가 없었다.

임금까지도 항복하고 나니 사념(邪心)을 가진 자들이
모두 정법에 귀의 하였다.

특히 니건자(尼乾子)들 500명이 항복하여
밀다리 제자가 되어 모두 함께 출가하였다.

〈付法藏傳〉

2-98. 마명보살이 항복 (馬鳴降服)

마명보살은 지혜가 깊고 지식과 상식이 출중하여
누구와 논전을 하면 휩쓸지 아니함이 없었다.
지혜가 깊고 언어에 박달한 부나 야사가 있었는데
모든 법의 공(空), 무아(無我), 무인(無人)에 대하여
특별한 견해가 있었다.

"일체 세간 소유언론은 마치 눈, 비, 우박과 같다.
만약 지는 사람은 혀를 자르기로 하자."
두 사람은 만인이 보는 앞에서 이렇게 약속하였다.

"불법의 핵심은 이제(二諦)에 있다. 세제(世諦)는
가명(假名)이고 제1의제(第一義諦)는 공적(空寂)하다고
하였는데 그렇다면 나는 과연 어느 곳에 존재하는가?"

임금님 앞에서 극적인 질문을 했다.
"어진 임금님이 나라를 잘 다스려 천하가 태평한데
그대는 이를 어떻게 쳐부술 수 있겠는가?"

답을 못해 논전은 끝났다.
"그대는 혀를 끊자고 하였으나
불법은 자비라 그대 혀를 끊지 않겠다."
마명은 항복하고 머리를 깎고 불제자가 되었다.

〈付法藏經〉

2-99. 용수의 조론 (龍樹造論)

마명대사가 비라(比羅) 장로에게 법을 전했다.
비라장로는 죽음에 임해서 용수보살에게 법을 전했는데
비라와 마명은 동명동호다.

남천축국왕이 심히 사견에 빠져 있었는데
불법의 유포를 갖가지로 방해하였다.
왕이 물었다.
"그대는 무엇을 주장하는가?"
"일체지혜인입니다."

왕이 칙명으로 모든 바라문과 외도들을 모았는데
대부분 질투 분노하면서 용수보살과 논전하였다.
말 몇 마디에 굴복한 사람들을 재문, 삼문하다가
그만 불자가 되고 말았다.

용수보살은 우파제사논 10만 게송으로
장염불도 5천 게를 지어 대승불교를 크게 실천하였는데
대표적인 논은 중론(中論)의 팔불중도(八不中道)이다.

　不生亦不滅　不去亦不來　不一亦不異　不斷亦不常

이로 인해서 용수는 8종의 조사로 존경받았다.

〈付法藏經〉

2-100. 사자스님의 전법 (師子傳法)

부처님께서 정법을 부촉한 이래
가섭을 거쳐 사자스님에게 까지 전해졌다.
사자존자는 계빈국에서 대작불사를 하고 나서
칠색 승가이를 바사사다에게 전했다.

正說知見時　知見俱是心
當知卽知見　卽于今如此

전법게를 통해 크고 밝은 등불이 밝혀지자
우치의 암흑이 모두 밝아졌다.
10악행을 지으면 세상이 어두어지고
10선을 지으면 삼도팔난(三塗八難)이 무너진다.

그러므로 지혜인들은 무상승법(無上勝法)으로
많은 공덕을 짓기 바란다.

참된 선지식은 세상을 구하는 사람이다.

〈付法藏經〉

제3편 마음의 등불을 밝힌 사람들

제3편 마음의 등불을 밝힌 사람들

3-1. 여러 조사들의 꽃다운 이야기 (諸祖遺芳)

불도는 본래 영원하여 시작과 끝이 없다.
그러나 세상인연을 따라 올라가기도 하고 내려가기도 한다.

우리 부처님 세존께서 쌍림에서 열반하신 이래
대법이 진단(震旦)에 유행하였으니
주소왕(周昭王) 갑인, 부처님께서 탄생하실 때 서광이 비쳐
목왕(穆王) 임신년 불멸 할 때까지 천지가 진동하였다.

한나라 명제가 꿈속에서 부처님을 뵈온 이래
많은 조사님들이 계속해서 출현하여
마등 축법난이 42장경을 번역하고
불도징이 신이를 나타내고

천태지의대사가 법화의 꽃을 피우고
달마대사가 불심을 전하고
현장법사가 인도에 가서 불경을 전해왔다.

아울러 자은법사가 논을 짓고 영지율사는 계를 전했다.
청량현수는 화엄경을 널리 펴고
백장스님은 청규를 발표하였으며
사명(四明)중에 교관(敎觀)으로 일어났으니

이는 모두 불력자비(佛力慈悲)로 중생의 고통을 구하고

삿된 마음을 바르게 하였으며 악을 옮겨 선을 향해
이고득락(離苦得樂)의 거룩한 배가 되었다.

구하는 것을 만족하고 근기에 따라 방편을 베풀어
바른 길을 인도하니 수행자는 정업(淨業)을 닦아
구경에 보리도를 이루고 열반의 적멸경(寂滅境)에 이르게 되었다.

이로 인하여 주지삼보(住持三寶)가 끊어지지 않게 되어
위로는 성주의 현신(賢臣)들이 부처님의 가피(加被)로
불법을 항상 존중하고 밑으로 역순경계(逆順境界)에
진리를 깨닫게 되었으니 이것이 도의 근본이요,
방편의 요령(要領)이었다.

3-2. 부처님께서 상서를 나투시다 (佛先現瑞)

주서이기(周書異記)에 주소왕 24년 갑인 4월 8일
강하천지(江河天地)가 넘쳐 흐르고 샘물이 용출,
5색광명이 쏟아지니 태자 소유(蘇油)가 고했다.

서방에 대성인이 출세하였는데
천년 후에 그의 가르침이 이 땅에 들어올 징조입니다."
"그렇다면 이 사실을 비석에 새겨
남교 천사 앞에 묻었다가 이를 증명하도록 하라."

또 주목왕 53년 임신 2월 15일
평지에서 폭풍이 일어 집과 나무가 뽑아지고
흰 무지개가 열두 줄로 나타나니 태사가 아뢰었다.
"서방의 성인이 돌아가신 것 같습니다."

춘추 노장왕 7년 여름 4월
항성(恒星)이 나타나지 아니했는데도
밤빛이 대낮 같이 밝자
"이는 서방문수보살이 설산의 5백 성자를
거느리고 귀화 할 것으로 압니다."

부처님은 진응이신(眞應二身)으로 권실양지(權實兩智)로
불가사의한 신통력을 나타낸다 하였습니다.
여러 성현들이 열반력으로 중생들을 구제하기 위하여 높고 깊은 신통력을
나타내고 계시니 이를 모두 말씀드릴 수 없습니다. 〈梓潼化書〉

3-3. 재동이 부처님 말씀을 듣고 발심하다 (梓潼聞佛)

"내가 일찍이 조야에 있을 때 서방에 큰 성인이 계신데
말하지 아니해도 스스로 교화되고 자비와 방편을 베풀어
항상 락(樂)을 삼는다 하고,

생사보기를 아침 저녁 연기와 같이 보고
은애와 원수를 꿈 같이 보고
근심걱정을 불나비와 같이 생각하며
구하지 아니하여도 저절로 무생에 이른다 하였다.

내가 일찍이 사모하여 그 도(道)에 들어가
숨어사는 자를 보았는데 그가 노래 불렀습니다.
 '아침 해가 솟아 오르면 돌에 구름이 나타나듯
처음에는 빛이 나다가 다음에는 바람이 불어
운해가 흔적을 없이 사라지나니
그 변화는 헤아릴 수 없다 하였습니다.

또 갑자기 저녁 노을이 변하여 다른 모습이 되고
내가 그 소리를 듣고 우니 위로하며 말하기를
'정령 묘리는 길고 길어 알 수 없다' 하였습니다.

그곳이 어딘가, 죽어도 죽지 않는 도리
무량수 무량광이 사는 극락세계
나도 염불하여 그곳에 가야할까 보다.   〈梓潼化書〉

3-4. 열자가 성인과 의논하다 (列子議聖)

열자서에 오나라 태제 희(嬉)가 공자님께 물었다.
"부자(夫子)께서는 성인이십니까?"
"나는 박식강기(博識强記)할 뿐 성인이 아닙니다."

"3왕은요?"
"지혜와 용기를 잘 쓰신 분입니다."
"5제는?"
"어질고 믿음이 있는 분들입니다."

"그러면 누가 성인입니까?"
"삼가 들으니 서방에 성인이 계시는데
다스리지 아니하여도 혼란하지 않고
말이 없어도 서로 믿고
교화하지 아니하여도 스스로 행한다 하였으니
탕탕호민(蕩蕩乎民), 그 분이 성인이 아니겠습니까?"

서승경(西昇經)에도 노자가 윤희(尹喜)에게 말했다.
"인도에 성인이 있는데 그 분이야말로 나의 스승이다.
불생불멸하여 잘 무위(無爲)에 들고
하는 일마다 평화스럽다 하였으니……"

진짜 평화는 이름 할 수 없는 것입니다.
일원(一源)에 돌아갔지만 이(二)라 부를 수 없고
참되고 한결 같은 마음에 항상 머물러 계시기 때문입니다.
그래서 나는 그를 스승으로 생각합니다."　　　　　〈列子書〉

3-5. 재동에서 부처를 만나다 (梓潼遇佛)

"내가 전세에 여씨(呂氏)와 원수가 되어
평민 5백여 호를 몰살시킨 뒤 공지(邛地)에 이르러
몸을 의지할 곳이 없어 뜨거운 햇빛에 구워지자
8만4천 충이 달려들어 뜯어 먹었다.

그때 하늘을 쳐다보니 5색 구름이 허공으로 날아가면서
서상이 나타나 황금 찬란한 빛을 나투자 여러 성현들이
전후 좌우로 에워싸고 따라가면서 말했다.
"서방에 큰 성인이 있는데 현재 설법하고 있다.
장차 동방에 화신을 나투어 포교할 것이니 그 때는
누구나 숙업을 벗고 해탈하리라."

내가 드디어 전업을 회개하고 불쌍한 생각을 일으키니
이 몸이 스스로 용약(踊躍), 이 몸을 벗고 해탈하자.

세존이 말했다.
"착하다 너는 장차 효가(孝家)에 태어나
나라의 충신으로 세상에 큰 이익을 줄 것이다.
그러나 네가 전생의 업보를 생각하여 잔인한 마음으로
싸울것인데 과연 그 때에 화를 내지 않고
세상을 살아갈 수 있겠는가?"

"허공과 같은 마음으로 무아의 도리를 깨달아
모든 쟁론을 쉬고 지혜롭게 살아가겠습니다."
하여 대변재(大辯才)와 신통력을 얻게 되었다.　　　〈梓潼化書〉

3-6. 후한 명제가 꿈에 부처님을 보다 (明帝感夢)

한나라 명제가 영평7년 꿈을 꾸니
황금 찬란한 몸매를 가진 6척 장신의 금부처님이
몸에 일월광을 띄고 하늘을 날아 정전에 들어왔다.

아침에 군신을 모아 묻자 태사 부예(傅叡)가 말했다.
"신이 들으니 주소왕 때 서역에 부처님이 나셨다 하는데
확실한 것을 알려면 채암과 왕준 등을 서역에 보내 보십시오."
하여 18인을 서역에 보냈다.

채암 등이 월씨국에 가다가 무엇인가를 짊어지고 오는
마등 · 축법란을 만나 그들이 가지고 오는 범본 대장경을
백마에 태워 가지고 오니 제(帝)가 심히 가상히 여겨
홍로사에서 두 스님을 뵙고 물었다.

"어찌하여 불법이 이렇게 늦게 중국에 들어왔습니까?"
"가비라국은 3천대천세계 백억일월 가운데 중심국으로
3세제불이 모두 이곳에 태어났는데
혹 5백년, 천년 후에 만나 뵙게 되기도 합니다.
시기의 차이는 있으나 인연이 닿으면
반드시 만나 뵐 수 있으니 걱정할 것은 없습니다."

왕이 기뻐하며 낙양성 서남문 밖에 백마사를 세우고
마등 · 축법란을 거처하게 하고 42장경을 번역하게 하였다. 〈佛祖統紀〉

3-7. 두 법을 비교코져 경전을 불사르다 (比法焚經)

한나라 영평 14년 정월 1일
5악제산 도사 저선신 등이 표를 올렸다.
"서역 불도와 우열을 가려 우리가 이기면
불도를 믿지 못하게 하고
선도를 선양하게 하여 주십시오."

상서령 송양이 정월 15일 백마사에 모여
남문에 3단을 설치하고 동단에는 경전 부적 신상들을 놓고
서단에는 불상과 사리, 42장경을 놓은 뒤 불을 놓았다.

그런데 부적과 경전 신상 등은 모두 타 없어지고
불상 속의 사리는 더욱 빛나고 42장경은 노랗게 그을리게
되었으므로 법란 등이 범패를 읊어 크게 불공덕을 찬탄하였다.

이에 여통혜 등 690인이 출가하고 동참 여선(女仙) 또한
수백명이 출가하여 궁 밖에 일곱 사찰을 지어
비구스님들이 거주하게하고,
궁내에는 3사를 지어
비구니스님들이 거주하게 하였다.
이것이 중국 불교의 시발(始發)이다.

〈佛道論衡〉

3-8. 한서에 나타난 불교 (漢書論佛)

후한서(後漢書)에
"부처는 깨달은 사람, 중생을 깨닫게 하여
만가지 선을 자비심으로 닦게 하는데
주로 살생 등을 금하고 깨끗한 마음으로
정진하는 사람을 스님이라 불렀다.

머리깎고 먹물 옷 입고 세속을 떠나
욕심이 없으므로 무위외도(無爲外道)라 부르기도 한다.
사람이 죽은 뒤에도 정신은 죽지 않고 다시 태어나
선악의 과보를 받게 되므로
선행을 단련 무생(無生)을 얻게 한다.

부처님은 1장6척 자마금색신으로 목에 일월광이 있었다.
변화무쌍하여 무소불입(無所不入)하므로
능히 만물을 구제한다.

수천 권의 경전이 허공무위의 정신을 본받아
정미롭고 거칠고
포섭하지 않는 것이 없다.
견문각지(見聞覺知)가 모두 일심에 귀결되어
업속에서 3세의 일을 만들어 내고 있기 때문에
깨달으면 다 통한다고 하였다.

〈廣弘明集〉

3-9. 공정에서 큰 뱀을 제도하다 (供亭度蟒)

고승전에 안식국 스님 안세고는 원래 왕자였으나
숙부에게 왕위를 양도하고 출가하였다.
총명예지하여 외국 전적에 통하지 못하는 것이 없었다.

여러 나라를 돌아다니는 가운데 한나라 황제 건화 4년
낙양 식령제말 관우의 난이 생겨 배를 타고
여산으로 건너가는데 동학들과 공정에 도착하였다.

호수의 묘신(廟神)이 영험하여
배들은 마음대로 갔다 왔다 하게 하는데 희생을 청했다.

배에 있던 스님이
"내가 옛적에 너와 함께 출가하여 도를 닦았는데
네가 화를 잘 내더니 마침내 묘신이 되어
주위 천리를 관리하고 있으면서도
그 모습이 추잡하게 생겼으므로

내가 그대를 위해 탑과 절을 세워 선처에 나게 하고자 하는데
어찌하여 그 모습을 나타내지 않는가?"
"모양이 너무 무섭게 생겨 사람들이 두려워할까 하노라."
"그렇다면 꼬리만 보이면 내가 범패(唄)로 축원하겠노라."
하자 대맹이 눈물을 흘리며 비단과 보물들을 보시하고
사라졌다.

대맹이 그날 저녁 한 소년으로 나타나 배에 오르니
스님이 주문을 외우자 두 무릎을 꿇고 예배드렸다.
"그대 덕분에 악한 모습을 버리고 선처에 태어났노라."
배를 몰고 가다보니 산 저쪽 못 가운데 한 마리의 큰 뱀이
죽어 있는 것을 보았다. 꼬리가 예장에 까지 달하여
그곳에 대안사를 지어 명복을 빌어주었다.

〈高僧傳〉

3-10. 모자 리혹론 (牟子理惑)

홍명집에 한나라 모자(牟子)가
예지(銳智)에 숨어 살면서 리혹론(理惑論)을 지었는데
어떤 사람이 "어떤 것이 불도입니까?" 하면
"부처는 깨달은 사람이다.
삼황(三皇)은 신이고 오제(五帝)는 성인이다.
불도는 지극히 높아 요순의 경지에 이른다.
주공도 여기에 따라 갈수 없다.
6경 중에서도 볼 수 없다.

그 말이 시서와 같아 예악을 즐기나 불도와는 같지 않다.
하물며 그 경의 아름다움과 성스러운 점이 같겠는가.
모자가 글은 공자만 같지 못하고
약은 편작과 같지 못하지만 병자를 고친다.

자공이 부자는 나의 스승, 넉넉히 요순의 일을 능가하지만
배울 때는 언제나 공자님을 생각하였다.
노자에게서는 6경을 보지 못했기 때문이다.

그러나 부처님은 새 짐승들 가운데 봉린과 같은 분이다.
요순, 주공 또한 훌륭한 스승이지만
부처님의 지견을 따라 갈수 없다.

불도는 비어 허공과 같아

배운다고 해서 배워지는 것이 아니다
잘못하면 허무에 빠져 알기 어렵기 때문이다.

그러므로 모자가 지극한 맛은 입에 맞지 않고
진실로 큰소리는 귀로 들을 수 없다.

그러므로 한 비지가 관견(管見)으로 잘못 비방하였고
요순 또한 털끝만큼도 가까이 하지 못했다 하였다.

중니가 어찌 작은 것을 탐하여 큰 것을 버리겠는가.
듣고 듣지 못하는 것은
보고 보지 못하는 것으로 밝힐 수 있다.”　　　　〈弘明集〉

3-11. 강승회가 사리를 모셔오다 (康僧舍利)

오나라 강승회는 강거국(康居國)사람이다.
아버지 때부터 무역상으로 교역하였는데
부모님께서 돌아가신 뒤 출가하여 3장에 정통하였다.

30세 전후부터 부처님을 모시고 포교하였는데
유사(有司)가 물었다.
"인도사람들이 국경을 넘으면서
자칭 권력을 행사하는데 무슨 영험이 있느냐?"

"한나라 명제의 꿈에 나타난 이야기를 듣지 못했는가?"
"벌써 천년이 지났는데
사리에서 방광하는 것을 보지 못했구나!"
"만약 탑을 세워 영험이 있다면 어떻게 하겠느냐?"
"3·7일 동안 기도할 것인데
7일 동안은 고요한 방에 앉아 결재(潔齋)하겠다."

하고 기도 드렸는데 3. 7일이 되던 날 새벽에 갑자기
유리병 가운데서 이상한 소리가 나더니
5색광명이 쏟아져 눈을 뜨고
볼 수 없을 정도로 빛이 났다.
병 주위 동반(銅盤)을 만져보니
부서진 사리가 수를 헤아릴 수 없었다.

강승회가 놀라 외쳤다.
"부처님의 위신력이 이와 같거늘 어찌 의심할 수 있겠는가?"
하고 탑을 세우고 절을 지으니 그 절 이름이 건초사(建初寺)다. 〈出三藏記〉

3-12. 삼교우열 (三敎優劣)

오나라 주인 손권이 상서령 궐택(闕澤)에게 물었다.
"한나라 명제 때 불교가 들어왔다고 했는데
무슨 인연으로 들어왔는가?"
"5악도사와 마등 축법란과 법을 다투어 비숙재 등이 죽고
많은 사람들이 출가하면서부터 시작된 것으로 압니다."

"공구(孔丘), 노자(老子)와 비교할 수 있는가?"
"공자의 도는 영재를 배출하여 제왕의 도를 빛내는 것이고,
노자의 도는 자연의 도를 본받아 신선이 되어가는 것입니다.

그러므로 백가이도(百家異道)가
수신재가평천하(修身齋家平天下) 하는 것으로
되어 있는데, 불법은 천지자연의 이치를 깨달아
인과인연을 초출, 생사에 자유자재하는 것으로 되어있습니다."

오주(吳主)가 듣고 크게 기뻐하여
유불선(儒佛仙) 3교를 골고루
잘 보호해 나가도록 하였다.

〈道論衡〉

3-13. 선악보응 (善惡報應)

오주 손호(孫皓)가 강승회에게 물었다.

"불교에서는 선악업보가 있다고 하는데 사실인가?"

"어진 덕으로 천하를 다스리면 하늘에서는 새들이 날고
땅에서는 단물이 솟아 곡식이 풍년이 들면
백성들이 살기 편합니다.

악한 마음으로 정치를 하면 선한 귀신은 숨고
재앙이 들어나면
백성들이 공포에 빠집니다.
그러므로 부처님은
악을 행하면 세상이 지옥이 되고
선을 행하면 천하가 극락이 된다 하셨습니다."

"4월 8일에 부처님께 목욕시킨다 하였는데?"

"목욕하면 음처종통(陰處腫痛)이 낳고 기도하면
마음이 즐거워진다 하였습니다.
폐하께서는 불교를 믿습니까?"

"성인을 섬기면 깨달음을 얻고, 복을 빌면 천신이 감응한다
하였으니 오늘 나도 향탕에 목욕하고 죄업을 참회한 뒤
백성들에게 만복이 깃들도록 하여야겠다."

하고 5계를 받고 탑과 절을 중수하였다. 〈出三藏記〉

3-14. 무산의 사리 (鄮山舍利)

진나라 유살하(劉薩河)는 병주 사람이다.
어려서부터 도살업을 중심으로 살았는데
병이 들어 죽게 되자 두 사람이 끌고
지옥을 갔는데 금빛 찬란한 성인이 말했다.

"너는 살생죄가 중하여 지옥에 들어왔으나
네가 무지하여 저지른 것이니 내가 살려 주겠다.
낙양에 가면 아육왕 탑이 있고
오중(吳中)에 석불 두 분이 게시니 그곳으로 가서
지극정성으로 예배드리면 지옥은 면하게 될 것이다."

그 때 안인사에서 출가하여 승명을 혜달(慧達)이라 받고
단양 장천에 가서 천보탑에 예배드리고 오석산에 갔는데
땅속에서 종소리가 나더니 청색보탑이 솟아 올랐다.

밤낮을 가리지 않고 탑을 돌자 탑 속에 새겨진
불보살과 금강 신장들이 나타나 눈을 뜨고 바라보는데
백천 가지 손과 눈이 따라 돌아서 돌이켜 보니
전생에 자기가 죽인 소, 말, 돼지, 닭 등 짐승들이었다.

〈佛祖統紀〉

3-15. 진승 기역이 병을 고치다 (耆域治病)

진승(晉僧) 기역은 인도사람이다.
천축에서 출발하여 부남(扶南) 해빈(海濱)에 이르기까지
수많은 곳을 다니면서 영이(靈異)한 기적을 일으켰다.

낙양에 도착하여 뱃사공이 떨어진 옷을 입은 범승(梵僧)을 보고
즐겨 태워주지 않자 두 호랑의 귀와 꼬리를 잡고 건너와
호랑이 머리를 쓰다듬으며 감사히 보냈다.

형양(衡陽) 태수 등영문(騰永文)이 만수사(滿水寺)에 머물면서
두 다리를 굽었다 펴지 못하는 것을 보고 버드나무가지를 꺾어
송주3편을 외우고 손으로 무릎을 만지며
"일어나라." 하니 즉시 걸었다.

절 옆에 마른 나무 몇 주가 있었는데 주문을 외우자
즉시 살아났고, 병든 사라들이 거의 죽어가는 것을 보고
발우에 물을 부어 배위에 뿌리며 주문을 외우자
모두 살아났다.

낙양에서 전쟁이 일어나 인도스님들 수백 명이
밥을 얻으러 가려하자 홀로 가서 5백 집 것을 얻어
모두 배불리 먹고 하남으로 갔다.

스님 또한 홀로 천천히 하남 쪽으로 걸어갔는데
어떤 분은 장안에서 보고 어떤 분은 유사(流沙)에서
보았다 하나 그의 거처를 알 수 없다.　　　　　〈神僧傳〉

3-16. 불도징은 신이한 사람이다 (圖澄神異)

서진(西晉)의 불도징은 서역인이다.
옆구리에 조그마한 구멍이 있는데 평상시는 무명으로
가려놓았지만, 재일이 되면 물가에 이르러 창자를 꺼내
씻어 다시 집어 넣는다.
그런데 밤이 되면 거기서 빛이 나서 방안을 훤히 밝히므로
글을 익는데 무엇이고 물으면 모르는 것이 없었다.

영가(永嘉)중에 낙양에 돌아다니므로 석륵이 병정을 시켜
강북에 죽여 버렸는데 길가에 걸어 다니므로
다시 잡아 감옥에 넣었는데도 이튿날 길거리에서
만난 사람들이 있었다.

건평4년 4월8일 륵지신(勒至寺)에서 욕불(浴佛)하는데
시원한 바람이 불어 풍경소리가 나자
"이는 필시 나라에 큰 상을 당할 징조입니다."
하였는데 과연 그해 7월 왕이 죽고 석호(石虎)가 등극하였다.

석륵의 제자가 "이는 화근 덩어리다."하고
몰아내려 하였는데, 석호 또한 염민(苒閔)의 난에 죽고
스님은 장사꾼들이 유사를 지나가는 것을 보았다 한다.

〈法苑珠林〉

3-17. 도진스님은 충직했다 (道進忠直)

서진(西晋)스님 도진은 불도징의 제자다.
내외학문에 다 통해 석호(石虎)가 소중히 여겼는데
일찍이 도진(道進)과 담론하였는데 은사(隱士)의 일은 알수 없다하니
도진이 양가(楊軻)도 짐의 백성이라 하였다.

사신으로 간지 10여 년에 왕명을 거스리는 거만을 부리자
왕이 몸소 성에 들어가 천불지용(天佛地湧),
난을 일으켜도 무릎을 꿇지 않자 물었다.

"어찌 그리 거만한가?"
"옛날 태공이 재나라에 들어가 하사를 죽이자 태공이 물었다.
현철(賢哲)도 잘못 할 수 있는가?"
순임금님은 포의(蒲衣)를 우대하고

우임금은 조백(造伯)을 이루었으며
위식은 나무를 관리하였으나 한나라 주나라 무리들이
따라 주지 않아 조씨(曹氏) 황보(皇甫)는
절대로 굴복하지 않고,
2성(聖) 4군(君)을 진절(眞節)로 격려하였다.

〈法苑珠林〉

3-18. 석상이 강물에 떠오르다 (浮江石像)

서진 민제 건흥원년 오군(吳郡) 송강(松江) 두 사람이 떠 있었다.
고기잡이 군들이 멀리서 보고 가까이 가면 더욱 멀리 달아나
천사, 무속인들을 불러 찾아보라 하였으나 운무, 풍랑 때문에
그 증거를 확실하게 잡을 수 없었다.

봉불거사 주응문(朱膺閣)이 대각이 강림하신 것이 틀림없다 하고
동령사 백니(帛尼)와 신봉불자 수인이 함께 가니 안개가 걷히고
풍랑이 잔잔하여 가까이 가서 보니 돌로 된 불상 두 구였다.

한 두 사람의 힘으로서는 끌 수 없어 여러 사람이 힘을 모아
부처님을 건져 통현사(通玄寺) 향탕에 목욕시키자
몸에서 광채가 선명하게 나타나고 등허리에
두 분의 이름이 새겨있었다.

한 분은 유위불(維衛佛)
한 분은 가섭불(迦葉佛)

높이는 7자(尺), 서역스님 법개(法開)가 와서 아육왕이
조성했다 하였으므로 무제께서 지은 중건사(重建寺)에 모셨다.

〈法苑珠林〉

3-19. 지둔스님이 힘써 공부하다 (支遁誡勖)

진(晋)나라 지둔의 자는 도림(道林)이다.
경계를 잊고 승업(僧業)을 닦아 반야가 드러나니
왕휘지와 더불어 좋은 벗이 되었다.

글씨를 잘 쓰고 글을 잘 알아 모르는 것이 없었지만,
인생을 자연에 맡겨 풍류를 즐기고 살았기 때문에
하루를 천년처럼 여유 있게 사셨다.

당시 명사 희초(希超) 손탁과 환언표(桓彦表), 왕경인(王敬仁),
하충지(河充之), 원언백(袁彦伯)과 교유하며
천하의 표본이 되었다.

말년에 섬산(剡山) 소령에 절을 짓고 도반들과 함께 살았는데,
"부지런히 힘쓰고 부지런히 힘쓰라.
지극한 도는 힘쓰지 아니하면 안 된다.
어찌 게으름에 빠져 지체할 수 있겠느냐.
약한 몸은 정신까지 흐리게 한다."
하며 후배들을 격려하였다.

〈高僧傳〉

3-20. 도안은 박학다식했다 (道安遠識)

진나라 석도안은 성이 위씨(衛氏)다.
유가(儒家)에 태어나 모습이 남루하였으므로
밭에 나가 일만하였는데 불도징을 만나 천리준(天里駿)이 되었다.

스승과 제자가 종일토록 문답하니
"스님은 이미 학식이 넓고 깊어 모르는 것이 없는데
무엇 때문에 그렇게 공부를 열심히 하십니까?"

"옛날 사람들은 목마르면 흐르는 물을 마시고
배고프면 나무 열매로 살았는데
세 끼 먹고 공부하지 아니하면 어떻게 하겠는가."

하고 남도에 내려가 밤길을 가다가 우뢰와 번개가 치자
지나가던 사람들이 빗속에서 알아보고 물었다.
"도안스님 아닙니까?"
"어떻게 아는가?"
"양양의 습착치가 사해습착치(四海習鑿齒)라 하니
미천석도안(彌天釋道安)이라 하여 그 이름이 천하에
풍미하고 있는데 어찌 그 이름을 몰라 볼 수 있겠습니까?"
하였다.

〈感通錄〉

3-21. 법개스님의 의술 (法開醫術)

진(晉)나라 석법개(釋法開)는 어느 나라 사람인지 알 수 없다.
일찍부터 지혜가 터져 법화경을 연구하고
묘한 의술에 통달하여
걸식 중에 주인의 부인이 죽게 된 것을
깔고 앉은 풀을 달여 먹게 하여 생명을 구했다.

임산에 당황한 주인이 양을 잡아 제사 지내려하자
작은 고기로 주원(呪願)하여 아이를 낳게 함으로써 칭송받고
또 효종(孝宗)이 죽게 된 것을 맥을 보고
화를 내지 말라하며 병을 고쳤다.

스님은 종종 병든 사람들을
독경, 서사, 해설, 보시, 자혜(慈惠)로써
치료하는 방법을 알려주어 구급생명(救急生命)
법의학도(法醫學徒)로서 널리 알려졌다.

사람들이 물었다.
"스님은 어떻게 병자들을 치료하십니까?"
"6도 4섭법이 사마(四魔)를 항복받아
풍한서습(風寒暑濕)을 풀도록 합니다."

〈高僧傳〉

3-22. 담유스님이 대맹이를 천도하다 (曇猷度蟒)

진나라 석담유(釋曇猷) 스님은
도유스님이라 불리기도 하였다.
어려서부터 고행습정(苦行習定)하며
처음부터 마음이 안정되었기 때문이다.

석성산에 있으면서
하루에 한 집씩만 걸식한 뒤 좌선하며
설사 지네가 밥에 들어 있어도 짜증내지 않고 가려 먹었다.

한번은 적성산 석실에 있을 때 좌선 중에 맹호가 달려들어
송경하니 그 소리를 듣고 잠이 들었었다.
어떤 때는 독사들이 몸을 감고 입을 목에 대고 있었다.

하루는 비몽사몽간에 호랑이와 독사가 나타나
"스님이 저희들 집을 빼앗아 거주하여 민망하였지만
스님의 독경소리를 듣고 모두 해탈하였사오니
마음대로 쓰십시오."

왕휘지가 산에 올랐다가 이 사실을 알고 2천 년 전
한 석산사위가 다스리던 산 임을 확인하고 크게 칭찬하였다.

〈高僧傳〉

3-23. 혜영스님이 호랑이를 항복받다 (慧永伏虎)

진(晉)나라 석혜영스님은 성이 파씨(鄱氏)다.
하내 사람으로 마음이 청백하여
사람들을 항상 웃게 만들어 마음을 상하지 않게 하였다.

경전을 좋아하여 강의하기를 즐겨하였고
소식, 포의(布衣)로 일생을 혜원(慧遠)과 친구가 되었다.

려산 서쪽에 떼집을 짓고 사선(思禪)을 업으로 삼았다.
사람들이 찾아가면 호랑이 한 마리와 같이 사는데
향기가 진동하였다.

어떤 때는 말을 타고 길을 가면서도 사람의 말을 듣지 않고
종일토록 달리다가 말이 거꾸러지면 좋은 말로 타일러
돌아오곤 하였다.

호랑이는 이따금씩 진남산 일대를 다 돌아
까마귀 한 마리와 같이 들어오는데
그들을 보면 스님이 말을 타고
한 바퀴 돌아오는 것을 알 수 있었다.

돌아 가실 때는 대중들과 문답하다가
"부처님 오셨다."
하고 그만 떠나 버렸다.   〈高僧傳〉

3-24. 호계삼소 (虎溪三笑)

진(晉)나라 혜원스님은 6경에 박통하였다.
노장사상도 좋아하여 선풍도골(仙風道骨)을 겸했다.
도안법사가 반야경을 강의할 때는 동국유도유가 다 모였다.

"그래 대법을 들으려면 도안법사를 가까이 해야지."
하고 칭찬하였다.

하루는 도연명(陶淵明)과 육수정(陸修淨)과 이야기하다가
절대로 넘지 않기로 약속한 계곡을 지났으므로
세 사람이 서로 쳐다보며 웃었다 하여
삼소정(三笑亭)이 지어지게 되었다.

이들은 세상을 살 때는 모두가 운수(雲水)속에서 살고
안개를 마시고 이슬을 삼키며 갓 떠오르는 양기(陽氣)를
마시면서 30여 년 동안 문밖 출입을 하지 아니할 때도 있었다.

〈高僧傳〉

3-25. 구마라집 스님이 역경하다 (羅什譯經)

부견원년 정해에 태사가 말했다.
"별이 외국에 나타났는데
대덕지혜인이 중국에 들어올 징조다." 하니,
"부견이 여광을 보내서 창생을 구할 수 있는 도인을 구해오라."
하였다.

여광이 그 땅을 정벌 할 때 도인을 묻자
"서역에 법상과 음양에 정통한 구마라집이 있다."
하여 여광이 애써 나집을 얻어 돌아오니
부견은 이미 돌아가셨는지라 관중에 모셔 국사로 삼았다.

라집은 옛 경을 보고 한음과 범음을 대조
이해가 잘 되지 않는 벽자와 문자를 가려내고
승조 등 8백인을 데리고 신역경론 390여권을 정리하였다.

미처 마치지 못한 경전들은 후배들에게 부탁하고
혹 미진한 것이 있더라도 장차 아는 사람이 나와
확실하게 유통시킬 것이니 걱정하지 말라고 열반하였다.

그리고 예언하였다.
"만약 잘못된 번역이 있다면 몸은 모두 재가 되더라도
혀는 타지 아니할 것이다."
과연 화장 후 몸은 탔어도 혀는 타지 아니하였다.   〈高僧傳〉

3-26. 도융이 법을 따르다 (道融挧法)

진나라 서쪽에 한 바라문이 있는데 총명 예지하여
인도의 속서는 빠지지 않고 다 외우고 있었다.
나집이 듣고 낙타에 태워 장안으로 모셨다.

요흥(姚興)이 물었다.
"지극한 도는 나라에 관계없이 마땅히 존경받아야 합니다.
만약 그가 오면 진승으로 그를 감당할 사람이 있겠습니까?
만약 감당하지 못한다면 우리 불법이 위축될 염려가 있습니다."
"걱정할 것 없다. 매일 번역한 것을 서로 외우고 논의하여 이기고 진다면
더욱 분심하여 공부하는 사람이 나와 장차 이 나라에 대학자들이 배출 될
것이니 이기고 지는 것이 문제인가!"

도융이 그를 맞아 번역한 것을 함께 외우고 논의하니
바라문 스님이 감격하여 항복하고 마침내 도융스님께
큰 절하였다.

이로 인해 진나라(晉: 秦) 불법이
장안을 중심으로 크게 발전하였다.

〈法苑珠林〉

3-27. 돌들이 고개를 끄덕이다 (豎石點頭)

송나라 스님 축도생(竺道生)이 어려서부터 학문을 하여
함토자재(含吐自在)하니 맑은 구슬과 같았다.
"학승가운데 누가 저를 당해 낼 자 있겠는가."
문항제(文皇帝)가 직접 듣고 감탄하였다.

"불멸 후 일천제자가 이 법문을 듣는다면 누구나 성불하리라."
"부처님 말씀에 일천제는 기필코 성불하지 못한다 하였습니다."
"구학법사가 열반경의 일천제 성불론을 반대하는 자 있다면
내가 저 돌바위들로 증명해 보이겠습니다."

도생이 3년 동안 열반경을 산천경계에 있는 돌들에게 설한 뒤
"잘 들었느냐?"
하니 모두 고개를 끄덕끄덕 하였다.
이것이 저 유명한 석점두(石點頭)다.
돌도 고개를 끄덕이는데 하물며 사람이 성불하지 못하겠는가.

〈神僧傳〉

3-28. 나무 잔이 물을 건너다 (木杯渡水)

송나라 석배도는 성이 무엇인지 알 수 없으나
이름은 상승(常乘)이다. 일찍이 세행(細行)을 닦지는 못했으나
신력(神力)이 탁월하여 세상 사람들로서는 헤아릴 수 없었다.

하루는 어느 집에서 자고 금상(金像)을 절도하여 가지고 갔는데,
내용을 알고 쫓아가니 천천히 가는데도 따라 갈수 없었다.
말을 타고 강을 건너가는데도 잡을 수가 없었다.

누더기를 입고 말의 출처가 희노(喜努)를 따를 수 없고
몸을 뒤져도 금을 찾을 수 없는지라
가만히 놓고 보니 갈대밭에 들어갔다.

간 곳을 찾을 수 없자 연현사(延賢寺) 법의(法意)도인이
뜻을 펴라 그에게 별방을 주었는데
자고나서 광능촌 이가의 집에서 재를 지내는 곳으로 들어갔다.

따라가서 보니 재당에 모셔져 있는 갈대 그림 속에 앉아 있었다.
기가 막혀 말을 잊고 웃자
앉아있던 사람들도 크게 웃고 말을 하지 않았다.

〈高僧傳〉

3-29. 문제가 법을 묻다 (文帝問法)

송나라 구나발마스님은 계빈국 찰이종족 출신이다.
근기가 뛰어나고 마음이 깊어 착하고 덕이 많았다.

원가8년 정월 유사가 문제를 뵙도록 하자 문제가 말했다.
"과인이 계를 받고 불살생계를 지켰더니
타국 만리에서 오신 법사를 뵙게 되었습니다.
장차 나라 일을 어떻게 해야 할 것인지 일러주십시오."

"대개 도는 일과 법에 있지 않고 마음에 있습니다.
임금님께서 필부와 같이 하심한 마음으로 대하시니
몸 둘 바를 모르겠습니다.

제왕은 4해로 집을 삼고 만민으로 자식을 삼아
백성들이 즐겁게 살 수 있도록 선정을 베푸시면
중생들이 모두 편안하고 하늘 땅도 비바람을 고루 내릴 것입니다.

불살생계의 말만 들어도 천하 만물이 모두 기뻐한다 하였는데
다른 계율까지 받아 지키신다니 반드시 성불하실 것입니다."
속인들은 어리석어 사문의 일을 잘 이해하지 못하고 있습니다.
다 같이 깨달음을 열어 인천의 복전이 되게 하옵소서."
융숭히 대접하고 국부처럼 받들어 모셨다.

〈法苑珠林〉

3-30. 문제가 법을 논하다 (文帝論法)

문제가 하상지(何尙之)에게 말했다.
"짐이 경전을 적게 읽어 3세인과를 잘 가리지 못하고 있으니
흑백을 가려주십시오."

"혜원법사가 불법을 무소불가(無所不可)라
적지적소에 알맞은 가르침이 있으니
복과 화의 원인을 밝히는 것이 인과입니다.

백인이 계를 받으면 천 집이 복을 받고,
만호(萬戶)가 어질면 백만호가 기쁨을 맛본다 하였습니다.
어진 사람과 착한 사람이 세상에 가득차면
무슨 걱정근심이 있겠습니까!
그러나 이미 지어놓은 업이 형벌에 임하면
자신과 가족이 함께 근심걱정하게 되어 있으니
잘못이 있는 자는 참회하고 선행을 실천하도록 하십시오."

"전쟁만 일어나지 않는다면 얼마나 좋겠습니까?"
"은근히 인의예지를 실천하면 병사들도 요순의 덕을 쌓아
천하인민이 모두 함께 평화를 누릴 것이고
그동안 상처 입은 사람들을 보호하면
전환 속에서도 삶의 보람과 영광을 느낄 것입니다."
"하루 빨리 요순의 시대가 오기를 빌어마지 않습니다."

〈弘明集〉

3-31. 꿈속에서 머리를 바꾸다 (夢中易首)

송 시대 구나발다라는 천축 사람이다.
일찍부터 대승불교를 하며 오명(五明)과
천문지리, 의방, 주술에까지 밝았다.

널리 정법을 펴서 이르는 곳마다
불국토를 만들어 가고 있다고 하니
동방의 대선지식이라 아니할 수 없습니다.

"백성들이 천수주문을 외우고 관세음보살을 불러
천하가 태평하고 만민이 평화스럽게 지낼 것입니다.
광주지사 차랑표(車郞表)가 말했다.

"신통력을 구족하고 지혜와 방편을 닦아
시방의 모든 국토에 몸을 나타내지 않는 곳이 없다.
하였으니 반드시 가피력(加被力)을 입을 것이다."

"제가 처음 중국에 들어와 경전을 번역하였는데
강의를 해 달라 하여 중국말을 모르는 것을 근심하다가
밤새도록 관음정진을 하였더니 야밤에 신장님들이
나타나 목을 베어 머리를 바꾸어 주어 강의하였습니다.
이것이 곧 불보살의 가피 아니겠습니까."

〈高僧傳〉

3-32. 승량이 동을 얻다 (僧亮取銅)

송나라 석승량 스님은 지조가 강렬하고 계덕이 견정하여
장육 무량불상을 조성하기를 원했다.
자사 장소소(張邵所)에게 고하고 일의 근원을 밝히어
수 척의 배를 장사 백여 사람과 함께 상주(湘州)
동계산(洞契산)에 가서 동을 캐며 말했다.

"이 산의 묘신(廟神)이 영험하여 범하는 자는 죽이고
오랑캐들은 수호, 어려움을 보호해주고 있다.
복과 군이 함께 죽었으니 다음은 장씨 급인이 배신이 되어
바람과 뢰진 구름을 미리 알아 해와 달을 밝게 하며
묘신 앞에 이르게 할 것이다.
거기에서는 큰 뱀이 학에서 분출해 나올 것이다.

우리들이 그 곳에 이르면 안개가 흩어지고 날이 밝아
두 마리의 동학을 볼 것이다.
한 마리는 동학에서 나오고 한 마리는 머리위에서 나와
길을 뚫고 종자 백인을 다 쫓아 낼 것이다.

그러면 뱀에게 말해야 한다.
'너는 전생에 죄업이 있어 큰 뱀이 되어
3보의 이름을 듣지 못했으니
어떻게 무량수불상에 대하여 들었겠는가.
가는 길에 머리를 돌려 동(銅)을 취하는 사람들을 보호해주면
반드시 위대한 불상을 만들어 신령스런 일을 보여주리라.'
하자 화려한 옷을 차려입은 묘신이 나타나 3보의 이름을 듣게 하고 5계를
받게 하여 감사하다 치하했다.   〈法苑珠林〉

3-33. 칼로 베어도 상하지 않다 (劒斫不傷)

위나라 척발도는 장안에서부터 최호의 좌도를 믿어
불교를 헐뜯고 백성들과 함께 보는 대로 스님들을 죽여서
불도는 그림자도 보이지 않게 하였다.

담시(曇始)스님이 깊은 산속에 숨어 살다가
그를 제도할 때가 되어 석장을 짚고 왕문에 서니
군인들을 시켜 몇 번이나 베었는데도 상하지 않았다.
발도(跋濤)가 크게 화를 내어 날카로운 칼로 쳤으나
베어지지 않자 크게 화가 나서 호랑이 우리에 갖다 던졌다.

그러나 우리에 숨어있던 호랑이가 스님을 모시고 간
천사를 잡아먹고 도리어 우리 속에 앉아 있는 스님을
보호하고 있었다.

이에 척발도가 불법이 존엄한 것을 알고
절을 불사르고 스님들을 목 베인 것을 참회하였으나,
얼굴이 문둥병환자처럼 되어 온 가족이 발광하다 죽었다.

이렇게 해서 최씨 일가가 모두 망해 없어지자 그의 손자
준습(濬襲)이 자리에 올라 불교를 독신하며
3보를 크게 받들었다.

〈高僧傳〉

3-34. 채유우난 (採乳遇難)

진나라 스님 도경(道冏)은
부풍(扶風)사람으로 성이 마씨(馮氏)다.

홍시 18년 도일과 함께 하남 곽산에 들어가
동학 도랑(道朗)등과 함께 지진동굴에 들어가
3리 가량 가다가 물에 잠긴 큰 나무를 발견하고 건너 가다가
친구 3인은 나무에서 떨어져 죽고
경이 홀로 캄캄한 굴 속에서 통곡하다가
일심으로 관세음보살을 부르니 작은 구멍이 나타나 구조되었다.

그로 인해 굴 가운데 관음방을 꾸미고 열심히 기도드리는데
몸이 반쯤 보이는 아미타불의 상호가 소소역력하게 드러나
향기가 진동하므로 그 곳에 법당을 차리고
일생을 지내게 되었는데 수 없는 신도들이 찾아와
동굴법당으로 유명하게 되었다.

도경은 먼저 간 친구 3인을 그 자리에서 천도하고
일생을 수도와 전법에 심혈을 기울였다.

〈法苑珠林〉

3-35. 지공스님의 사적 (寶誌事蹟)

양나라 지공스님은 송 태시 초
허물어진 담벼락 옆에 살고 있었다.
정처가 없이 음식도 때 없이 먹고
장발에 지팡이 하나 짚고 칼 하나,
거울 하나를 가지고 다녔다.

건원 중 수일 동안 밥을 먹지 않아도 배고프지 않고,
말과 행동 또한 달라진 것이 없었다.
때로는 시(詩)를 읊고 참기(讖記)를 말하고 다녀
양무제가 잡아 감옥에 가두었는데

거리 곳곳에서 돌아다녀 세 곳에서 같은 모습을 발견하였다.
양무제가 즉위하여 부르니 티끌 먼지 속에 사는 것보다
뱀 호랑이와 같이 지냈다하고 오지 않았다.

그러나 부처님이 이치를 말할 때는 나한의 경계를 초월하였고,
속사들과 상대하면 은둔의 신선과 같았다.

임금님이 물었다.
"제가 번민이 많은데 무엇으로 다스려야 합니까?"
"12인연으로 다스리십시오.
12시 중에 번민만 없으면 곳곳이 안락 할 것입니다."

〈法苑珠林〉

3-36. 양무제의 봉불 (捨道奉佛)

양무제가 도교를 버리고
불교를 믿는다는 복견경(伏見經)을
지었다.

"보리심을 발한다고 하는 것은 곧바로 불심입니다.
착한 마음을 가지고는 3계를 벗어 날수 없습니다.
하염없는 길에 들어서야 엉긴 지혜로 정각을 이루어
덕을 원만히 한다 하였습니다.

햇불처럼 밝은 빛이 진리의 거울에 나타나면
어리석은 중생들을 제도하여
열반의 저 언덕에 이르게 하겠습니다.

제자는 그 동안 노자의 사법(邪法)에 물들어
허송세월만 보내왔습니다.
내세에는 어려서 동진 출가하여 널리 경교를 보고
학식을 제도하는데 앞장서겠습니다.

바른 법 가운데서도 대승의 진리를 즐겨
홀로 천당에 태어나고
2승에 빠지는 일이 없도록 하겠습니다.
시방의 모든 부처님과 보살님들께서는 증명하여 주옵소서."

〈佛道論衡〉

3-37. 양무제의 참법 (梁皇懺法)

양무제가 황후 치씨(郗氏)가 돌아가신 뒤
항상 낮에는 추도에 힘쓰고,
저녁에는 작은 벌레 소리에도 잠을 이루지 못하였다.

한 번은 큰 뱀이 되어 침전에 올라 온 뒤로는
뱀에 물릴까봐 뱀 소리만 들어도 도망쳤다.

뱀이 말했다.
"아무리 짐의 궁전을 엄하게 경호한다 하더라도
저의 소생지처는 막을 수 없습니다."

제(帝)가 말했다.
"당신은 옛날 치씨, 여러 첩들이 있는 곳에 들어오면
누구나 그 더러운 모습을 보고 놀라지 아니 할 사람이 없으니
다시는 나타나지 마십시오.

내가 열권의 참회문을 지어 종일토록 궁실 내외에서
좋은 향을 사루며 당신이 천당에 나가기를 빌 것이니
반드시 도리천에 태어나 33천의 가호를 받기 원합니다."

〈梁皇懺法〉

3-38. 수륙재의 연기 (水陸緣起)

양무제 천감2년 제의 꿈에 신승이 나타나
"6도4생이 한량없는 고통을 받고 있으니
수륙재를 지내 그들을 고통에서 구해주십시오."

제가 여러 스님들께 물었으나 아는 사람이 없고
오직 지공대화상이 여러 책자를 참고하여 중운전(衆雲殿)에서
책자를 정리 하는데 무려 3년이나 걸렸다.

이에 도량을 정비하고 밤마다 무릎 꿇고
부처님 앞에 예배드리며 기원하였다.
"만약 불보살의 감응이 있다면 등촉이 저절로 켜지고
기이한 증거를 보여주십시오."

첫 날엔 등불이 저절로 켜지고,
다음날은 궁전이 진동하고,
제3일에는 하늘에서 보배꽃이 쏟아져 내렸다.

그래서 천감4년 2월 15일 금산사에서 여러 스님들을 모시고
수륙대제를 3일간 모시니 승우율사가 주관하였는데
당 함형에 영선사의 꿈에 한 사람이 나타나
'유령중생(幽靈衆生)들이 큰 이익을 얻고 해탈 하였사오니
금후에도 계속 이 재를 지내주시기를 바랍니다'
하는 청문(請文)이 들어왔다.　　　　　　　　　〈佛祖統紀〉

3-39. 전단불상 (栴檀佛像)

양무제 천감원년 정월 8일 꿈에 "
"전단상(栴檀像)이 나라에 들어오게 되었으니
장군이하 88명을 사위국왕께 보내주십시오."

사람을 보내 알아보니 32상 80종호를 갖춘
전단상 한분을 완성 중국에 보내기로 하고 있었다.

부처님께서 어머니를 제도하기 위해 도리천에 올라가셨을 때
사위국왕이 너무 뵙고 싶어 전단목으로 만든 그런 부처님이었다.

금비라 왕이 이를 본 받아 두 분의 상을 더 조성하고
국가적인 대사면을 실시 한 뒤
살생을 금하고 채식을 하면서 정성들여 부처님을 이운하니
중국에 없던 전단 부처님이 세 분이나 오시게 되었다.

혹 오는 길에 맹수들이 달려들어 두려운 일이 생기면
다 같이 염불하면 어디선가 종소리가 울려 퍼져
아무런 탈 없이 중국에 까지 모셔지게 되었다.

〈法苑珠林〉

3-40. 법륜장의 연기 (法藏緣起)

양나라 동양 부대사가 세상 사람들을 어여삐 여겨
많은 경전을 외웠는데 알지 못한 사람들을 위하여
쌍림도량에 법륜장이 처음 생겼다고 말한다.

거기에 이런 게송이 있다.

　등오장문자 (登五藏門者)
　생생불실인신 (生生不失人身)
　능신심추지일잡즉 (能信心推之一匣則)
　여송경기공정등무이 (與誦經其功正等無異)

이로 인해 양무제가 부대사를
"當來解脫善慧大士 傳弘敎百國王 救世菩薩"
이라 칭하였다.

그로부터 법륜장(法輪藏)을 굴리는 자를
"천상인간 안락과보" 다 하고
화림원 중운전에 반야제(般若題)를 독설하여
경전을 읽게 하였는데 장차는 티벳, 몽골, 중국, 한국, 일본 등
각국에 널리 펴져 포교전법에 큰 가치를 나타내고 있다.

〈佛祖統紀〉

3-41. 하늘에서 꽃비가 내리다 (天雨寶華)

양나라 법운스님은 성이 주(周)씨로 의흥사람이다.
어머니 오씨가 처음 풀자리에 아이를 낳고 보니
서기가 집안에 가득차서 이름을 법운(法雲)이라 지었다.

어려서 법화경 촉루품을 듣고 훤히 알아
산으로 들로 돌아다니면서 외웠는데
하루는 광택사에서 법화경을 설하는데
하늘에서 꽃비가 내렸다.

임금님이 물었다.
"무슨 일인가?"
"지공스님이 법화경을 외우는 까닭입니다."
청강생들이 구름처럼 모였다.

〈續高僧傳〉

3-42. 양왕이 계를 받다 (梁皇受戒)

양나라 때 혜약(慧約) 스님이 방등경 9부를 연구하며
널리 중생들을 구호하고자 하자

양왕이 듣고 보리심을 발하여 정성스럽게 계를 지키며
모든 중생이 3과 4향의 과보를 받고

10력, 3명, 6통으로 해탈하기를 바라자
그해 4월 8일 임금님께서 4홍서원을 발하며
권속 4만8천인이 함께 계를 받는데,

까치, 공작들이 함께 자리를 하여
법문을 설한 뒤 듣고 날아갔다.

이로써 보면 부처님의 자비는 인간과 천상에서만
공덕을 맛보는 것이 아니고 비금주수 축생들까지도
혜택을 입는 것을 보고 모두 놀라하였다.

〈續高僧傳〉

3-43. 예참으로 죄를 멸하다 (禮懺除愆)

양나라 법총(法寵)스님은 성이 빙(馮)씨다.
남양인으로 세상의 난을 만나 잠시 해염(海鹽)에서 살았다.
세속을 끊어 버리고자 하는 마음이 생겨
38세에 집을 버리고 도가(道家)에 들어갔다.

정승사(正勝寺) 법원도인이 상(相)을 잘 보았다.
"그대는 40세만 되면 죽겠으니 모든 부처님들께
참회하고 지성으로 기도드리라. 그대의 얼굴에 검은 빛이 있다."

하여 옷과 발우를 팔아 향촉과 공양물을 마련하여
광흥정사에 이르러 40세가 되도록 문을 닫고 정진하였는데
40세 되던 해 홀연히 두 귀에 종기가 생기더니,
사경(四更)에 이르러 문밖에서 소리가 들렸다.
"문을 열면 검은 바람이 불어 두 눈을 뜨지 못할 것이고
귀가 들리지 아니할 것이다."

과연 그 말은 틀리지 않아 눈도 귀도 성하지 아니했지만,
밤낮 없이 경전을 읽으면서 백배(百拜) 참회하다가
단정히 앉아서 조사 죽음을 하였다.

〈續高僧傳〉

3-44. 경을 읽고 수명을 연장하다 (誦經延壽)

양나라 종산스님은 개선사 스님이다.
불명은 지장(智藏)으로 속성은 고씨(顧氏)이다.

점을 보는 사람이 상을 보고 31세면 죽는다 하였다.
29세에 이 말을 듣고 만 가지를 다 쉬고 정성드려 기도하였다.
절문 밖을 나가지 않고 여러 경장을 탐색하다가
금강경을 죽을 때까지 읽을 것을 맹세하였다.

깨끗한 방안에 부처님 한 분을 모시고
향탕에 목욕 한 뒤 향을 사루고
예불하면서 밤낮 없이 기도하였더니
하루저녁은 공중에서 소리가 났다.
"법사여, 그대는 독경 공덕으로
31세 보다는 배는 더 살 것이다."

법사가 듣고 환희하여 출사(出寺)전의
옛 상사를 만나니 깜짝 놀라면서 물었다.
"어떻게 지금까지 살아있는가?"

"그대의 모습이 옛날하고는 판이하게 달리 되어서
50이 넘기 어려울텐데,
이제 그 모습을 보니 60은 훨씬 넘기겠으니
경전을 읽으며 좋은 일 하고 살으라."

"무슨 경을 읽었는가?"
"금강경을 읽었습니다."
"불법의 영험이 진실로 신비하다" 하였다.　　　　〈法苑珠林〉

3-45. 법총이 호랑이를 항복받다 (法聰伏虎)

양나라 법총스님은 성격이 바르고 깨끗하였다.
양양 산개산에 뗏집을 짓고 선관을 하고 있는데
진안왕(晉安王)이 와서 물었다.

"간밤에 나쁜 꿈을 꾸었는데 말을 타고 가도 괜찮겠습니까?"
"가지 않는 것이 좋겠습니다."
그래 조용히 선실에 들어가 공부하고 있는데
좌성(坐床)옆에 호랑이 한 마리가 엎드려 있었다.

그래서 호랑이 머리를 만지면서 두 눈을 감기자
호랑이가 조용히 나가더니 잠깐 사이에
열일곱 마리의 호랑이를 데리고 왔다.

그래서 3귀의 5계를 주고,
"백성들을 해치지 말라."
하니 조용히 있었다.

줄로 목을 매었다 풀어주니
다시는 호랑이도 오지 않았지만
주위에 살던 도적들도 나타나지 않아
이름난 선방으로 많은 사람들을 수용하게 되었다.

〈法苑珠林〉

3-46. 달마대사가 강을 건너다 (達磨渡江)

달마대사는 남천축국 향지국왕의 아들로
일찍이 출가하여 150세가 다 되어 중국에 들어왔다.
광주지사가 듣고 건업으로 맞아
양무제를 만나게 하였는데 양무제가 물었다.

"짐이 일찍이 불법에 귀의하여 절을 짓고 사경하고
승니를 만들기를 수 천명 하였는데 그 공덕이 얼마나 됩니까?"
"털끝만큼도 공덕이 없습니다."
"어찌해서 공덕이 없습니까?"
"그것은 인천의 소과(小果)로 복이 다하면 타락하기 때문입니다."

"그럼 진짜 공덕은 어떤 것입니까?"
"깨끗한 지혜는 본래 갖추어 있어
공덕이라 부를 것도 없습니다,"
"그렇다면 어떤 것이 진리(聖諦)입니까?"
"깨끗한 지혜는 성현이라 할 것도 없습니다."
"그럼 나를 대하는 사람은 누구입니까?"
"나도 알 수 없습니다."

제(帝)가 알아듣지 못하고 해치려 하자
갈대를 꺾어 배를 만들고 양자강을 건너
위나라 숭산 소림사로 가서 9년 동안
벽만 바라보고 앉았다가

마침내 혜가에게 법을 전하고 죽어 웅이산에 장사지냈다.

그런데 사후 3년 있다가 인도 사신 송운을 만나
신 한 짝을 주어 낙양에 와서 보니 3년 전에 서거하였는지라
받아 온 신 한짝을 맞춰 보니 스님의 것이 틀림없었다.

〈傳法記〉

3-47. 눈 속에서 법을 받다 (立雪齊腰)

위나라 사문 신광(神光)은
달마대사 소림굴 앞에서 기다리다가 눈 속에서 얼어 죽었다.
달마가 불쌍히 여겨 굴속으로 업고 와 응급처치로 살아나자 물었다.

"거기 서서 그대는 무엇을 하였는가?"
"스님의 법문을 듣고 싶어 했습니다."
"저 눈이 빨갛게 된다면 내 그대에게 법문을 해 주리라."
순간 옆에 찼던 칼을 뽑아 왼팔을 치자
눈 속에서 파초가 나와 떨어진 팔을 받들었다.

"무슨 법문이 듣고 싶은가?"
"마음이 불안합니다."
"그 불안한 마음 이리 내 놓으라."

"없습니다."
"없다면 내 그대 마음을 편안하게 해 주었다.
지금부터 네 이름을 혜가(慧可)라 부르라."

하시고 능가경 4권과 가사 발우를 주신 뒤 낙양으로 갔다.

〈傳法記〉

3-48. 제왕이 원한을 풀다 (接駕釋冤)

재(齋)나라 승주(僧綢)스님은
세전(世典)에 정통하여 경사(經史)에 통치 못하는 것이 없었다.
그러나 겁파(怯怕)하고 사기(詐欺)하는 것이 싫어
불경을 한 번 본 뒤로는 까치산(鵲山)
정처(靜處)에 들어가 홀로 선을 닦았다.

9일 동안 일어나지 않고 앉아 정상(情想)이 맑아지니
일출산에 들어가 지진으로 새와 짐승들이 몸부림쳤다.
소리를 듣고 들어가 그들을 보살폈다.

그때 선제(宣帝)가 왔으나 아는 체 하지 않자
화가 나서 군사를 풀어 두렵게 하였으나
조금도 두려워하지 않으므로
상서령 양준언(楊遵彥)에게 벌하게 하려 하니

"진인(眞人)을 괴롭게 하면 반드시 해(害)가 있습니다."
"그래. 부처님의 영험이 이 보다 더 한 것이 있겠는가?"
하고 땅에 던진 가사를 주으려 하니
열 사람이 들어도 까딱하지 않았다.

〈法苑珠林〉

3-49. 도교를 버리고 스님이 되다 (罷道爲僧)

금릉도사 육수정이 양무제가 도교를 버리고 불교에 귀의하자
법사들과 겨루어 이기면
불법을 통제하고 도법을 신행하게 해 달라 하고
스님들을 아랫자리에 앉히고 조롱하였다.

도사들은 제를 지내고 술을 마시고 크게 취하여
스님들을 헐뜯었으나 스님들은 한 마디도 대꾸하지 않았다.

임금님께서 보고
"법문은 돈이 아니고 사람들을 이끌어 망신주려 하지만
모두가 이것은 허망한 짓,
잘못하면 술로 사람들을 속이나
진짜 도사는 허망한 말을 하지 않는다."

하고 불법을 옹호하자 이를 본 사람들이 도교를 버리고
스님이 되는 사람도 있었다.

眞行은 말이 없고
導師는 거짓이 없다.

〈廣弘明集〉

3-50. 선서를 불사르다 (燒毁仙書)

위나라 담란(曇鸞)스님은 내외 경전에 다 통하였다.
특히 대집경의 깊은 뜻에 감동하여 주해를 내고,
의료행을 하기위해 천문 등의 6욕 계위를
상하중복으로 병치료를 하고

위험한 시기를 결정할 수 없어
본초경에 바른 치료방법과 장생신선술 이야기를 간추려 보고
원하는 대로 닦고 익혀 불교까지 선호하였다.

강남에 숨어 살면서 바닷속까지 들어갔다 나와
선방(仙方) 10권을 저술, 위나라 경계를 돌아다니다가
낙하에서 3장법사 보리유지를 만났다.

"불법 중에 장생불사하는 이치가 있습니까?"
보리유지가 땅에 침을 뱉으며 말했다.
"어떤 사람이 말하기를 비상(非相)이 그것이라 하였습니다."
"그 방(方)이 어느 곳에 있습니까?"

"그는 일찍부터 3유(有)에 윤회하다가 무량수불을 보고
'이것이야말로 생사를 해탈하는 것이다' 하고
그 책을 머리에 이고 대화자행(大化自行)하였다고 한다."

그래서 그 방문의 이름을 신란(神鸞)이라 하였다.   〈續高僧傳〉

3-51. 경전을 읽고 죽음을 면하다 (誦經免死)

위나라 청평4년 정주 모사(募士) 손경덕이
항상 관세음보살상을 모시고 지극정성으로 예배하였다.
그런데 하루는 도둑으로 몰려 감옥에 갇혀 모진 고문을 당하고
마침내 사형을 당하게 되었다.

그날 밤 백배참회하고 눈물을 흘리면서
"금생의 형벌은 전생의 죄업이니 어찌할 수 없다 하거니와
금생에 나쁜 짓 한 것이 없아오니
목숨만 살려 주신다면 결초보은 하겠습니다."

그 때 한 스님이 비몽사몽간에 나타나
"나무불, 나무법, 나무승 하며 구생관음경을 일러 주시며
내일 사형 집행시까지 천 번만 읽으면 반드시 구원을 받으리라."
하여 밤새도록 단두대에 올라
마지막 칼이 목에 닿는 순간까지 천 번을 채웠는데
갑자기 칼이 쨍그렁 하고 두동강이 났다.

세번을 거듭 쳐도 똑같으므로
"이 사람은 하늘에서 낸 사람이다."
하고 놓아주었다. 집에 와서 성상을 보니
성상의 목에 피 세 줄이 주르르 흘러 있었다.

세상 사람들은 이 경을 '고왕경' 이라 이름을 붙이고
남녀노소 없이 읽고 외우고 서원하였다.　　　　　〈法苑珠林〉

3-52. 송경하고 제난을 면하다 (誦經免難)

위 무능왕 동생이 익주 규수(規守)로 있었는데,
촉나라에서 군대를 보내 항복하고
많은 스님들이 모두 묶여 감옥에 갇혀 있는데
법진스님이 단정히 앉아 경전을 읽었다.

그런데 이튿날 아침 적군이 와서 말했다.
"모든 스님들이 모두 잠들어 있는데
법진스님이 단정히 앉아 독경을 하였습니다.
그때 입에서 큰 광명이 솟아 주위가 밝아졌습니다."

수위가 가서 물었다.
"어제 저녁 무슨 경전을 읽었기에 입에서
그토록 광명이 쏟아졌습니까?"
"출가 이후 무슨 경전이든 가리지 않고 읽어왔습니다."
"무슨 이유가 있습니까?"
"예배, 공양, 독송은 출가사문의 다반지사입니다."

사람들을 모아 법문을 듣게 하였는데
법문이 마치 흐르는 물과 같았다.
"진실로 아난존자가 환생한 듯합니다."
찬하고 크게 공양하였으며 많은 사람들이
깨달을 수 있도록 7일 7야 특별 법회를 거행하였다.

〈續高僧傳〉

3-53. 혜공이 관음경을 외우다 (惠恭虔誦)

위나라 혜공은 혜원과 가까운 친구이다.
장안에서 만나 경전 읽는 소리를 듣고 친구가 되어
30여 년 동안 같이 지냈는데,
혜공스님은 항상 관음경을 주로 외웠다.

혜원이 물었다.
"관음경은 3척동자도 다 알고 있는 경전인데
어떻게 30년 동안을 외우고 있습니까?"
"관음경은 한 부처님의 말씀이지만 천지가 감동해서
이향편만(異香遍滿) 3천대천세계가
모두 향 냄새로 진동합니다.
하늘에서는 하늘음악이 울리고 꽃비가 내립니다."

혜원스님이 5체 투지로 큰 절을 하고
일심으로 지송하여 게으르지 아니하였다.　　　　〈續高僧傳〉

3-54. 승실스님이 고난을 구하다 (僧實救難)

주나라 승실스님은 성이 정씨(程氏)이다.
양령무인(陽靈武人)으로 어려서부터 빼어난 재주가 있었다.
위나라 효문제를 따라 낙양에 왔다가
륵나삼장(勒那三藏)을 만나 선법을 익혔다.

3학은 비록 정통하지 못했으나
구차제정(九次第定)을 얻어 마음이 맑고 깨끗하며
경화에서 오랫동안 정성을 기울였는데,
하루는 정오에 종루에서 급한 종소리가 나므로
대중스님들이 방을 빠져나와 각기 향촉들을 들고
대웅전에 모였다.

한 스님이 말했다.
"누구나 마음 쓰는 대로 정성을 다하여 관세음경을 읽으라.
강남 양국(梁國)에 강당이 무너져 권속이 함께 죽게 되었다."

그런데도 그 곳 사람들은 재난을 느끼지 못하고
천여 대중이 모여 법문을 듣는데
사람들이 북문으로 들어가 남문으로 나오니
갑자기 전당이 와르르 무너졌다.

양나라 칙사가 스님을 청하였으나 가지 않으므로
멀리서 예배드리고 여러 가지 보배와 3의, 불자, 발우,
염주, 향합, 석장 등을 보내 특별히 공양하였다. 〈法苑珠林〉

3-55. 눈앞에서 옳고 그름을 밝히다 (面陳邪正)

주 무제 만년에 불교를 배척하고
노자사상을 숭상하며 부록을 만들어 대제를 베푸는데
임금님께서 건갈(巾褐)을 쓰고 큰절을 올리면서 말했다.
"도덕경은 허망한 말이 없어 본래 나라에서 받들어 섬겼으나
불법은 멀리서 와서 직접 부처님을 뵙고 들은 법문이 없으니
옳고 그름을 판단하지 못하겠습니다.

노자는 윤희(尹喜)가 직접보았고,
부처는 인도에서 태어나 계경(戒經)을 설했는데
사람들이 이것을 얻어 중국에 까지 전해지게 되었다 하였습니다.

공자님은 2500년 전에 태어나시고,
노자님은 2530년 전에 나셨으며,
부처님은 2600년 전에 나셨다 하나,
이것이 옳은 것인지, 저것이 그른 것인지는
인류의 역사를 보면 차차 이해하게 될 것입니다,"　　〈高僧傳〉

3-56. 3짇날 화전놀이하고 고기들을 토했다 (吐肉悲鳴)

주나라 향도이(香闍梨)는 익주사람이다.
매년 3월 3일이면 청성산 비부사에 올라가
술과 고기로 큰 잔치를 하는 풍습이 있었다.

그 날도 술, 고기를 가져와 큰 잔치를 베풀었는데
어떤 사람은 술이 취해 구덩이에 떨어졌고,
어떤 사람은 오리처럼 물속에 들어가 헤엄치며
수영하다 죽은 사람도 있었다.

사람들이 모두 놀라 절 밑에서는
짐승을 잡고 끓이고 먹고 노는 일을 하지 말아야 한다 하니
익주별가 나연조가 지공스님에게 가서 물었다.

"이 일들이 잘된 것입니까, 잘 못된 것입니까?"
"당장 사람들에게 물어 보고,
또 청성향사리에게 물어보면 알 것입니다."

"단월들이 멀리 와서 잘못을 저질렀다 하더라도
염불하고 참선하면 생사와는 관계없을 것입니다."
하고 그날 밤 단정히 앉아 열반하였다.

〈續高僧傳〉

3-57. 승찬이 법을 구하다 (僧璨求法)

진(陳)나라 승찬스님은
어느 곳 출신인지 알 수 없다.

처음 거사의 몸으로 2조를 뵈오니 성명을 묻지 않고
"어려서부터 질병이 있는데 참회하였느냐?
병이 있는 줄 알면 그 병을 이리 가져오너라."
"찾아도 죄가 없습니다."

"그렇다면 내가 너의 병을 치료하였다. 3보에 귀의하라."
"스님은 스님인 줄 아오나 어느 것이 불이고 법입니까?"
"마음이 곧 부처이고 마음이 곧 법이다. 알았느냐?"
"죄가 안에도 밖에도 있는 것이 아님을 알았습니다."

즉시 삭발시키고 옷을 갈아 입힌 뒤
"오늘부터 네 이름을 승찬이라 부르라.
2년 있다가 예로부터 전해 내려오는
옷과 발우를 너에게 주겠다.

본래 인연있는 땅에 종자가 꽃을 피우지만
꽃은 본래 나는 것이 아니다.
다시는 나지 아니할 것이다.
장차 법도에 가서 어려움을 겪을 것이니
완공산(皖公山)에 가서 몸을 피하라."　　　　〈傳法正宗記〉

3-58. 혜사의 깨달음 (慧思妙悟)

혜사스님은 범행이 청정하여
하루에 한 끼만 먹고 누워서 잠자지 않았다.
법화경 천 편을 읽고 나서는
좌선 송경으로 업을 삼았다.

고행 중 3생의 인과를 깨닫고
미륵과 함께 용화세계에서
전법하기로 작정되어 있었다.

석가 말법에 법화경 만난 것을 깊이 감사하고
기도 중 항상 병에 가득 찬 물을 마셨다.

한 천동이 주야 6시로 시봉하였는데
더욱 발심하며 용맹정진 하다 보니
걸음을 걸을 수 없었다.

'이 몸은 뜬 구름과 같은 것 반드시 없어질 것이다.
그래도 이 몸 있을 때 공부해야지.'
하고 법화삼매에 들어 한 생각을 통철하였다.

〈高僧傳〉

3-59. 지의대사의 깨달음 (妙悟法華)

진(陳)나라 지의(智顗)스님은
처음 혜사(慧思)스님을 찾아 뵙고 찬탄하였다.
"옛적에 영산에서 법화경을 함께 듣던 인연으로
지금 다시 만나보는 구나. 4안락행을 읽으라."

의가 법화삼매에 들었다가 3일 만에 일어나 법화경을 읽는데,
약왕품에 이르니 이것이 실로 진정한 정진이로다 하고
활연대오하니 영산회상이 눈앞에 선연하였다.

이에 혜사스님을 찾아뵙고 인사드리니
"네가 아니면 알 수 없고 내가 아니면 알지 못하리라."
하였다.
하루는 의가 정신을 차리고 보니 그 몸이 창해 위 바위 위에 앉아 뻗치는
손을 잡고 말했다.
"너는 이제 천태산으로 가라."
천태산에 이르러 정에 들었는데
"내 손을 잡은 것을 기억하고 있느냐!"
하여 정신을 차리고 보니 종소리가 온 산에 가득하였다.

그래서 그 곳에 암자를 짓고 살고 있는데
낙안령(樂安令) 원자웅(袁子雄)이 정명경을 설해 달라 하였다.
3도 법계를 타고 허공 가운데 나타나면
수십 명의 범승들이 맞아 기뻐하고
손에 향로를 들고 세 바퀴 돈 뒤 말했다.
"이것이 바라제목차이니 4종 삼매를 게을리 하지 말라."   〈六學僧史〉

3-60. 일곱 번 불러 도읍에 돌아오다 (七詔還都)

진(陳)나라 선제(宣帝)가 군신들에게 물었다.
"누가 진나라에서 가장 훌륭한 스님인가?"
"지의 스님의 선경(禪經)이 깊은 바다와 같습니다."

군신들이 함께 동애(東藹)에 이르러
예배드리고 청했으나 사양하였다.
이에 영양왕이 일곱 번 제(帝)의 글을 들고 찾았으나
가지 않다가 하는 수 없이 태극전에 이르러 말했다.
"옛날 조달이 6만 계경을 읽고도 지옥을 면치 못했는데
이제 임금님께서는 한 글귀를 듣고 아라한이 되었으니
어찌 더 말할 것이 있겠습니까."

드디어 광택사에서 대시주가 되어
대중들과 함께 보살계 받기를 청하니
이에 근기에 따라 만물을 위로하니 국토와 인민들이
촛불을 밝힌 듯 스승을 에워싸고 법문을 들었다.   〈高僧傳〉

3-61. 혜포스님이 정진속에 이몸을 제도하다 (惠布度生)

진(陳) 섭산 서하사 스님 혜포는
속성이 학(郝)씨이고 광릉사람이다.
어려서 혜원스님을 사모, 지극히 정진하니
군왕이 듣고 보기를 원했다.
"서방극락에 가서 연꽃 속에서 10겁을 즐기기 보다는
3도 고통을 구제하는 일이 급합니다."
하니

"나이 90에 걸음도 제대로 걷지 못하면서 먹지 않아
명이 장차 끊어질 정도에 이르렀으니 의사들을 보낸다."
해도 듣지 않았다.

심황후(沈皇后)가 향심(香潯)을 보내도 받지 않고
"오래 살기 원치 않습니다. 오늘 저녁이라도 죽어
다시는 생사가 없는 곳에 이르고자 합니다."

그날 밤 두 보살이 와서 생신과 법신을 모시고 갔는데
한밤에 앉았는데도 아는 사람이 없었다.

〈法苑珠林〉

3-62. 영장스님이 스님들을 제도하다 (靈藏度僧)

수(隨)나라 영장스님은 중국 사람이다.
생각이 고상하고 깊어 태조께서 소중히 여겼다.

고조께서 평민으로 계실 때 가까운 친구로 지냈기 때문에
남부로 이사 와서도 절을 짓고 불법을 소중히 여겨왔다.

경도에 계실 때도 절 가까운 곳에 홍선사(興善寺)를 짓고
여러 차례 찾아뵙고 좋은 음식과 의복들을 비밀리
봉송하게 하였다.

특히 나라에 중요한 일이 있으면 묻고 답하였는데,
율사도인이 천자께서 세속 떠나 있는 것을
좋아 하지 아니하였으므로
엄격히 사람들의 출입을 금지하였다.

제왕께서는 그러면 그러 할수록 착한 제자들을 보내
악인들이 가까이 하지 않도록 경계하였으니
역경사업에 지장이 있을까 염려하였기 때문이다.

〈高僧傳〉

3-63. 각주에 탑을 세우다 (諸州起塔)

수나라 황제가 옛날 잠룡시대에 계실 때
스님들을 뵙고 사미에 대하여 관심을 가졌다.
"단월이 부처님 사리에 공양하고자 하니
있는 대로 모아 주십시오."

담천(曇遷) 스님이
"법신은 수를 헤아릴 수 없으니
지선(智仙)에게 부탁하여 불법을 일으키게 하옵소서."

후주(後周)에서 불법을 업신여긴 뒤로
수나라 황제가 불법을 다시 일으키고자
곳곳에 있는 사리를 30알 정도 모아

상자를 아름답게 꾸미고
제국(諸國) 30곳을 정하여 탑을 세우고
예배 공양하니 바른 법이 다시 나타나
모든 스님들을 받들고 공양하였다.

〈法苑珠林〉

3-64. 진왕이 계를 받다 (晉王受戒)

수나라 진왕이 지의 선사에게 계를 받기를 원했다.
"제자가 일찌기 쌓은 선행에 의하여 제왕가에 태어나서
교풍(敎風)을 점점 일으키고자 하는데
자신부터 계를 받고 지켜 사해에 본이 되고자 하오니
만행(萬行)의 기본이 되는 계를 내려주옵소서."

"집을 짓는 데는 터를 닦는 것이 중요하니
능인(能仁)화상과 문수사리께 고하여
법답게 수계식이 이루어지도록 부탁드립니다."

"운무를 헤치고 번뇌를 녹이는 데는 천승(千僧)의 회식과
보살계가 법 답게 이루어져야 하니 심히 칭찬해야 할 일입니다.
임금님이 모범을 보이면 백성들이 모두 따라 행하기 때문입니다.
그러므로 법명을 총지(總持)라 짓습니다."　　　　　　　〈高僧傳〉

3-65. 승니가 되기를 권하다 (勸度僧尼)

개황 7년 가을 짐이 말했다.
"짐이 듣건대 담천(曇遷)법사가 묘인(妙因)을 닦아 부지런히
도교를 호지하고 바른 법으로 세상을 이익되게 하면서도
석씨의 동량을 세우게 되니 인륜도덕이 용상(龍象)과 같도다.

불법의 흥왕은 승려의 수에도 무시할 수 없도다.
주나라 무제가 삼보중승을 삭제하여 출가를 금하였으니
다른 곳에서는 보기 드문 일이다.

그러나 스님들을 사사로이 스님되는 것을
주의를 시켜야 합니다.

모든 스님들이 산사에 들어가 일정기간 동안 수행한 다음
각 사찰을 맡아 국민들을 다스리게 하면
국법이 아니어도 민심이 저절로 순화될 것으로 사료된다."

하며 많은 스님들이 법도에 맞도록 닦고 익힌 뒤 출가
수계하였으므로 수나라의 불법이 새롭게 발전하게 되었다.

〈續高僧傳〉

3-66. 재물을 버리고 스님이 되다 (棄財爲僧)

수나라 도선(道仙)스님은 어려서 이곳 저곳을 돌아다니며
스님들을 만나 설법을 즐겼는데 재물을 강물에 빠뜨리고
양치질 하고 죽림사에 출가하여 낙발(落髮)한 뒤
대중 앞에서 선언하였다.

"내가 만약 도를 깨닫지 못하면 결코 산문을 나서지 않으리라."
하고 암자를 걸고 선정에 들어
5일 동안 꼼짝 달싹하지 않았다.

그 때 객이 와서 소리치자 깜짝 놀라 일어났다.
"앉았을 때 기분이 어떻습니까?"
"허공과 같습니다."
"객이 왔을 때는?"
"기우재 지내러 온 사람이 용굴에 들어간 것 같습니다."

막대로 상 바닥을 내려치고는 물었다.
"깊은 잠에 빠졌을 때는?"
"검은 구름이 사방에서 몰려와 큰 비가 내리는 것 같습니다."

수나라 촉왕이 법문을 듣고
크게 감동하여 거국적으로 환송하였다.

〈高僧傳〉

3-67. 독주에도 죽지 않았다 (毒酒不死)

수나라 동진스님은 면주사람이다.
예도에 걸림 없이 음주를 즐기며 왔다 갔다 하며
아무데나 코 풀고, 똥오줌을 누었다.
"여기야 말로 현우(賢愚)를 가리기 어렵도다."

주나라 무왕이 동정(東征)에 나갔다가 이 광경을 보고
"복두철성(馥頭鐵猩) 벌들이 칡넝쿨에 집을 지은 것 같도다.
저렇게 되면 창병이 생겨 꼭 죽고 말 것이다. '

관인이 통하였다.
"한 잔 술은 술이 아니고 한 되를 마셔야 해성(解醒)한다."
"많고 작고 가릴 것이 없다. 약도 되고 병도 되기 때문이다."

여러 사람들이 듣고 한 바가지씩 마시고 도망쳤다.
"이런 경우는 살인이 나도 어찌 할 수 없다."
"독주를 마시고도 죽지 않는 사람이 있습니다.
몸에서 이상한 향기만 날 뿐 술기운이 전혀 나지 않습니다."
하였다.

〈續高僧傳〉

3-68. 맑은 개울이 땅이 되다 (淸溪成地)

수나라 관정스님이
섭정사(攝靜寺) 혜증(慧拯)법사를 만나 출가했다.

세상을 싫어하는 마음이 지극하여
천태지의 대사의 대를 이은 광택율사에게 이력을 보고
인가를 받은 뒤 명산을 향해 삼궁(三宮)에 쉬고
구향(九向)에 올라 법문을 듣고 깨달음을 이루었다.

지자대사가 법화경으로 발심하고
원돈지관(圓頓止觀)으로 사염처(四念處)등 지관으로
법문을 비를 쏟아붓듯 하였다.

마치 낙안, 남령, 안주, 벽수, 청계가 흘러내려
거울 속에 나타나 그림자처럼 선명하시니
지혜의 비가 쌍으로 내려 화장장엄세계를 이루었다.

임종에 이르러서는 아미타불을 염하였는데 특이한 향기가
몸 안에 감돌 때 단정히 앉아 열반의 길에 들었다.

〈高僧傳〉

3-69. 지조스님이 용을 보다 (智璪見龍)

수나라 지조스님은
속성이 장씨로 임해(臨海)사람이다.
안정사 혜빙(慧憑) 법사의 제자가 되어
지자의 법문을 들었는데 바로 사람의 마음을 가르쳤다.

2·7일 동안 법화참을 하고나니
앉아서 머리 아홉달린 용이 땅에서 솟아났다.

보림사에 들어가 처음 법화참을 하려고 하는데 어떤 스님이 물었다.
"너는 누구냐?"
"저는 원래 간등경(看燈經)을 보았습니다.
밤이면 혜성선사의 법문을 들었습니다.

옛날에는 밤이면 귀신 소리를 듣고 따라다녔는데
회계도를 가다가 효협촌에서 걸식하는 사람이 주는
약을 먹고 토사곽란을 하였는데
그 뒤 차차 몸이 좋아졌습니다.

누가 무슨 약을 먹고 좋아졌느냐 물어도
거기에 답변을 할 수 없습니다."

〈高僧傳〉

3-70. 지흥이 종을 쳐서 고통중생들을 구하다 (智興扣鍾)

수나라 스님 지흥(智興)은 겸손하고 절약하며
빛나는 지조로 송경, 주문을 아침저녁으로 쉬지 아니했다.

대장엄사에 살면서 유나직을 맡아
종치는 일을 5년이나 하였다.
종형이 강도에서 살다가 죽어서 부고가 왔다.

그 처가 꿈을 꾸어 말했다.
"내가 평성에서 병들어 죽어 지옥에 갔는데
장엄사에서 같이 종치던 인연으로
다 같이 즐거운 곳에 태어나

그 은혜를 갚고자 비단 10필을 보낸다.
나의 뜻을 아내에게 알리어도 믿지 않거든
무당에게 가면 알 수 있을 것이다."

과연 무당이 꿈속의 말과 같이 조금도 틀리지 않게 하므로
여름 겨울에 관계없이 종을 치며 고통중생들의 해탈을 빌었다.

　　願此鍾聲遍法界　鐵圍幽暗悉皆明
　　三途離苦破刀山　一切衆生成正覺

〈六學僧史〉

3-71. 현완이 계를 권하다 (玄琬勸戒)

당나라 현완스님은 글씨를 잘 썼다.
황태자가 말했다
"지금 경 가운데 중요한 것을 네 가지를 나누어서 간추려 보니

첫째는 열반, 범행의 글들을 이끌어 사람을 이끄는 것이 좋겠고,
둘째는 유례(儒礼)에 없는 과다한 살생법을 금하여 자비를 베푸는 것이 좋
　　　겠으며,
셋째는 봄철에 방생하여 모든 생명을 번성하게 하는 것이 좋겠고,
넷째는 저 경에 있는 것과 같이 1년 3개월 6재일을 지켜 재계(齋戒)를 청정
　　　히 하는 것이 좋겠습니다.

이에 스님께서 경 가운데 3보 찬양법과
극락왕생의 좋은 일을 하는 사람들을 추천하여
국왕께서 내내 상벌(賞罰)을 실천하는 것이 좋겠습니다."
하여 거국적으로 일을 실천하였다.　　　　　　　　　　〈高僧傳〉

3-72. 세 번 불렀으나 나아가지 않았다 (三詔不赴)

당나라 4조 도신스님은 기주 사마씨(司馬氏)다.
처음에 사미가 되어 서주 완공산에서 3조를 뵈니 물었다.
"그대의 원은 무엇인가?"
"해탈하는 법문을 일러주십시오."
"누가 그대를 묶었는가?"
"묶지 않았습니다."
"그렇다면 무엇 때문에 다시 해탈 법문은 구하는가?"

말 아래 깨닫고 10년 동안 고요히 선을 닦다가
후에 의법(衣法)을 받고 길주사에서 도적을 만났다.

70일 동안 물을 마시지 못하고 감금되어 있었는데
주문을 외우니 우물에서 물이 솟았다.
사자가 머리를 조아려 예배드리고 도적들이 물러가자
홀로 황매산에 들어가 30년 동안 함께 살면서
맹수들에게 계를 주었다.

자사 최의현이 듣고 친히 뵈 온 뒤 태종에게 진언하니
정광종에 3번이나 불렀으나 가지 않자
"만약 나오지 아니하면 머리를 잘라 오너라."
하며 임금님을 대신하여 말하니
그만 머리를 내놓았으나 차마 치지 못였다.
"진실로 보배로다."   〈傳燈錄〉

3-73. 법림이 대화하다 (法琳對詔)

당나라 태사 부혁(傅奕)이 폐불(癈佛) 11조를 발표하였다.
"경중에 요사(妖邪)한 말들이 많으니
나라와 가정에 도움이 되지 않는다.

삿된 마음으로 불교를 믿는 사람들은
천축으로 보내 돌아오지 못하게 하라.
부모에게 불효하고 군신을 따르지 않는 종교가
무슨 이익이 있겠는가?"

법림스님이 임금님께 말씀드렸다.
"지극한 도는 말이 없고 모양이 없습니다.
사취(四趣)중생이 망망(茫茫)하여
구류(九類)에 표유하고 있으므로 성인께서 출세하여
안은(安隱)의 길을 열어 놓으신 것입니다.

그러므로 사친출가(辭親出家)하여
하염없는 도를 닦는 스님들을
효례(孝礼)에 어긋난다 말씀하지 말아 주십시오.
작은 지혜로 큰 지혜를 닦는 것은
옳은 일이 아닌 것으로 압니다."

임금님이 다시 말이 없었다.

〈釋氏通鑑〉

3-74. 혜승이 임금님을 만나다 (慧乘對詔)

혜승스님은 무덕 8년 학술발표대회에 나가
임금님이 보는 자리에서 삼도(三都)의 재학(才學)들과
구름처럼 모여 토론하게 되었다.
임금님께서 말했다.

"노자의 교와 공자의 교는 이 나라에서 나왔으니
마땅히 신앙하여야 할 것이나,
불교는 외국에서 온 종교이므로 그 내력은 모르는 것이다."

"위 없는 깨달음의 교를 아뇩다라삼먁삼보리라 하는데
누구나 깨달으면 위 없는 정진도(正眞道)를 알 수 있습니다.
이것을 체험하기 전에는 크다 작다 말할 수가 없습니다.

처음 불교가 들어 온 지 20여 년 후
임금님들께서 그 진위(眞僞)를 논하고자
3백여 년 동안 논의 하였으나
아직까지 결론을 내지 못하고 있습니다.

이는 분명 부처님처럼 깨달음을 체험한 사람이
판단할 일이 되기 때문입니다.

기라성 같은 학자들이 구름처럼 모였으나 누구도 그 깨달음이 철저하지 못
하여 위없는 정진도(正眞道)에 대해서는 말 한마디 하지 못하고 헤어졌다.

〈高僧傳〉

3-75. 내덕론을 짓다 (內德論)

당나라 태사 부혁이 상소하였다.
"이사정(李師政)이 지은 내덕론에
만약 10력(力) 조어사(調御師) 법을 알지 못하면
3계 화택(火宅)의 고뇌를 벗어나기 어렵다"
하였고

"6경(經)으로서도 막지 못하는 악법을
인과의 법칙으로 쉽게 다스려 사회의 악을 없앨 수 있다."
하였으며

"유교의 4서 5경이 경세(經世)의 지침은 된다고 하더라도
진망(眞妄)의 세계는 벗어나기 어렵다 하였으니
널리 선(善)을 펴고 형벌을 경계하며
깨달음을 일으키도록 하는 것이 옳지 않을까 생각 합니다."

그 뒤 나라에서는 유 · 불 · 선 3교의 이치를 깊이 있게 탐구하며 천가(千家)의 선을 지켜 나갈 수 있도록 하였다.

〈釋氏通鑑〉

3-76. 법융이 짐승들을 가르치다 (法融馴獸)

당나라 법융스님은
한림분전(翰林墳典)을 탐색하고 탐색하며 말했다.
"유도는 속문(俗文)이라
반야지관(般若止觀)을 꿰뚫지 못하고 있습니다."

하고 경법사(炅法師)를 의지하여
배를 타고 유두산 유서사(幽棲寺)에 따로 선실을 짓고
밤낮없이 사색하였다.

주위 10보 이상을 걸으면 큰 뱀이 나타나
밤낮없이 머리를 들고 스님의 행동을 관찰하였다.
백일이 지난 뒤에는
호랑이 한 마리가 왔다 갔다 하면서 지켰으며

사슴 떼들이 주위에 엎드려 스님의 법문을 듣고
먹을 것과 마실 물을 가지고 왔다.
그로부터 그 동쪽에서는 맑고 깨끗한 약수가 흘러 내렸고,
그 물을 마시면서 7일 동안 법화경을 듣고 나와
시내에 건초사(建初寺)를 짓고 항상 법문을 들었다.

그 산에는 언제나 산천에 뱀과 호랑이,
날새들이 그치지 않고 와서 법문을 듣고 모두 해탈하였다.

〈高僧傳〉

3-77. 도상을 철거하다 (道像摧毀)

당나라 보경(寶瓊)스님은 속성이 마씨(馬氏)로
면죽현(綿竹縣)사람이다.

익주 복수사에 출가하여 청탁(淸卓) 검소한 생활로
날마다 반야경 외우는 것으로 업을 삼았는데 멀리서
그 소리를 들은 사람들이 4방에서 흠경(欽敬)하였다.

그런데 하루는 이씨 제족(諸族)들이 와서 물었다.
"왜 천존(天尊)에 예배드리지 않느냐.
정사(正邪)가 다른 게 아니냐?"
하면서 노군(老君)들이 말이 많았다.

"내가 예배드리지 않는 것은
이름을 욕되게 하는 것이 아니라,
주위 만물을 흔들지 않게 하기 위해서다.
하늘은 맑고 밝고 평화롭지만
바람은 헤아릴 수 없기 때문이다.
흔들리는 것이 없어지면
도속이 하나 되어 평화롭기 때문이다."

사람들은 모두 뜻을 모아 보경스님을 존경하고 사랑하였으며
반야의 무상(無相)도리는 소박한 인심을 계승하게 되었다.
특히 스님은 도민들에게 계(戒)를 주어
온갖 시비를 떠난 삶을 살게 되었다.　　　　〈法苑珠林〉

3-78. 불도가 도교와 논하다 (智實上諫)

당태종이 도교를 먼저 놓고 불도를 뒤에 하여
어디를 가든지 선후를 분명하게 하였다.

태평연간에 포유방(蒲柳方)에
성명(聖明)을 밝히는 논전이 이루어졌는데
아버지와 자식, 임금과 신하가 논쟁하여
일찍이 출가하는 것을 막았다.

조상을 섬기는 풍습 때문이었다.
또 나라와 가정을 다스리는 복장이
유불(儒佛)이 사뭇 달랐기 때문이다.
그래서 관청에 가서도 유도는 문 위에 서고
불승은 문 아래 섰다.

그런데 도교인들을 보니
늘 조상을 섬기는 것 보다는 귀신을 섬겼으므로
허망한 풍습이 있다하여 그 다음 부터서는
불승은 앞자리에 서고 도유는 아랫자리에 서서 행사하였다.

특히 3자의 복식을 보고도 거만을 피우는 자들이 있었는데,
그 뒤 부터는 그러한 폐단이 없어지게 되었다.

〈佛道論衡〉

3-79. 황건적들이 비방하다 (黃巾誣榜)

당나라 황건 진세영(秦世英)이
협방술(挾方術)을 가지고 일어나
불교도들을 음해하고 비방하였다.

황제가 보는 앞에서 법림(法琳)이 정론을 펴자
무리로 함께 모여 망신을 주기를 황소머리에 쥐꼬리와 같다 하였다.
"노자는 도덕이 풍부하여 만백성을 풍요롭게 합니다."
하자 법림이 말했다.

"우리 부처님은 깨달은 사람이라 일체중생을 깨닫게 합니다. '
"무엇으로 깨달음을 알게 합니까?"
"노자는 자연으로 깨침을 주었지만
부처님은 스스로 그 마음을 깨닫게 하였습니다."

임금님이 듣고
"황건의 학술은 도끼 칼과 같고 정림스님의 논리는
충직(忠直)하여 한 가지도 손상할 것이 없다."

하니 도사들이 슬피 울었으나,
황제 또한 그들에게 죄를 주지 않고
자신을 통찰하도록 훈령하였다.

〈釋氏通鑑〉

3-80. 법순스님이 비를 빌다 (法順祈雨)

당나라 법순스님은 성이 두씨(杜氏)다.
옹주 만년현 사람으로 품성이 부드럽고 평화스러웠다.

18세에 인성사(因聖寺) 승진(僧珍)스님에게 정업(定業)을 닦고
화엄법계관 제자 지엄전(智儼傳)을 본받아
항상 돌아다니면서 경전불사를 500인에게 권하여
수많은 사람들이 왕래하자 선순스님이 "두려움이 없구나"
칭찬하였다.

스님이 다니는 곳에는 일체 벌레가 성하지 않고
벌레들이 모두 다른 곳으로 이사하여 농부들이 좋아하였다.

정관년중(貞觀年中)에 크게 한발이 와서 사람들이 살기 어려웠는데
스님께서 중림산 두순화상(杜順和尙)의 본을 받아 기도하니
큰비가 내려 강산을 흠뻑 적셨다.

태종이 사신을 보내 감사하고
무초암(蕪草庵)을 지어 보시하셨다.

제심(帝心)선사란 조사이름을 내렸다.

〈比塔銘〉

3-81. 통혜스님이 신통을 부리다 (通慧神異)

당나라 통혜스님은 옹주 경양사람이다.
30세에 출가하여 정처 없이 돌아다니다가
태백산에 들어가 양식이 떨어지면
나무, 풀, 흐르는 물로 의식을 삼고
나무에 앉아서 5년 동안 선을 닦았다.

나무 치는 소리에 놀라 깨닫고 율장을 보고
대승율장이 허탕(虛蕩)한 것임을 깨달았다.
누더기를 입고 짚신을 신고 20년 동안
봄, 여름, 가을, 겨울 계절에 관계없이 길거리에서 보냈다.

누가 들어도 이해 할 수 없는 말과 행동을 하고
그러면서도 어느 무엇에게도 걸림이 없는 생활을 하였다.
5곡을 먹지 않고 채소를 생으로 먹으며 살았다.

좌복 사방 현령이 듣고 이상히 생각하여 맞아
부모님처럼 존중하니 도를 깨달아 모양에 걸림없이 말하였다.
현령이 스님의 이야기를 현인에게 하자
보든지 안보든지 조양의 모든 사람들이
그를 존경하여 사랑하였다.

사람들이 갖가지 음식으로 공양하면
신시(信施)를 버릴 수 없어 받는다고 하면
사람들이 보고 모두 기쁘게 웃어 근심걱정이 없어졌다. 〈法苑珠林〉

3-82. 자장이 금수를 감동시키다 (慈藏感禽)

당나라 승통 자장은 신라 사람이다.
어려서 세상을 싫어해 명예와 벼슬을 떠나
홀로 외로운 곳에 들어가 선을 닦았다.

호랑이가 옆에 와도 피하지 않고 계율을 철저히 지키니
식량이 떨어지자 새들이 과일과 식량을 물어왔다.

깊은 굴속에 앉아 있으니 사람들이 와서 물었다.
"그렇게 있다가 죽으면 무엇 할 것인가?"
"계를 지키다 죽으면 그만입니다."
"우리들은 도리천에서 왔는데 그대에게 계를 주십시오."

그때가 정관년 중인데 당나라 서울에 이르러
모여온 사람 천여인들에게 계를 주자
눈먼 사람은 눈을 뜨고 병든 사람은 곧바로 병이 나았다.

운제사에서 3년을 살고 있는데
큰 귀신이 금련을 가지고 와서 본국으로 모시고 갔는데
나이 80세에 본국에 돌아와 국왕의 청을 따라
황룡사에서 7일 7야 동안 보살계를 설하니
하늘에서 꽃비가 내리고 운무가 끼이더니 갑자기 서거하셨다.

〈法苑珠林〉

3-83. 국청사의 세성인 (國淸三聖)

당나라 풍간(豊干)스님은 천태산 국청사에 살았는데
머리는 늘어뜨리고 눈썹은 가지런히 하고
포대하나를 걸치고 호랑이를 타고 출입하였다.

한산자도 천태산 한암(寒岩)에 살았으며
습득은 풍간선사가 적성로(赤城路)를 지내다가
10세 정도 어려보이는 아이를 데리고 와
3년 이상 식당주변에 떨어져 있는 찬밥 찌꺼기를
주워 먹으며 살았다.
올 때나 갈 때나 장대 하나를 들고 "아무개야" 하고 부르면
"예"하고 대답하며 낄낄 웃었기 때문에
소리지르며 야단치며 박장대소하였다.

하루는 태주지사가 길거리에서 만나 풍간에게 물었다.
"어디로부터 오느냐?"
"국청사에서 옵니다."
"천태스님을 보았느냐?"
"한산에는 문수가 숨어 있고, 국청에는 보현이 살고 있습니다."
 하여 가서 보면 언제나 빈방에 호랑이 발자국만 가득하였다.

"다들 어디를 갔을까?"
낮에는 대중의 방아를 찧고 밤에는 노래 부르고 이렇게 한산과 습득이는 부
엌 앞에서 두 사람이 불을 쪼이며 깔깔 웃고 있다가 풍간이 혀를 널름거리
면서 "아미타불"하고 절하면 손잡고 웃으며 한 밤을 향해 가면서 한 수 씩
시를 지으며 나뭇 잎사귀에 글을 써 놓았는데 그 숫자가 3백수나 되었다.

〈佛祖統紀〉

3-84. 아미타불 정업을 권하다 (勸修淨業)

당나라 선도(善導)법사는 어느 곳 사람인지 알 수 없다.
정관중에 서하(西河)에 탁(綽)선사가 9품 도량을 만들어
관경(觀經)을 독송하니 크게 기뻐하며 말했다.
"이것이야 말로 진실로 부처가 되는 길이다."

이 관문(欄門)을 닦아 속히 생사대해를 벗어 나리라 생각하고
밤낮 없이 예배 송경하였는데 얼음 속에서도 땀이 뻘뻘 흘렀다.
"여러분 계를 지키고 절하며 염불하세요."
하고 그는 장안에 이르러 미타경 10만 권을 써
보는대로 도속(道俗)에게 전했다.

이렇게 30여 년 동안 잠시도 누워 자지않고
반주삼매(般舟三昧)에 들어있었다.
드디어 쓴 글이 50만 권에 이르고 염불자가 6만 명에 이르니
"이것이 바로 염불삼매요, 생사해탈이다."

하고 입에서 큰 광명을 쏟으며 계피(鷄皮) 학발(鶴髮)로 용걸음을 걸으며
말했다.
"금옥(金玉)이 만당(滿堂)한들 어느 누가 생사를 벗어나리......"하고 높은
나무에 올라가 몸뚱어리는 떨어뜨리고 그대로 학처럼 날아가 버렸다.

〈佛祖統紀〉

3-85. 현장법사가 경전을 구해오다 (玄奘取經)

당나라 스님 현장은 3장 법사라 부른다.
정관 3년 조영단신(弔影單身)으로 성인의 자취를 찾아
경읍(京邑)에서 시작 사주(沙柱)를 건너
험색(險塞)한 고창(高昌)을 지나다가
고창왕이 노자를 보내 돌궐(突厥) 계빈(罽賓)에 이르니
호랑이가 길을 막았다.

하는 수 없이 문을 닫고 단정히 앉아 있으니
한 노인이 예배하며 반야심경을 외우라 가르쳐 주었다.
그래서 반야심경을 읽었더니 갑자기 산천이 평지와 같이 되어
드디어 호랑이와 마귀의 길을 벗어나
불국토에 이르러 부처님의 경전과 불상을 짊어지고
우진국으로 돌아왔다.

경전의 수를 헤아려 보니 150여 국을 19년 동안 보았는데
옥화사에 머물며 경전을 번역하여 총 1,330권에 이르렀다.
"유위의 법(有爲法)은 결국 마멸되고 마니 누구든 의심이 있으면 물으라.
이 일은 스스로 알아 쫓을 뿐이다."
하고 오른 손으로 베개를 하고 왼손을 다리 위에 올려놓고
마치 두 달이 서로 얽혀 빛나는 것 같이 하고 갔다.

온 동네가 향기로 진동하며 백록산(白鹿山)에 장사지냈다.

〈高僧傳〉

3-86. 규기의 세 수레 (窺基三車)

당나라 규기스님은 성이 울(蔚)씨다.
아버지는 금오장군(金吾將軍)으로 개국공신이다.
여러 곳을 돌아다니며 경전을 읽히다가
아버지를 따라 현장법사를 뵙고 출가하였다.

"아이가 추례한데 괜찮겠습니까?"
"장군이 아니면 병졸을 가리지 못하듯
장(奘)이 아니면 그 뜻을
알지 못합니다.

첫째, 출가자는 정욕을 끊어야 하고
둘째, 하루에 한 끼만 먹어야 하며
셋째, 피나는 정진을 해야 합니다."
과연 그는 자은사(慈恩寺)에 이르러서 현장 법사의 대소관(大小觀)과
갖가지 소초(疏抄)를 물어 정통한 뒤 미륵상생경소를 지었는데
그때 사리가 27알이나 나왔다.

"누가 이 수레를 탈 수 있습니까?"
"집안 사람들이지요!"
"법이 심히 깊고 깊어 따르기 어려울 것으로 압니다."
"한 생각 깨달으면 전비(前非)가 없어집니다."
알고 보니 그 노인이 문수보살이었다.

본사에 돌아오니 선율사(宣律師)는 매일 공양을 받고 있었다.
그런데 그날은 천신이 오지 않아 물으니
"금강 신장들이 주욱 늘어서 있으므로
무서워 뚫고 들어오지 못했습니다."
그래서 도력의 차이를 신장으로서 구분하였다.   〈高僧傳〉

3-87. 천세 보장스님 (寶掌千歲)

천세 보장스님은 중인도 사람이다.
태어나면서부터 왼쪽손이 펴지지 않아
7세에 출가, 이름을 보장이라 하였다.

동한천제(東漢天帝) 건안 24년 중국으로 와
위나라와 진(晋)나라 사이에서 수행하고 있었는데
불현 듯 촉(蜀)나라 보현보살이 뵙고 싶어 아미산에서 올랐다가
다시 5대산에 가서 문수를 뵙고 반야경을 외웠다.

피곤하여 잠시 쉬고 있는데 한천(寒泉)에서
한 귀신이 나타나 울부짖었다.
그래서 여산을 찾았다가 진랑에서 달마를 만났는데
정원에 글이 있었다.

　梁城遇導師　參禪了心地　飄零二淅遊　更盡佳山水
4백주를 거쳐 드디어 포강(浦江) 보엄사에 이르러
그 손으로 9일 만에 한 상을 이루니 혜운(慧雲)스님이 물었다.

"그게 누구의 상입니까?"
스님이 목욕하고 단정히 앉아 있으니
"스님과 조금도 다름이 없습니다."
"내가 사바세계에 온지 1072년이 되었다.
이제 내가 가게 되었으니 나의 계송을 읊고 서거하였다.

　本末無生死　今亦示生死　我得去住心　他生復來此

〈稽古畧〉

3-88. 법충스님이 식량을 구해오다 (法沖化糧)

당나라 법충스님은 정관 초에 중죄를 범하여 죽게 되었는데
다행히 사면을 받아 삭발하였다.

역양산(嶧陽山)에는 많은 도피승들이 모여
자금을 구하기 어려웠다. 백주의 제상이 말했다.
"죽을 죄를 지은 사람이라도 충신당이 담당하여
쌀 10말씩을 주도록 하라."

이렇게 해서 40여 사람이 몇 년 동안
순순히 대승불교와 선학업(禪學業)을 닦을 수 있었다.
법충스님이 물었다.
"부족하지 아니한가?"

"도 닦는 사람은 부처님의 은혜 속에서 어느 곳을 가더라도
걱정 없다. 옛날 깊은 산 호랑이 굴속에서도 살았는데
이 곳에서는 다니며 법을 펼 수 있으니
이 보다 더 다행한 일이 어디에 있겠는가?
현장법사는 옛날 구경(舊經)을 가지고도 공부하였는데...."

지녕(至寧)스님이 말했다.
"스님이야 말로 널리 경을 펴고
법을 옹호하는 의사와 같습니다.
법계의 두타(頭陀)가 따로 있겠습니까.
저희들은 어느 것에도 걸릴것이 없습니다."　　　　〈神僧傳〉

3-89. 천인들이 시위하다 (天人侍衛)

당나라 도선율사의 성은 전씨(錢氏)다.
장성사람으로 지군(智頵)율사에게 가르침을 받았다.

멀고 가깝고 거칠고 세밀하고 구분하지 않고
공원(功願)따라 유행하다가
마침내 종남산에 이르러 정혜(定慧)를 닦았는데
샘물이 떨어지자 수신(水神)이 우물을 파 솟아오르게 하였으므로
그 절을 백천사(白泉寺)라 부르게 되었다.

운실산(雲室山)에 사는 사람이 보니 천동들이 급시(給侍)하는데
밤이면 서명사에서 밤에 땅을 밟지 않고
허공을 걸림 없이 걷고 있었다.

도선이 소년에게 물었다.
"네가 누구냐?"
"비사문 천왕의 아들 나탁입니다.
법을 보호하기 위해서 화상을 받들어 온지 오래되었습니다."
하고 절을 하였다.

이에 스님은 광홍명집과 속고승전 3보록, 갈마계소, 행사초 등
2백여 권의 책을 읽으며 3의 1식으로 살았다.
그 가사는 저절로 굴러다니는 초목으로 얼기설기 지어 놓으니
사람들이 보고 부처님 당시 빈두로 존자가 오셨다고 찬양하였다.

〈高僧傳〉

3-90. 임금님께 글을 올리다 (上表不拜)

당나라 대장엄사 위수(威秀)스님은
박달다능(博達多能)하여 강의 전법으로 업을 삼고 있었다.

뜻이 용맹하며 온갖 위의(威儀)와 서예, 언어에 까지
총명예지하여 천황(天皇)에 까지 알려졌다.

용식 2년 4월15일 천황이 즉위하면서
모든 시민과 관료들에게 예배드리게 하자 도교스님들이
"이것은 군왕이 지나치게 거만한 것이다."
사표하자 스님들은 역대 모든 제왕들의 취임식에
승속이 함께 한 도면을 그려

부처님도 정반왕께 예배하지 않은 사실을 떠올리면서
그것은 사람을 존경하지 아니해서가 아니라
진리가 부처님보다 더 위대하므로
많은 스님들이 황제에게 예배드리지 않게 하였다.

이 문제는 후대에서도 여러 차례 제기되었으나
서명사와 상의(商議)에서 의논하며 전 국가적으로 실천하였다.

〈高僧傳〉

3-91. 의문을 널리 펴다 (儀文行布)

당 장안 법해사 영선사(英禪師)는
함형 2년 3월, 어느날 밤 어떤 사람이 와서 말했다.
"제자는 수륙재를 알고 있습니다.
유명세계를 구하는 좋은 방편입니다.

양무제께서 돌아가신 뒤 지금까지 행해지지 않고 있는데
지금 대각사에 있는 것을 오승(吳僧) 의해(儀海)가
수장한 의문(儀文)을 드리오니
오는 15일 산북사(山北寺)에서 법답게 수륙재를 행한 다면
반드시 폐하께서 좋은 일이 생길 것입니다."

영선사가 이 말을 대각사에 알려 산북사에서 큰 재를 베풀었다.
그날 저녁 또 이상한 사람이 10여 명을 데리고 와 감사하였다.
"제자는 진나라 장양왕입니다."
그 때 범양후가 말했다.
"여기 있는 사람들은 그때 모두 진왕의 신하들입니다.

모두가 죄를 뒤집어 쓰고 음부에 들어가
구조 될 것을 기약할 수 없었으나 양무제가 금산사에서
이 재를 배풀어 주왕(紂王)의 신하들이
고통을 면하게 되었습니다.

제자가 그 때 잠시 휴식을 취하게 되어
연락하여 그 무리들과 열국의 제후들이
모두 선력을 의지하여 인도환생하게
되었으므로 알려드립니다.
다음에도 이 책을 잘 보급하여
세상에 이 의식이 널리 행해지기를 바랍니다."　　　〈稽古畧〉

3-92. 사주승가 (泗州僧伽)

사주승가 스님은 처음 쇄엽국(碎葉國)에 있다가
서량 용식 초 낙양에 나타났다.

어떤 사람이 물었다.
"스님의 성은 무엇이며 어느 나라 사람입니까?"
"측천후 만세통천 원년 번승(番僧)과 즐겁게 살다가
초주(楚州) 용흥사에서 살기도 하였다.

때로는 연좌(宴坐)하고 때로는 깊은 방에 들어 앉아 좌선하고
때로는 지팡이 짚고 먼 길을 돌아다니며
환자들을 살피고 때로는 불자(拂子)를 들고 궁중에도 들렀다.

중종 경흥 초에는 삼태(三台)의 제자들과 3태에 대한 문답을 하며
모두 일심에 들어가게 하였다."

천부사 있는 곳에 수개월 동안 비가 오지 않아
내전에 들어가 기우(祈雨)하였는데 검정 구름이 일어나
임금님께서 크게 기뻐하고 동행하신
도례, 범혜, 안목차 세 시자에게까지 보광왕사에 살게 하였다.

선화원년 3월 경도에 큰 물이 나서 고기와 용, 자라 등이
마을까지 올라왔을 때도 이들 스님들이 분향 하고 송경하여
재앙이 소멸하였다.   〈佛祖統紀〉

3-93. 만회가 하루에 만리를 돌아오다 (萬里日回)

당나라 만회(萬回)스님은 합향(閤鄕)사람이다.
속성은 장씨인데 어머니가 관세음보살님께 기도하여 낳았다.

형님 장회와 함께 암서지방으로 노역나가 소식이 끊어져
부모님들께서 매일 눈물로 세월을 보냈다.
"형님이 하는 일은 의상과 식향이라 따로 걱정하지 마십시오.
만약 생각만 하면 하루 아침에 왔다 갈 것입니다."

이와 같이 한 집 식구가 하는 일이 각기 달랐는데
하루는 저녁에 떠났는데 만리를 아침에 찾아와 인사드리고 갔다.
"안서지방에서 만리를 관리하고 있으니 걱정하지 마십시오."
하고 만리 길을 하루아침에 왔다 갔다 하였다.
그래서 호가 만회(萬迴)가 되었다.

현장법사가 인도에 가서 대장경
을 모셔 올 때
수천 권의 책들을 서재에 실어
놓으니
관세음보살이 하루아침에 옮겨
준 것과 같았다.
모두 이것은 관음보살 가피였
다.

〈神僧傳〉

3-94. 7세에 옷을 전해 받다 (七歲傳衣)

당나라 홍인스님은 기주 황매현 사람이다. 성은 주(周)씨 인데
어머니가 잉태할 때 입에서 이상한 향기가 진동하였다.

어려서부터 성품이 총명하여 한번 들으면 모든 것을 외워버렸다.
상 보는 사람이 홍인을 보고
"이 아이는 대인상과 여래상 등을 갖추고 있다."
하였는데 7세에 동산 도신선사가 보고 물었다.

"네 성이 무엇이냐?"
"보통성이 아니라 불성입니다."
"무슨 성이 그런 성이 있느냐?"
"불성은 공하기 때문입니다."
"그렇다면 출가하겠느냐?"
"부모님께서 허락하신다면 하겠습니다."

급기야 출가 이름을 홍인(弘忍)이라 하였다.
"옛적에 부처님께서 전해주신 법안장(法眼藏)이 있으니
내 너에게 전해주겠다." 하고 게송을 읊었다.

花種有生性　因地花生生
大緣與信合　當生生不生

법을 받고 파두산에 가 있었는데 사람들이 듣고 구름같이 모여들었다.
〈傳法正宗記〉

3-95. 멀리서 문수를 뵙다 (遠禮文殊)

당나라 불타파이 스님은 계빈국 사람이다.
몸을 잊고 도를 구하다가 멀리 청량산에서 문수보살을 만났다.

의봉원년 지팡이 짚고 5대산을 가는데
갑자기 한 노인이 나타나 물었다.
"문수보살을 만나려면 어떻게 해야 합니까?"
"불정승다라니를 외우면 모든 죄업은 소멸하리라.
죄업을 소멸하기 위해 많은 사람들이 도리어 죄를 짓고 있다."

"저에게 주시면 두 나라 사이에 왔다 갔다 하면서
널리 세상에 펴겠습니다."
하여 총국사 일조삼장(日照三藏)과 함께 번역하여
사람은 죽어도 법은 멸하지 않게 하였다.

〈高僧傳〉

3-96. 의정이 역경하다 (義淨譯經)

의정의 성씨는 장씨이고 범양사람이다.
세상이 어지러워 부모를 하직하고 사방으로 돌아다니며
이름난 스님들을 찾아 배웠다.
그리하여 내외군적(內外群籍)과 고금의 학문에 박통하였다.

15세에 뜻을 세우고 인도로 들어갔다.
법현(法顯)삼장과 현장법사의 위대한 정신을 받들어
손에서 책을 놓지 않고 무려 37개국을 방문하여
처음 보는 책들을 모조리 익히고
심지어는 인도 말과 글까지 익혀,
영축산, 녹야원, 기원정사 계곡에 계신 모든 선지식을 뵙고
25년 동안 30여개국을 돌아 중성원년 낙양에 돌아왔다.

범본 400여 부를 가지고 부처님 그림 한 보따리와
사리 100구를 가지고 오니
측천무후께서 친히 동문 밖에 까지 나와
중개·당번과 음악을 연주 길을 안내하여
수기사(授記寺)에 안치하고

실차난타에게 화엄경을 번역하게 하고
스스로 금강명경, 최승왕경 등을 번역 천후께서 배분하게 하니
경율론 3장 삼백 예순이 정상으로 나오게 되었다.
학승들은 이것을 배워 중국불교를 새롭게 이해하였다. 〈高僧傳〉

3-97. 무진등을 만들다 (製無盡燈)

당나라 법장스님은 자(字)가 현수다. 강거국 사람이다.
인물이 특출하고, 지혜가 뛰어나서
처음 장안에서 지엄법사에게 화엄법계관을 전수 받고
측천무후에게 신화엄경, 십종현문(十宗玄門),
해인삼매(海印三昧), 육상원융(六相圓融),
보안경계(普眼經界)를 강의하였다.

또한 금사자장을 쉽게 10문으로 나누어
거울을 10개 변에 널려 놓고 8방에 안배(安排)하여
상하가 각 1m 씩 서로 상대하여 편안하게 상호를 비치게 하니
시방찰해(十方刹海)가 무진하게 나타났다.

스님께서는 불수기사에서 화엄경을 강의 할 때
화장세계품을 강당과 절 가운데 나타나게 하니
보는 사람마다 감동하지 아니한 사람이 없었다.

백억 일월세계에 나타난 부처님이
7처 9회의 글과 일치하게 되자
사람들은 법장스님을 화엄의 제3조로 모셨다.

〈高僧傳〉

3-98. 고국에 돌아와 전법하다 (還國傳法)

당나라 의상(義湘) 대사는 신라 사람이다.
상선을 타고 등주(登州)에 이르러 한 집에 이르렀는데,
의상대사의 뛰어난 용모를 보고 화려하게 차려입은 선묘(善妙)
아가씨가 사심을 고백하였다.

그러나 대사의 철석같은 마음은 움직이지 아니했다.
"저는 스님을 뵈온 날부터 잠시도 잊지 못하고 있습니다."
"세세생생 3보에 귀의하여
무량중생을 제도하고자 발원한 수행자입니다."

몇 달 동안 의식을 제공받으며 언어를 익힌 뒤
장안 지엄스님께 나아가 60화엄경을 전공하고
법성게(法性偈)란 노래를 지으니 나라의 임금님께서
귀하게 여겨 전장(田莊)과 노비(奴婢)를 주었다.

"불법은 평등하여 귀천상하가 없습니다.
경에 이르기를 8부정재를 갖지 않는다고 하였는데
하물며 노비를 가질 수 있겠습니까.
스님은 법계를 집으로 삼고 발우 하나로 생명을 유지,
지혜로써 살아가고 있으니 정근으로 수련,
사바세계를 불국정토로 만들기를 원합니다."

하고 구름처럼 떠다니며 지팡이 하나를 벗 삼아 살아갔다.
드디어 그는 화엄경의 소초(疏抄)를 갖고
대명의 뜻을 명백히 밝혀 해동화엄의 초조(初祖)가 되었다. 〈高僧傳〉

3-99. 북종의 신수스님 (北宗神秀)

당나라 신수스님은 성이 이씨(李氏)다.
위씨(尉氏)촌 사람으로 어려서 경사(經史)로 보고
널리 듣고 많이 익혀 뛰어난 재질을 가지고 있었다.

출가하여 머리를 깎고 염의(染衣)를 입은 뒤로는
기주(蘄州) 봉산 동산사(東山寺)
5조 홍인스님께 가서 좌선으로 업을 삼았다.
"이 분이야 말로 진정한 나의 스승이다."
결심하고 지절(支節)을 굳게 가져 무슨 일이든 잘 참고
이겨내니 사람들이 큰 그릇으로 알고 귀중하게 여겼다.

일찍이 이력을 마치고 강릉 단양산에 가서
4해에서 모여 온 치도(緇徒)들을 지도하니
그의 향기가 측천무후(則天武后)에 이르렀다.
무후께서 불러 어깨를 나란히 하고 상전(上殿)에 모셔
무릎 꿇고 예배한 뒤 공양과 시주를 넉넉히 하고
왕사로 모시니 왕공사녀(王公士女)들이 다투어 배알하였다.

중종황제가 즉위하여 더욱 총애하여
높고 높은 위대한 덕이 천하를 풍미하였다.
때때로 무후께서 간절히 청하고 불러도
끝끝내 가지 않고 불사에만 전념하였다.

〈高僧傳〉

3-100. 혜능스님의 법은 남으로 퍼지다 (南派惠能)

혜능스님은 신주백성이다.

일찍이 아버지를 잃고 가난한 처지에 어머니를 모시고 있었다.

하루는 나무를 팔러 여관에 들렀다가

한 스님이 금강경 외우는 소리를 듣고 물었다.

"그 경은 무슨 경이며 어디가면 배울 수 있습니까?"

"황매현 홍인선사께서 밤낮으로 외우고 계신데

그 이름이 금강경입니다.

누구나 들으면 즉시 견성할 수 있습니다."

기쁜 마음으로 돌아와 돈을 얻어 어머니를 친척들에게 맡기고

5조 홍인스님을 찾아가니 스님이 물었다.

"너는 어디서 왔느냐?"

"영남에서 왔습니다."

"무슨 일로 왔느냐?"

"부처가 되고자 왔습니다."

"영남사람들은 불성(佛性)이 없다."

"사람은 남북이 있으나 불성에 남북이 있겠습니까."

"후원에 가서 방아나 찧어라."

그 후 얼마 있다가 대중들에게

"각기 깨달은 바에 따라 시 한수씩 지어 오너라."

하니, 신수가

"身是菩提樹　心如明鏡臺
時時勤拂拭　勿使惹塵埃"
라 써서 나무에 붙여 놓으니. 혜능이 듣고

"菩提本無樹　明鏡亦非臺
本來無一物　何處惹塵埃"
하니 야밤에 불러 법을 전했다.

"이것은 역대조사들께서 나에게 전해주신 것이다.

　有情來下種　因地果還生
　無情旣無種　無性亦無生

하고 의발(衣鉢)을 전해주니 제6대조가 되었다. 〈傳法正宗記〉

제4편 사랑의 전법을 실천한 사람들

제4편 사랑의 전법을 실천한 사람들

4-1. 육조큰스님을 맞아 법문을 듣다 (詔迎六祖)

당나라 중종황제가 내시 설간치(薛簡馳)를 보내
육조 혜능대사를 모셔오게 하였다.
그러나 스님께서는 질병을 핑계로 사양하였다.

"경성 부근에 도를 잘 아는 선덕들이 많이 계시니
청문하시기 바랍니다."
"스님은 어떻게 설법하십니까?"
"도는 마음을 깨달은 데 있다.
지혜가 없으면 캄캄하고 지혜가 있으면 밝아진다."

"대승에도 번뇌가 있습니까?"
"번뇌 속에서 어떻게 해탈할 수 있겠느냐!"
"번뇌와 보리는 둘이 아닌 것으로 아는데요."

"참된 성품은 성범(聖凡)에 관계 없다.
성인들은 번뇌 속에서도 어지럽지 않기 때문이다.
외도들은 생사와 열반을 둘로 보는 데 문제가 있다.
마음에 선악만 없다면 이 몸 그대로가 청정 법신이니라."

〈稽古畧〉

4-2. 위경을 금하다 (勅禁僞經)

당나라 법명(法明)스님이 말했다.
"신룡(神龍) 원년 도교 스님들과 불교 스님들이 모여
노자가 일찍이 인도에 들어가 부처님으로 탄생하여
중국 사람들을 교화하러 왔다고 주장하자

그때가 언제, 어느 때인지 확실하게 대답해달라
항의하였다.

이에 도인들은 그 경이 누구에 의해 처음 독송 되었으며
어느 곳에서 번역되어 누구에게 처음 전했는가 물으니
답변을 하지못해 그 경을 위경으로 판단하여
다시는 유통시키지 못하도록 금지하였다.

그래도 도교인들은 노자를 불상처럼 그려 곳곳에 모시고
예배하고 숭배하였기 때문에
국가에서는 그를 섬기는 자에게 벌을 내려 금지시켰다.

〈高僧傳〉

4-3. 산신이 계를 받다 (岳神受戒)

원규(元珪)스님이 아뢰었다.
"안국사가 그윽한 도를 깨달아
숭악산 중턱에 높이 앉아 있습니다.
따르는 사람들은 많으나
친히 뵈온 사람은 많지 않았습니다."

대사가 말했다.
"어서 오너라, 착한 사람들아.
어떻게 하여 여기까지 왔는가?"
"어떻게 스님들께서 저희들을 알아보십니까?"
"내 보니 부처와 중생이 조금도 다르지 않다.
그대들 마음이 허공과 같아지면
생사에 자재하게 될 터인데
그렇지 못하므로 떠나지 못하고 있노라."

"저희들이 어찌 산신님과 같은 지혜를
얻을 수 있겠습니까?
저희들에게 삶의 지표가 되는 계를 설 해 주십시오."
"계가 변계가 있겠느냐. 불살생, 불투도, 불사음,
불망어, 불음주면 사바세계 사는 사람에게는 족하리라."

"저희들이 하늘과 같은 마음을 갖지 못하더라도
세상을 살면서 사람의 본이 되도록
5계를 잘 지키겠습니다."   〈稽古畧〉

4-4. 담최스님이 구름 속에서 놀다 (曇璀遁跡)

당나라 담최(曇璀)스님은 성이 고(顧)씨다.
오군(吳郡)사람으로 성품이 화민(和敏), 순소(珣素),
온공(蘊恭), 극명(克明) 면절(勉節)하여
티끌 세상을 벗어나 보니 우두산 법융선사를 찾아가거라.

범당보주(梵幢寶柱)로 대해진량(大海津梁)이 될 것이니
상근(上根)의 독이 색성오온(色聲五蘊)에 있음을 깨달으라.
단 이슬을 마시고 시원한 바람 속에서 날아다니다가
혜원과 함께 죽림(竹林)의 무리에 섞여
지금까지 구름 속에서 놀고 있다.

〈高僧傳〉

4-5. 법달스님이 법화경에 통달하다 (法達通達)

법달스님은 7세에 출가하여 법화경을 다 외우고
6조 스님을 찾아가 예배하는데
머리가 땅에 닿지 않자 조사가 나무랬다.

"평상시에 무슨 일을 하였는가?"
"법화경을 3천 부나 읽었습니다."
"네가 만 부를 외운다 하더라도
법화의 뜻을 깨닫지 못했구나."

"화상께서 경중의 의리를 자비로써 가르쳐 주십시오."
"무엇으로 종(宗)을 삼았는가?"
"단지 글만 외웠을 뿐입니다."
"평상시 읽은 대로 일러보라."

방편품에 이르니 "그만"하고
"이 경은 원래 일대사 인연에 의해 세상에 나왔는데
그 인연이 무엇인가. 곧 불지견(佛知見)이다.
불지견을 개시오입(開示悟入)하면
자신이 곧 부처인 것을 깨닫고
일체를 부처님처럼 받들 것이다."

법달이 이 법문을 듣고 스스로 깨달아
밤낮없이 경전을 외우며
이마가 땅에 닿도록 사람들을 공경하였다.   〈傳燈錄〉

4-6. 효화황제가 계를 받다 (和帝受戒)

당나라 석도안(釋道岸)은
영천(穎川) 사람으로 글씨를 잘 썼다.

날씨에 관계없이 수많은 사람들이
현우를 가리지 않고 찾아왔으나
한결 같이 따뜻한 모습으로 접대하였다.

어느 때 효화황제(孝和皇帝)께서 예술을 감상하시다가
심부름꾼을 보내 대덕 10인과 함께 지내도록 하였는데
마치 노사나 부처님처럼 그 거동이 맑고 깨끗하자

여래의 법미를 맛보게 하기 위하여
그의 권속들에게 보살계를 받게 하였다.
그리고 그 모습을 임광군에게 찬(讚)하게 하니

    戒珠歸潔慧流　淸淨身句五等心
    融入定學綜眞典　觀通實吐維持法
    剛統僧政律藏異　萬傳芳象敎因洴
    兵聲北夫靈臺影　像麟向閣舟功德義

그로부터 모든 사신(仕臣)들이 예의를 분명히 하였다.

〈高僧傳〉

4-7. 화엄스님이 화엄경으로 이무기를 제도하다 (華嚴度蟒)

당나라 화엄스님이 일찍이 낙도 천관사에 왔는데
강법(講法)이 엄정(嚴整)하여 매일 식당작법을 하였다.

한 스님이 병을 앓아 나가지 못하자
병반(瓶鉾)을 갖추지 못한 사미가 대중에 고하여
발우 하나를 받아 가지고 나오다가
그만 잘못하여 그릇을 깨버리고 말았다.

그로 인해 스님께서 큰소리로 울면서 화를 내더니
그날 밤 죽어 큰 이무기가 되었다.

사미가 화엄경 강의하는데 썼으니
커다란 이무기가 거기서 4~5리 떨어진 골짜기에서 죽어
배낭중의 여식으로 태어나 말도 못하게
가난하게 살다가 18세에 죽었다.

그러므로 스님들께서는 발우와 가사,
장삼이 생명과 같은 것을 알아야 한다.

〈神僧傳〉

4-8. 하루저녁 자고가라 (曹溪一宿)

당나라 현각스님의 성은 대(戴)씨로 영가사람이다.
어려서 출가하여 3장을 두루 공부하고
천태산에 가서 지관(止觀)을 연수하여
동양의 책(策)선사와 같았다.

처음 조계산에 이르러 지팡이를 짚고 큰 병을 들고
6조를 세 바퀴 돈 뒤 우두커니 서있자
"사문은 3천위의와 8만세행을 갖추어야 하는데
대덕은 어디서 와서 그리 거만한가?"

"생사대사가 무상 신속합니다."
'마음은 생도 없고, 멸도 없는데……"
"바탕은 빠르고 느린 것이 없습니다."
"그렇고 그렇도다."

그때에서야 위의를 갖추고 예배한 뒤 바로 떠나려 하니
"너무 빠르지 않는가. 하루저녁 자고 가라."

그래서 그 이름이 일숙각(一宿覺)이 되었다.

그가 깨달은 내력을 적은 글이 증도가(證道歌)라 하는데
경주 자사 위정(緯靖)이 서를 붙여 편찬하니
지금까지 그 글이 천하를 풍미하고 있다.   〈傳燈錄〉

4-9. 그 행이 고결한 처적스님 (處寂高潔)

당나라 처적스님은
속성이 주(周)로 촉(蜀)나라 사람이다.

보수(宝修)선사를 모시고 있다가
통현(通玄)장자를 사모하여 자우산(慈牛山)에 들어가
40년 이상 호마(湖痲) 하나씩 먹고 자지 않았다.

때로는 마굿간에서 호랑이 잠을 자고
마을에 내려오지 아니하므로 귀히 여겼다.

개원 초 새로 부임한 태수가
두세 번 불렀어도 끝까지 가지 않고 어느 곳에서든
선방처럼 고요히 지냈으므로 그 이름이 처적(處寂)이 되었다.

스님은 어느 곳에서나 얼굴색이 변함이 없고
먹고 노는데 상관하지 아니했으며

때로는 너무 무심하여 왕후장상들이
업신여겼어도 동요하지 아니했다.
오히려 주민(州民)들이 지금까지 공경하고 있다.

〈宋高僧傳〉

4-10. 현종황제가 불법을 듣고 감은하다 (帝門佛恩)

당 개원 2년 현종 황제가 좌위승록 신광법사에게 물었다.
"부처님은 중생들에게 무슨 은혜가 있어서
군친처자(君親妻子)를 버리고 스승만을 따라가는가?"

"부처님은 중생의 은혜를 하늘, 땅 같이 사모합니다.
해와 달보다도 중하고
부모, 군신, 임금님처럼 사랑합니다."

"왜 그렇습니까?"
"중생이 없는 국가는 민족도 없고 천하 만물도
존재의미를 부여할 수 없기 때문입니다.
중생은 부처님의 어머니이고
천지 만물의 아버지입니다."
"6도 중생이 모두 이런 뜻을 가진다면
선악 시비를 논할 수 있겠는가."

"그러므로 저희들은 부처님의 사랑을
천지 은혜처럼 생각하고
나라가 평화롭고 백성들이 안락하기만을 빕니다."

임금님이 그 뒤부터 출가수도자들을 하늘처럼 받들고
3보의 은혜에 대하여 깊이 공경하고 사랑하였다.

〈釋氏稽古畧〉

4-11. 단을 세우고 비를 빌다 (立壇祈雨)

당나라 금강지는 남인도 말라이 스님이다.
지나 불법이 성행한다는 말을 듣고
범선을 타고 광주 천복사(薦福寺)에 와서
만다라 관정수기로 많은 중생들을 제도하였다.

4중 가운데는 대지, 대혜처럼
불공 삼장과 함께 지내던 스님들도 있었다.

낙양에 가니 정월부터 5월까지 비가 오지 않아
산천영사(山川靈祠)에 기도하였으나 감흥이 없었다.

그래서 칠구지불모대보살상을 그리고
일행(一行)선사를 모시고 정진하니
갑자기 서북풍이 불면서 비구름이 몰려와
1천 만민이 그 혜택을 입게 되었다.

이후부터 광주지대에 일광만다라가 크게 성해
일행선사가 낱낱이 지도하여
관정법회가 널리 성행하게 되었다.

〈高僧傳〉

4-12. 정토를 권하다 (勸修淨土)

당나라 혜일(慧日)스님은 의정(義淨) 삼장을 만나
일승(一乘)의 극을 궁구하고
부처님 나라를 사모하여
배를 타고 여러 나라를 거쳐
홀로 천축에 도착하였다.

여러 성적(聖蹟)과 선지식을 찾아뵙고 법을 물었다.
"어떤 법을 배워야 세상의 고통에서
구원받을 수 있겠습니까?"
"아미타불을 찾으면 고통이 없어집니다."

그래서 건타라국 동북쪽 관음상 앞에 가서
지성으로 기도하니
제7일 날 저녁에 관세음보살이 허공 가운데 나타나
자금색상(紫金色像)을 띄고 오른손으로 마정수기 하였다.

"너는 자리이타(自利利他)에 의하여 전법하라.
열심히 송경염불(誦經念佛)하면
극락세계 태어나리라."

그래서 그길로 장안으로 돌아와
아미타불을 부지런히 부르면서
도를 권하여 극락세계 태어나게 하였다.　　　　　〈高僧傳〉

4-13. 통현장자가 화엄론을 짓다 (通玄造論)

당나라 이통현 장자는
눈썹이 얼굴을 다 가릴 정도로 호걸스럽게 생겼다.
화피(樺皮)로 모자를 만들어 쓰고 도포를 입고
허리를 묶지 않고 겨울이고 여름이고
그냥 풀고 다녀도 땀을 흘리지 않고
겨울철에도 추위를 몰랐다.

개원 중에 화엄론을 고산노(髙山奴) 집에 이르러 기록하는데
하루에 대추 10개, 잣 한 움큼으로 살았다.

장차 남곡(南谷) 고불당 옆으로 이사할 때는
호랑이 한 마리가 경론을 짊어지고 한씨 집에 이르렀다.
호롱에 기름이 없어도 등불이 훤히 밝아지고
두 볼에서 광명이 나고 토굴 속에서는 두 여자가 시봉하였다.

그릇에 음식이 비워지면 가져가기를 5년 동안이나 하였다.
논문이 완성되자 다시 나타나지 않았는데
이분들이 보현, 문수가 아니겠는가?
40권의 논문이 통합 80권이 되어
소위 신화엄론이 완성되었다.

〈神僧傳〉

4-14. 일행스님이 달력을 만들다 (一行造歷)

당나라 일행스님은 어려서부터 총명하여
한번 책을 들여다보면 외우지 아니한 것이 없었다.

보적선사(普寂禪師)에게 출가하여
통하지 못한 것이 없었는데
하루는 국청사에 가서 음양오행을 통달하였다.

현종임금님이 듣고 길흉을 점쳐 달라고 하니
일행스님을 추천하였다.
"하도낙서 이후로 800년래 이런 분이 없습니다."
하여 대년력(大年歷)을 만들었다.

어떤 사람이 몸에서 살이 내려 사람을 죽이게 된다고 하자
집을 나와 죽음을 면하게 하였다.
그러나 국가 형헌(刑憲)은 개인의 운명과는 다르다.

항상 젖 먹을 때 일을 생각하면서
은혜를 갚아야 하기 때문이다.
저녁이면 북두칠성을 지키는 장수들을
불러 상벌을 논하므로서
죽은 사람을 살리고 산 사람을 더욱 빛나게 하였다.

〈高僧傳〉

4-15. 무우스님이 비를 내리게 하다 (無愚祈雨)

무우스님은 천축 사람이다.
일찍이 출가하여 도덕과 존칭이 천하에 빛났다.
법문을 할 때는 그 상호가 유난히도 빛났다.

처음 인도에서 오자 현종 임금님께 안내하였는데
현종이 보고 지극히 공경하여 거처를 물으니
장차 도선율사 회상에서 살고 싶다 하였다.

서영사 도선율사에게 보내니
그 행이 마치 금줄과 같았다.
도선율사가 저녁에 이를 잡아 땅에 버리니
그 이를 몸에 집어넣어 살게 하였다.

개원 10년 7월 가뭄이 와서 스님에게 기우를 청하니
발우의 물을 칼로 내리치니
그 속에서 여러 마리 용들이 나와 비를 뿌리자
"지나치면 세상이 망한다."
하니 즉시 비가 그쳐 한 발우의 물로
천하가 풍족하게 썼다.

〈神僧傳〉

4-16. 조왕에게 법문하다 (說法趙王)

당나라 파조타 스님은 명칭이 없다.
언행이 추측할 수 없어 숭악산 혜안스님과 통했다.
선법(禪法)에 통달하여 마음대로 살았다.

하루는 길을 지나가다가 울고 있는 조왕님을 보고
지팡이로 툭 치니 와르르 무너지면서
청의동자가 나와 말했다.

"감사합니다 스님, 저는 집안이 어려워
어려서부터 얻어먹고 다니다가
당산나무 밑에 음식들이 널려 있는 것을 보고
그걸 주워 먹고 살다가 죽었습니다.

어떤 착한 사람이 지극히 당산나무나를 섬기므로
꿈에 선몽하여 네가 꿈에 본대로
나를 조성해 모시면 복이 있으리라 하였는데
조왕신을 모셔 매일 공양물을 올렸습니다.

그런데 소, 돼지를 잡아 올리고
형제, 부모가 죽기를 기원하는 사람들을 보고
걱정하고 있는데
스님이 저를 해탈시켜 주니 근심 걱정이 없어졌습니다."
이것이 중국 미신타파의 제 1호가 되었다.　　　　〈傳燈錄〉

4-17. 행사스님의 전법 (行思傳法)

당나라 행사스님의 성은 유(劉)씨로 노능 사람이다.
여려서 출가하여 논소(論疏)를 즐기다가
조계의 법석에 참례하였다.

"어떤 것이 계급에도 떨어지지 않는 것입니까?"
"너는 일찍이 어떤 일을 하였느냐?"
"성제(聖諦)도 하지 아니했습니다."
"그렇다면 무슨 계급에 떨어질 것이 있겠느냐?"

그로 인해 대중의 수장이 되어 후배들을 이끌었다.

하루는 육조스님에게 사미 희천이 물었다.
"스님께서는 100년 후에 어디로 가시렵니까?"
"길주 천원산 정지사로 가리라."

스님은 그 뒤 조용히 앉아 열반에 드셨다.

〈傳燈錄〉

4-18. 산골짜기에 연등이 나타나다 (蓮燈溪谷)

당나라 석감원이 견명(堅明)이 떠난 뒤
화엄경을 강의하여 날마다
천 명 이상에게 죽 공양을 하였는데
창고 속에 수백 석의 쌀을 취하여 썼으나
여름부터 가을까지 부족하지 않았다.

혜관(慧觀)선사가 매일 밤 보니
3백여 명의 스님들이 연등을 들고
허공 가운데서 날아다녔다.

군수 최공녕(崔公寧)이 요란한 소리를 듣고
몸소 산속에 들어가 4방 30리를 돌아보니
밤이 되면 백여 개의 등이 나타나 붉은 빛을 놓았는데
소나무 사이에서 두 보살이 황금색 빛을 내며
뜰 앞에서 나타났다.

한 등이 태양처럼 밝아 옆으로 터지면 파이산 12km 안에서
하나의 보주를 형성하여 둥근 빛을 내며 무지개처럼 다리를 놓았다.

그러면 그때 노스님이 그 사이에 동자와 같이 나타나
두 개의 큰 횃불이 되어 서로 가고 오고 하였다.
그때는 또 네 보살이 양쪽에서 두 사람씩 서서
몸에서 광명을 놓으며 6, 70책을 소나무 숲속에서

갖가지 글자를 써 보이며 오르내렸다.

좌우에 있던 최공(崔公) 등이 찬탄하며 전율하였다.

그로부터 매년 3월 7일 그 절에 올라가 3백 보살들께
큰 재를 올리고 공양하였다.

〈神僧傳〉

4-19. 회양스님이 스님을 구하다 (懷讓救僧)

회양스님의 성은 두(杜)씨로 안강사람이다.
10세에 불서를 좋아하여
형남 옥천사(玉泉寺) 황경율사(惶景律師)에게
출가한 뒤 스스로 찬탄하였다.

"출가란 천상 인간 가운데 이보다 훌륭한 것이 없구나.
경에 이르되 4거리 노지(露地)에 앉는 것과 같구나."
하니 그때 단 선사가 회양 선사에게 가보라 권했다.

송악산에 가서 안공을 뵈오니 조계에 가서
혜능스님을 뵈어라 하여
넓고 큰 험한 길을 헤치고 스님을 뵈오니 물으셨다.

"어떤 놈이 이렇게 왔는고?"
"한 물건이라 하여도 옳지 않습니다."
"닦아서 얻었는가?"
"닦지 않은 것은 아니나 일찍이 물들지 아니했습니다."

"나도 그렇고 너도 그렇고
모든 부처님도 그러하니
그대의 발자국에
밟히지 않는 사람이 없으리라."

〈高僧傳〉

4-20. 자린스님이 어머니를 구하다 (子隣救母)

당나라 자린스님의 성은 범(范)씨다.
아버지 준조(峻朝)가 3보를 좋아하지 않아
스님들만 보면 침 뱉고 꾸짖으며 박대하였다.

개원 초 광애사(廣愛寺)에 갔다가 광수율사를 뵙고
출가하기를 원하니 스님께서 물었다.
"부모님께 승락 받아 왔느냐?"
"승락 받지 못했습니다."
"그렇다면 집에 가서 승락 받고 오너라."

그길로 고향에 가니 부모님께서
돌아가신 지 벌써 3년이 되었었다.
문에 이르러 법화경을 독송하니
천재랑(天齋郎)이 악신(岳神)들을 불러 물었다.

"저자의 어머니가 어디 있느냐?"
"감옥에서 고통받고 있습니다."
이 소리를 듣고 다시 아육왕의 사리탑 앞에 이르러 머리를 조아리고
4만 배를 하고 나니 어머니가 구름 가운데 나타나 말했다.

"너의 공덕으로 나는 도리천에 태어났다."
하고 홀연히 없어졌다.

〈高僧傳〉

4-21. 신회스님이 남쪽으로 가서 6조를 뵙다 (神會南恭)

신회스님의 성은 고(高)씨로 양양사람이다.
어려서 5경을 전수 받고 노장학을 배워
영부(靈府)를 응용하기까지 되었으나
진사(進仕) 자리를 하직하고 출가하였다.

국창사(國昌寺) 기원(畿元) 법사에게 출가하여
여러 가지 경전들을 바꿔가며 읽다가 마침내
율장을 접하면서
영남으로 가서 혜능법사의 도법을 만나 물었다.

"어디서 왔는가?"
"온 바가 없습니다."
"갈 바도 없겠네."
"갈 곳도 없습니다."

그래서 수년 동안 그곳에 있다가 낙양에 가서 설법하였다.
뒤에 신수스님을 만나
돈점양문(頓漸兩門)에 능통하였으나
숙종의 부름을 받고 하택사(荷澤寺)를 지어
혜능대사의 종풍을 드날렸다.

〈高僧傳〉

4-22. 좌계 현광선사가 자취를 감추다 (左溪藏跡)

좌계 현광스님은 동양 부대사의 6세손이다.
예업(豫業) 청진사(淸泰寺)에서 며칠 동안 머무르다가
낙발수계(落髮受戒) 하고 천태대사에게 나아가
지관(止觀)을 닦아 종취(宗趣)를 깨달았다.

18종 물건만을 가지고 암혈(巖穴)에 들어가
두타행으로 오래오래 살았으므로
별명이 좌계가 되었다.

왼쪽에서는 차가운 샘물이 나고
오른쪽에서는 소나무가 우거져
법계가 온통 하나의 수도량이 되었다.

경을 읽으면 새들이 날아오고
깊은 골짜기에서 짐승들이 쪼그리고 들었다.
하루는 눈먼 개 한 마리가 땅을 파고 엎드려 참회하자
진실로 기도하여 도솔천 내원궁에 태어나게 하였다.

무주자사(婺州刺史) 왕정용(王正容)이
누차 굴 앞에 와서 법문을 듣고 환희용약 하였는데
자리를 옮기라고 몇 번이나 권했어도 끝끝내
그 자리에서 열반에 들었다.

〈佛祖後記〉

4-23. 금대영접 (金臺迎接)

당나라 회옥(懷玉)스님은 성이 고(高)씨로
단구(丹丘)사람이다.
굳게 계를 지켜 하루에 한 때만 먹고
포대 하나로 장좌불와(長坐不臥) 하여
날마다 아미타불을 5만 번씩 부르며 정진하였다.

천보 원년 6월 9일
"나는 서방 성인을 친히 뵙고 백은세계를 구경하고
금대(金臺)에 자리 잡았으니 세상에 미련이 없다."

하고 머리에서 광명을 놓고
아미타불과 같은 수인으로 앉아 있으면서 노래 불렀다.

香氣影空海(향기영공해)
衆見滿見佛(중견만견불)
觀音勢至身(관음세지신)
紫金色共御(자금색공어)
我師一念登初地(아사일념등초지)
佛國笙歌兩到來(불국생가양도래)
唯有門前槐樹(유유문전괴수)
技抵只爲槐金臺(기저지위괴금대)

태주자사가 찬탄하였다.   〈宋高僧傳〉

4-24. 천병이 호국하다 (天兵護國)

당나라 불공삼장(不空三藏)은
북천축국 바라문족 출신이다.

어려서 아버지를 잃고 삼촌을 따라 관광차 중국에 왔는데
15세에 금강지 3장에게
범본 실담 문자를 배워 통달하였다.

기이하게 생각하여 법을 체험하고 천보 원년(天保 元年)
서번(西蕃)의 대석강이 병사들을 이끌고 서경에 와
스님이 계신 도량을 점령하자

스님께서 향초를 들고 인왕경(仁王經) 2.7편을 외우니
천병들이 내려와
서병들 5백 명이 주위를 에워싸 진을 쳤다.

그때 30리 이내가 모두 캄캄절벽이 되며
뇌성벽력을 치자 모든 병력들이 놀라 도망쳤다.

〈高僧傳〉

4-25. 공주의 기도 (公主祈禱)

화화(和和)스님은 성이 무엇인지
어느 곳 출신인지 알 수 없다.
일찍이 고향에서 스님이 되어
어리석은 듯 미친 사람처럼 돌아다녔으나
그 속은 누구도 알 수 없었다.

그러나 이따금씩 한 마디씩 한말이 적중하여
제공(諸公) 귀인들이 다 같이 공경히 받들었다.
대안국사(大安國師)가 본당을 건립할 때
기금이 부족하여 고민하고 있었는데 상국공주가

수년 동안 자식을 낳지 못해 스님께 분향하고 공양하자
"반드시 두 아들을 낳을 것이다."
하니 비단 3천 필을 보시하였다.

그 뒤 공주는
쌍둥이 아들을 낳아 큰아들은 찬요(贊耀)
둘째 아들은 회명(晦明)이라 불렀다.

〈高僧傳〉

4-26. 중사가 도를 묻다 (中使問道)

당나라 본정(本淨)스님은 남계(南溪)에서 와
사공산 무상사(無相寺)에서 살았다.

천보초(天寶初) 중사(中使) 양광정(陽光定)을 보내
"제자가 오랜 세월 도를 사모하여
스님을 찾아뵙게 되었으니 자비를 베풀어 주십시오."

"천하 선종 석학들이 모두 경사에 모여 있는데
먼길까지 찾아오셨습니까?"
"제자가 지식이 혼미하여 불도의 뜻을 잘 알지 못합니다."

"도는 원래 알고, 알지 못하는 데 있지 않고
무심(無心)하면 다 통해질 수 있습니다.
도에는 본래 이름도 없고 마음도 없으며
길도 없기 때문입니다."

그는 이 말씀을 듣고
즉시 허망한 가설(假設)에서 벗어나게 되었다.

〈傳燈錄〉

4-27. 방광입정 (放光入定)

당나라 광릉(光陵)대사는
형질(形迭)이 침루(寢陋)하고
성질이 진솔(眞率), 술장수처럼 거칠게 생겼다.

스님으로서는 특이한 형질을 가졌는데
여러 벌 옷을 겹쳐 입고
때로는 남의 돈도 빼앗아 두려움의 대상이었다.

한 노스님들이 불러 경계하였다.
"그대는 오랑캐와 비슷하다.
대중들이 싫어하니 단나들께 맡겨 법대로 다스리겠다.
어디로 갈 것인가 생각해 보아라."

"그렇다면 나는 그대들과 함께 도를 닦지 않겠다.
꺼욱이처럼 살 것이니 나의 삶을 간섭하지 말라."
하고 굴속에 들어가 문을 잠그고 앉아 있었는데
그의 미간에서 밝은 빛이 쏟아져 보는 사람마다 놀랐다.

사람들이 보고 승속 간에 놀라
문을 뜯고 들어가 보니 스님은 이미
눈을 감고 선정에 들어 죽은 지 오래되었다.

〈高僧傳〉

4-28. 꿈에 거북이를 보고 희천을 낳다 (希遷夢龜)

희천스님의 어머니는
아기를 가졌을 때 빈혈로
어지럼증이 자주 나타나 즐겁지 않았다.

또 얼굴색이 귀신처럼 음사(淫祀)한 모습을 하고
술, 고기를 즐겨
마을 노인들까지도 좋아하지 않았다.

그 소리를 대감(大鑒)선사가 듣고 말했다.
"6조 대사에게 가면 천도 될 것이다."

노능(盧陵) 청원산 사선사(思禪師)가 꿈을 꾸니
대감 선사가 한 마리 거북을 가지고 와 물에 띄웠다.
거북이는 영지(靈知)와 성해(性海)에서 놀 것이다 하니
드디어 형산(衡山) 남쪽에 절을 짓고
동쪽에 암자를 하나 더 만들었다.

석두스님이 올라가 사는데
하루는 법상에 올라 말했다.

"나의 법문은 조사스님들께서 전해 주신 것이다.
선정, 정진을 논하지 말고
단지 달불(達佛)의 지견만을 묻노라.

중생과 부처가 번뇌와 보리에는 차이가 있어도 한 몸이니
그대들은 자기 마음을 깨끗이 하라.

윤회의 근본은 의식(意識)이니
물속에 달처럼 놀게 하면
거기 무슨 생멸이 있겠는가."

〈高僧傳〉

4-29. 까치가 자리를 옮기다 (待鵲移巢)

당나라 혜충국사는 성이 왕 씨로 상원 사람이다.
우두산의 위(威)선사를 찾아뵙고 말했다.
"내일이면 산 주인이 올 것입니다. 옛날 뜰 앞에
등나무를 베고 간 스님이
다시 살아나면 내가 온다 하였으니 말입니다."

마대사는 평생 철 발우 하나로 살았다.
현령 장손(張遜)이 산정에 이르러 물었다.
"스님은 시자도 없이 삽니까?"
"서넛이 같이 삽니다."

하고 평상을 두드리니 호랑이 너덧 마리가 나타나
울부짖자 스님이 다시 평상을 치니 간 곳 없이 사라졌다.
손이 성에 들어와 장엄사를 짓고자 터를 잡았는데
그 앞에 까치집이 있자 억지로 쫓으려 하였다.

이에 스님이
"내가 법당을 지으려 하는데 어찌하여 이사 가지 않는가?"
하니 까치가 다른 나무로 이사하였다.
스님의 문하에는 34인이 있어 능력 따라 포교하였다.
스님이 대중에게 일렀다.

　人法雙淨하면 善惡兩忘하리라.
　眞心眞實하면 菩提道場이니라　　　　　　　　　　〈傳燈錄〉

4-30. 산신이 절터를 제공하다 (山神獻地)

당나라 신오(神悟)스님은
만년에 법화도량을 건립하고
긴 시간을 예배와 염불로 살아왔는데
관불삼매경(觀佛三昧境)이 나타나서 문인들께 말했다.

음부일(陰簿日)에 상풍(傷風)을 맞지 않으려면
진실로 비성(飛性)의 짓을 하지 말라.
세상에 맺힌 바가 있으면 들 맹수들이 저절로 드러나
선탑상운(禪榻祥雲)이 언제나 법당에 나타난다.

남령(南嶺)은 여러 스님들이 머물러 경행하는 곳이니
함부로 손대지 말라.
공노(孔老)가 아무리 우열을 다툰다 하더라도
노가야(路伽耶))는 마음 밖의 법이니 따로 정한 것이 없다.

실로 그 땅은 지금까지 산신들이 지켜
누구도 범하지 않게 하니
모든 종교의 성지로써 함께 사용하고 있다.

〈高僧傳〉

4-31. 땅에서 물이 솟다 (龍母湧泉)

당나라 지장(地藏)스님의 성은 김 씨고 신라 왕자이다.
일찍이 육적환중(六籍寰中)에 삼청술(三淸術)을 배워
알므로 먼저 방촌(方寸)을 다졌다.

그 후 출가하여 지면(池面) 구화산(九華山)에 이르러
여러 계곡을 살펴보니 뱀 한 마리가
귀부인처럼 단장하고 앉아 예를 올리고 있었다.

자세히 살펴보니 좌우에서 단 샘이 솟아올랐다.
여러 봉우리가 아름답게 구름 속에 가려 있어
곳곳을 살펴보니 석실 속에
깨끗한 흰 흙이 쌀처럼 쌓여 있었다.

그것을 쪄 먹고 살았더니 노인들이 보고 감탄하였다.
"화상은 어떻게 이런 고행을 하면서
저희 산 아래서 살고 계십니까?
여기에 작은 선방 하나를 지어드리겠습니다."
하고 고행하는 모습을 본국에 알렸다.

신라에서 소식을 듣고 바다를 건너 찾아가니
그 얼굴이 흰쌀처럼 맑고 깨끗하였다.
대중들도 밥을 먹지 않고 백토미(白土米)만 먹고살았다.

〈高僧傳〉

4-32. 지팡이를 날려 절터를 잡다 (飛席入地)

당나라 법화존자는 성이 장(蔣)씨로 진운(縉雲) 사람이다.
유교로써 세업을 삼고 있었는데 한 범승(梵僧)이 물었다.
"옛날에 원을 잊었느냐? 지난 임종 때

① 나는 절대로 바른 생각을 잃어버리지 않고
② 3악도에 떨어지지 않으며
③ 사람으로 태어나
④ 동진출가(童眞出家)
⑤ 세속에 유락(流落)하지 않겠다 하지 않았는가.

이로 인해 그는 바로 국청사 장안스님을 스승 삼아
법화삼매를 인증, 설법도인(說法度人)이 되었다.

지팡이 꽂히는 곳이 나의 집이다.
하루에 500리씩 산과 들, 물과 바다, 흙이면 흙, 돌이면 돌
만리 강산을 내 집처럼 찾아다녔다.

1천 곳 이상에서 강의하고
아홉 곳에서 안거했는데
앉는 곳마다 서기 방광을 하였다.
어떤 때는 돌 틈에서 물을 솟게 하고
사슴 짐승들을 먹여 살리고
어떤 때는 백가 천촌에서 죽을 얻어먹으며
선 강의를 하였다.   〈佛祖統記〉

4-33. 남양국사 (南陽國師)

당나라 혜충국사의 성은 염(苒) 씨로 제기 사람이다.
상원 2년 내급사 손에게 명령하여
짐이 상승(上乘)의 법문을 듣고자 한다고 전했다.

"대사께서 평등한 마음으로 중생을 보살피어
일음연창(一音演暢)의 비밀경계에 들고자 하시니
대비로써 진량(津梁)을 베풀어 주십시오."

스님께서 수차례 사양하시다가 마침내 궁중에 들어갔다.
수많은 관리들과 대중들이 에워싼 가운데
궁중의 정전에 안내되어 주장자를 짚고
용의(龍衣)를 입으신 뒤 천향을 사루어
천하태평과 왕실의 무궁한 발전을 빌고 말했다.

"요순(堯舜)의 바람이 이 땅에 내려
임금님은 평온하고 백성들은 안락하여
연화장세계가 이루어지기 바랍니다."

임금님이 듣고 무릎을 꿇고
제호(醍醐)의 법문을 들어
세상에 보기 드문 법회가 되었다.

〈宋高僧傳〉

4-34. 혜문스님이 부처님을 조성하다 (慧門鑄佛)

당나라 혜문스님은 신안(信安) 사람이다.
구주 영석사에 살면서 부지런히 경전을 읽으며
단나들의 수복(壽福)을 빌었다.

성위(聖位)에 오르지 못하면 5악(惡) 중에 유전하여
의지할 데가 없으므로 장육금신상(丈六金身狀)을 만들어
강주 사람들에게 큰 의지가 되게 하였다.

또 홀로 산 고개를 넘어가다가
호랑이를 만나니
장대를 땅에 두들기며 말했다.

"너는 사람을 해치지 말라, 내가 지은 공덕으로
다시는 호랑이 과보를 받지 않을 것이다."
호랑이가 이 말을 듣고 꼬리를 치고 물러갔다.

〈宋高僧傳〉

4-35. 숙종이 꿈을 꾸다 (肅宗應夢)

대광스님은 당(唐)가로 호주사람이다.
이가 나기 전부터 법화경을 듣고
3개월만에 다 외웠다.

드디어 출가하여서는 계를 받고
서쪽으로 유행하여 숙종 황제를 뵈었다.
숙종이 꿈을 꾸었다.

"내가 어제 저녁에 오나라 스님이
대승 경전을 읽는 것을 보았다.
입에서 5색 광명이 쏟아졌는데 스님을 뵈 올 징조였다.
이름을 대광이라 지어줄 터이니
천복사 주지로 가 계십시오."

스님은 그곳에 이르자마자
오나라 소리로 낭낭하게
경전을 읽었다.
뒤에 염전사(鹽田寺)에 가니 먼저 살던 스님이
어제 저녁 하늘에서 천동이 내려와
경전을 읽는 것을 꿈에 보았다고 하며 반겨 주었다.

그런데 그 뒤 장안 7년 자성사(慈聖寺)에 와 있었는데
절에 불이 나 다 타 버렸는데도

법화경은 글자 한 자 손상되지 않았다.

소문이 나자 백성들이 너도나도 시주하여
대가람을 짓고 배가 정진하여
마침내 법화사에서 회향하게 되었다.

〈高僧傳〉

4-36. 뇌찬스님의 식잔 (瀨瓚食殘)

당나라 뇌찬스님은 형악사의 잡역 스님이다.
스님들께서 먹다 남은 밥을 먹고 살았으므로
이름을 뇌잔(瀨殘)이라 부르기도 하였다.

이필사(李泌寺)에 있을 때는 독서를 하는 것이
보통사람과 달랐다.
이지중이 밤에 몰래 가 뇌잔에게 침을 뱉고 말했다.

"이 도적놈아 내가 이유에게 절을 할 때는
뇌잔이 불을 놓았으니까 말없이 보고 있었지만
밥을 다 먹었으면 감사해야 할 것 아닌가."

말이 맞으면 10년 제상이 물러나야 할 것인데
자사 채악수를 길거리에서 야단을 쳤다 하니 될 말인가.
사람들이 할 수 없는 일을 내가 하면 웃었는데
어찌 내가 미친 사람이 되어서야 되겠는가,"

하고 돌을 굴리면 천지가 진동하여
많은 사람들이 상하므로 그를 받들어
10년 동안 제상으로 살게 하였다.

〈神僧傳〉

4-37. 산사람이 가리켜 보이다 (山翁指示)

당나라 무착스님이 오대산에 들어갈 때 화엄사에 이르러
차를 마시고 있는 것을 보고 물었다.
"남방에서 재 지내러 오는 사람이 더러 있습니까?"

"최근 들어 금강굴에서 한 노인을 보았습니다.
절 문에 이르러 균제(均提)야 하고 세 번 소리 지르자
동자가 나와서 문을 열어 주었습니다.
소를 끌고 절 안으로 들어가 하얀 이빨을 상 위에 놓으니
동자가 차 두 잔을 대접했습니다."

그리고 그 그릇에 소락(蘇酪) 한 숟갈을 타서 마시고 말했다.
"나의 게(偈)를 들어라.

한 생각 마음을 깨끗이 하면 깨달음을 얻는다.
항하사의 7보탑 보다 뛰어나다.
보탑은 필경 티끌이 되지만
깨끗한 마음은 정각을 이루기 때문이다.'"

가만히 듣고 있다가 게송을 읊었다.

  面上無瞋供養具　口裏無瞋吐妙香
  心裏無瞋是眞寶　無染無垢是眞常

게송을 듣고 나니 균제도 노인도 간 곳 없고
푸른 하늘에 흰 구름만 날고 있었다.　　　〈高僧傳〉

4-38. 자각스님이 비를 빌다 (自覺祈雨)

자각스님은 평산현 중림산에 살았다.
오른쪽 어깨에 가사를 걷어 올리고 발을 씻고
경행 하되 채소로써 하루 한 때씩 먹었다.

대력 2년 5월 큰 가뭄이 와
항양 절도사 장군혜(張君惠)가 찾아와 기우를 빌었다.

"아무런 술수를 가지고 있지 않지만
백성들이 3년 이상 고통을 당하고 있는데
그냥 지낼 수 있습니까. 용왕님께 부탁드려 보겠습니다."

하고 동으로 높이 49척이나 되는 천수관음상을 조성하여
모시고 3. 7일 동안 지극정성으로 기도를 드리니
갑자기 하늘에서 아미타불, 관세음보살, 대세지보살이
손으로 마정수기 하고
손에 들고 온 꽃으로 물을 버드나무에 찍어 뿌렸는데
한밤에 비가 쏟아져 다 시들었던 풀과 나무들이 되살아났다.

당시 현민과 천지자연의 즐거워함을
어떻게 다 기록할 수 있겠는가.

〈高僧傳〉

4-39. 문수에게 법문 듣다 (聞法文殊)

당나라 국사 법조(法照)스님은 호동에 살고 있었다.
절에서 제5회 염불 법회를 열고 있는데
구름 가운데 아미타불과 관음, 세지, 양대 보살이 나타났다.

한 노인이 말했다.
"너는 먼저 문수보살을 뵙고 오대산을 바라보라."

남쪽에서는 빛이 동북쪽을 향해 뻗어있는데
돌문 앞에 푸른 옷을 입은 선재동자가 난타동자를 이끌고
북쪽 금강문루 앞에 대성 죽점사 사방 20리 1백 리까지
금지(金地), 보탑(寶塔), 화대(華坮), 옥수(玉樹)로 변해

강당 서쪽에는 문수가 서 있고
동쪽에는 보현보살이 사자를 타고 앉아
가득 둘러싸고 있는 보살들께 설법하자
그들 보살 앞에서 모든 보살들이 절을 하며 물었다.

"말세 범부가 무슨 법을 닦아야 합니까?"
"아미타불 염불하는 것이 제1이다. 5계를 낱낱이 지키고
염불하는 마음을 그치지 말라."
하였다.

〈佛祖統記〉

4-40. 경산에 가서 내려 오지 않다 (指往經山)

당나라 석법흠은 성이 주(朱)씨로 오군 사람이다.
학림소(鶴林素) 선사가 몸소 삭발하고 등단하여
수련하다가 한 마디 던졌다.

"한 말로 3학을 통달하고
길을 가다가 경(經)자 든 곳이 있으면 그치고
임안 동북쪽 천목산에 이르면
거기서 자리를 잡고 공부하라."

대력 3년 임금님께서 말했다.
"듣건데 강좌(江左)에서 온도선인(蘊道禪人)이
눈서리와 같은 마음으로 공부하고 있다고 하는데
누가 갔다 오겠는가?"

내시 화봉(華鳳)이 선지를 받들어
각 주, 현에 알리고 음식을 준비해 가니
"제자는 어찬(御饌)을 받을 수 없습니다.
포의소식(布衣疏食)으로 장부를
물들인지 오래되었습니다."
남양 혜충국사가 듣고
"천하 사람이 다 가도 오지 아니할 것입니다."
하여 더욱 공경하고 존중하였다.

〈高僧傳〉

4-41. 스님들을 헐뜯은 과보 (毁僧滅報)

당나라 화엄장법사(華嚴藏法師)는 일찍이
주북사(州北寺)에서 화엄경을 강설하고 이어서
정사(正邪)의 논리를 홍도(弘道) 차원에서 강의하였는데
양쪽의 선비들이 서로 자기 주장을 통해 시비가 생겼다.

"불법이 평등하다고 하는데 어찌하여 불평등한가?"
"진제(眞諦)의 입장에서 보면 절대 평등하지만
속제(俗諦)의 입장에서 보면 불평등한 점도 있다.

말하자면 정, 부정(淨, 不淨)으로 보면 차별이 있고
선악시비(善惡是非)로 보면 정, 사(正, 邪)가
각기 다르다."

도사들이 마침내 원한을 품고 무진하게 독을 내더니
이튿날 아침 세수를 하니 온몸에 창포(瘡疱)가 나서
수염과 눈썹이 모두 문드러져 떨어지자
다 같이 회개하고 참회하였다.

사람들은 다 같이 화엄경 일백 부를 전독(轉讀)하고
눈썹이 떨어지고 창병이 덜 나은 사람들은 나머지
10부를 쓰고 외워 마쳤다.

〈華嚴感應傳〉

4-42. 스님들과 도법을 서로 다투다 (僧道角法)

당나라 숭례(崇禮)스님은 낙운사(落雲寺)에 살면서
불정승주(佛頂勝呪)를 외웠는데 다 외웠을 때와
다 외우지 못했을 때 어떤 차이가 있느냐 물었다.

그런데 대력 3년 태청궁도사 사화(史華)가
석씨불력과 노도법력이 서로 다투어 보자고 제안하였다.

그래서 동명관단(東明館壇)에는 도교의 귀중품들을
모두 늘어놓고 서단에는 불교의 용품들을 모두 진열하여
상하 높이가 5층, 9층에 이르러서 사다리를 놓고 올라가
구경하였다.

그런데 갑자기 높은 곳에서 쓰러져
많은 사람들과 도사들이 상해를 입었다.
그 뒤로 둘로 나누어 서로 싸우지 말고
중생을 위해 봉사하자 하여
지금까지 유.불.선이 한 집안이 되어 화합하고 있다.

그래서 그 일을 주관하여 시범의 본을 보인
호로경(濠艫卿)에게 호국삼장(護國三藏)이란 호를 내렸다.

〈高僧傳〉

4-43. 게송을 읽고 감옥에서 나오다 (誦偈出獄)

당나라 화엄장 법사는 대자은사와
숭부사를 왕래하며 살았다.
특히 계율에 능통하였으므로
한쪽에서는 진율사(塵律師)라 하고
한쪽에서는 장법사(藏法師)라 불렀다.

장법사가 말했다.
현안방 곽신양이 죽은 지 7일 만에 살아났다.
죽었을 때 세 사람의 사자가 나타나 명부에 가자 하여
평등대왕 앞에 서니 무슨 죄를 지었느냐 물으므로
사실대로 이야기하니
여러 말 하지 않고 지옥으로 데려갔다.

그런데 한 곳에 가자 스님이 있어 절을 하니
너는 이 글을 외우라 하면서 게송 하나를 주었다.

"若人欲了知　三世一切佛　應觀法界性　一切唯心造"

하고 외우고 나자 그곳에 들어갔던 수천 죄인들이
다 같이 풀려나며 감사하였다.

그래서 그때부터 이 게송이 출옥송(出獄頌)으로 알려졌다.
이 게송은 화엄경 전체의 뜻을 간단히 묶은 것이기 때문에
외우기만 하여도 지옥을 면한다는 소문이 났다. 〈華嚴感應傳〉

4-44. 신인이 땅을 버리다 (神人捨地)

당나라 도일(道一)스님은
성이 마(馬)씨로 한국 사람이다.

태어나면서부터 호랑이 눈에
소걸음으로 혀가 코끝까지 닿았고
발이 큰대자 걸음을 걸어
근진(根塵)이 그대로 법체를 상징했다.

특이한 환형(幻形)이 근기 따라 가르치면
아름답게 보여 싫어하는 사람이 없었으나 사랑하면
머리가 뚝 떨어져 자주 당화상(唐和尚)이라 불렀다.

유주 원율사(圓律師)에게 계를 받아 위의가 밝고 의복 또한 단정하여
마치 시서에서 용, 코끼리를 보는 것 같았다.
마치 형악산의 회향선사가 육조스님 앞에 섰는 것 같았다.
한번 출행하게 되면 옥첩이 영계(靈桂)에 나타난 것 같아
어디서 무엇을 묻던지 조용히 문자를 여의고 담담히 말했다.

청요산, 임천 두 산에서 걸림 없이 놀다가
귀신처럼 숨어 그 자취를 찾을 수 없었다.

때로는 맹수, 독사로 변하여 운수 배공을 놀라게 하여
감히 일반 사람은 만나기도 어려웠지만
멀리서 보는 사람마다 공경하지 않는 사람이 없었다. 〈高僧傳〉

4-45. 회공이 호랑이를 쫓다 (懷空去虎)

당나라 회공스님은 하양(河陽)사람이다.
광복사(廣福寺)에 출가하여
대명(大明)선사가 인정한 선지식이다.

갖가지 경전을 독습하여 읽힌 뒤에
북수(北秀)선사가 돌아가신 뒤

정안산(定安山)에 가서 짐승들이 날뛰는 소리를 듣고
권공진압(拳空鎭壓) 촌민들을 편안히 살게 하였다.

"호랑이도 중생이니 쫓아 낸다 폭력하지 말고
빈 마음으로 대하면 짐승 또한 사람을 도울 것입니다."

그 후 호랑이들은 더 깊은 산으로 이사하고
동네 사람들은 두려운 마음 없이 걱정하지 않고
평화로운 세상을 살았다.

〈高僧傳〉

4-46. 무후후신 (武候後身)

당나라 서역에 이름 없는 스님이 있었는데
모양이 험악하고 새까만 데다 떨어진 가사에
신까지 질질 끌고 다녔다.

서울 근교 스님들이 위씨네 집에 모여
3일 동안 재를 지내면서도
그를 초청하지 아니하니
그가 절에까지 쫓아와
생떼를 쓰고 야단하였다.

그런데 그 가운데 있던 아이가 깔깔 웃었다.
"어찌 된 일인가, 말도 못하는 아이가……"
"이것은 단월들이 알 일이 아닙니다.
이 애는 제갈양(諸葛亮)의 후신입니다."

무후가 촉나라 증상군에게 인연이 되어 강생한 것이다.
위부(韋皐)가 재임 시 가지고 다니던 염주를 주어
늘 앵무새처럼 염불하고 다니다가
그 앵무새가 죽어 화장하니
사리(舍利)가 수없이 나왔다.

〈高僧傳〉

4-47. 신훤스님이 주문을 외우다 (神暄持呪)

당나라 신훤스님은 어려서부터 말없이 조용하였다.
무주 개원사(開願寺)에 출가하여 본군 태수의 절에 가
훤신채랑(暄神彩朗)을 뵙고 열심히 수련하여
스스로 기뻐하며 나야말로 출진지기(出塵之器)라 출세하였다.

깊이 법을 받고 상과(上果)에 올라 비범한 사람이 되어
나무칠구지불모대준제보살주를 아침부터 저녁까지
그치지 않고 외우다가
금화산 북동 바위 아래 은거하니
불그스레한 구름이 높이 덮었다.

백훤(白暄)이 말했다.
"적성동 동쪽 봉우리 숲속에 맑은 샘이 흐르는데
이상한 사람이 그 속에 살면서
수년 동안 왔다 갔다 하였다."
"스님은 어느 곳에서 왔습니까?"

"나는 산속에 살면서 마군들을 항복 받고 있노라."
하고 '사실은 부처도 마군이도 없다' 자신 있게 말했다.
그리고 모두 이것은 칠구지불모대준제주문의 힘이라 믿고 있었다.

〈高僧傳〉

4-48. 삼생 인연이 만나다 (三生相遇)

당나라 원관(圓觀)스님은
원택(圓澤)스님이라 부르기도 한다.

낙양 혜림사 스님으로 은사(隱士) 이원선, 후신으로 거느리고
아미산과·형주 계곡을 거쳐 장안사 계곡까지 갔다.

형주(荊州)에서 배를 타고
남포 부금당(婦錦檔)으로 갔다가
읍원경(泣源警)에 이르니 부인이 3세 아이를 데리고 있었다.

공당(空塘) 부주(符呪)에서 3일간 목욕시키고
임방(臨訪)에 이르러 한번 웃으니 12년이 걸렸었다.

그해 가을 전당 천축사를 다시 보니 배나무 열매가 볼만하여
이자략(李自湝)과 오부기(吳赴期)와 약속하였다.
과연 항주 천축사 앞의 갈홍정(葛洪井)에 가니
목동이 뿔난 소를 타고 피리 부는 모습이
선연히 3생의 정혼이 살아났다.

"훈풍아 사람을 부끄럽게 하지 말라.
멀리서 그대를 찾아왔으니……
이 몸은 비록 다르더라도 성품은 다르지 않다"
하고 다음과 같이 시를 지었다.

身前身後 事茫茫
欲話因緣 恐斷腸
吳鉞江山 尋已遍
却因烟棹 上瞿塘

돌아보니 어디로 갔는지 알 수 없었다.

〈稽古畧〉

4-49. 백장청규 (百丈淸規)

당나라 회해(懷海)스님은 요인(鬧人)이다.
어려서 옛집을 떠나 멀리 돈문(敦門)에 놀다가
천연(天然)으로부터 대적(大寂)이 돌아가셨다는 말을 듣고

조심스럽게 남강(南康)으로 가니 단신(祖信)이 말했다.
오나라 경계에 천척이나 되는 백장산이 있는데
높은 산머리에 선종스님들이 많이 와 있다는 말을 들었다.

달마대사로부터 6조 스님에 이르기까지
많은 선각들이 몰려 있었다.
누구나 한 소식 얻으려면 높고 험한 것을 논하지 말고
하루도 일 하지 아니하면 먹지 않기로 작정해야 할 것이다.

유마힐에 거처하면서 나무처럼 우뚝 서서
선방의 규칙을 엄하게 지키고 있었다.
산문의 이 같은 제도는 천하 어느 곳에 가도
볼 수 없는 선문규칙(禪門規則)이었다.

산과 바다에 온 사람들이 궤탑(撅塔) 하나로
질서를 지켜살고 있었으니 말이다.

〈高僧傳〉

4-50. 배휴의 시 (裴休贈詩)

당나라 희운(希運)스님이 천태산에 가다가
한 스님을 만나 함께 가게 되었다.
"어디까지 가십니까?"
"쉬엄쉬엄 가십시다."
"개울을 건너면 빨리 갈 수 있는데요."
"지팡이가 있으면 더욱 쉽게 갈 수 있습니다."

하면서 옷을 벗고 평지처럼 쉽게 건너갔다.
"진짜 대법기(大法器)라 따라갈 수 없습니다."
"주인이 객을 어찌 싫어하겠습니까?"

그런데 물속을 건넜는데도 옷이 하나도 젖지 않았다.
"저 집에 가서 쉬어 가십시다."
들어가니 노인이 음식까지 대접해 주었다.

"옛날 혜충국사도 다녀가고 백장선사도 다녀갔으며
환홍정 견해선사도 쉬어갔습니다.
황벽정사에서 배휴가 정중히 시를 지어주었다.

曾傳達士心中印　額有圓珠七尺身
掛錫十年栖蜀水　浮杯今日渡漳濱
一千龍象七高步　萬里香花結勝因
願欲事師爲弟子　不知將法待何人　　　〈高僧傳〉

4-51. 병식시서 (倂息詩書)

당나라 교연(敎延)스님의 이름은 주(晝)이고
성은 사(謝)씨며 장성사람이다.

어려서 재능이 뛰어나 도(道)를 즐겨 하였으므로
얽힘에서 벗어나 삭발염의하고
공(功)이 없는 공(호)을 닦았다.

자사경서(子思經書)에 특별히 마음을 기울여
음영(吟詠)하므로 정성(情性)이 지어졌다.

경사(京師)는 공상(公相)에게 모든 군, 나라를 방백에 맡기고
시구(詩句)를 이끌어 부처님의 지혜에 들어가게 하고
중년의 선덕들에겐 조사들의 심지법문을 알게 하였다.

원호, 영철스님과 도반이 되어
동계(東溪) 초당(草堂)에 나아가
시서(詩書)까지도 쉽게 하고 성정을 닦게 하니
박식한 군신들이 밤낮을 가리지 않고 모여들었다.

시서 문필을 나누다가도
무심, 무아의 법문으로
본성에 돌아가는 수행을 할 수 있도록 길을 인도하니
안지경(顏眞卿)같은 덕인들이 공경하고 사랑하였다. 〈高僧傳〉

4-52. 징관스님이 소를 짓다 (澄觀造疏)

당나라 징관스님은
홀로 명산을 찾아 사방으로 돌아다니다가
오대산 순례를 마치고
화엄사에 이르러 방등참을 하였다.

사주 현림(賢林)스님이 대경을 강해줄 것을 청하자
번거로운 구소(舊疏)를 문수의 주지(主智)와
보현의 행원으로 비로자나의 만행을 완성
20권으로 정리되어 나왔다.

하룻저녁 꿈을 꾸니 용들이 변화하여 나타났다.
남쪽은 용 머리이고 우산은 꼬리며 북쪽 바윗돌은 비늘이고
눈들은 잠깐 사이 천 개의 작은 용으로 변화하였다.

대개 코끼리는 교범의 지분을 상징하는데 당전의 못 속에는
다섯 가지가 합한 연꽃이 활짝 피었다.

때문에 장안의 조신(朝臣)들이
다 같이 고풍(高風)을 사모하여
훈계(訓戒) 하였다.

〈高僧傳〉

4-53. 담연스님은 지관에 능했다 (湛延止觀)

당나라 담연(湛延)은 어려서부터 특이하였다.
태어나기 전에 꿈을 꾸니
큰 수레바퀴를 굴리고 가는 것을 보았다.

장차 이 아이가 지관(止觀) 두 법으로
많은 중생을 구제할 것이라 생각하였다.
과연 그는 지관의 덕으로 모든 의심을 뚫고
깊고 깊은 식(識)의 세계에 나아가 기(氣)를 충전
오군(吳君) 개원사에 나아가 독자적으로 개척하였다.

"문인들이 도를 닦기 어렵습니다."
"예. 스님들은 정관(靜觀)으로서
물(物)들을 따라 주었는데
어떤 사람들은 툭 트이기도 하고
어떤 사람은 교착(膠着) 상태에 빠지기도 하여
자맹병(自盲病)을 앓는 것도 보았습니다."

문자에 달관하면 말이 없어도 근원을 깨닫고
수천만 인의 조사의 말씀을 꿰뚫는다.
단지 망상(罔象)에만 빠지지 아니하면
저절로 힘이 생길 것이다.

〈高僧傳〉

4-54. 소강스님은 염불하였다 (小康念佛)

당나라 소강스님은
진운(縉雲) 주(周)씨다.
어려서부터 출가하여 낙양 백마사에 있는
모든 전적을 탐독하고
선도(善導)스님의 정토사상을 신봉하였다.

열심히 염불하니 절로 모습이 황금색으로 변하고
온몸에서 방광 하였다.
"겁석(劫石)이 변하더라도 나의 원은 변치 않으리라."

장안 광명사 선도 화상 영전에 천도재를 지냈는데
홀연히 영정이 허공으로 날아오르며
아미타불 한 소리에 1전씩 모으며
수년을 노래 부르고 다녀 10년을 꼭 채웠다.

오육산에 정토도량을 만들고
고성염불로 아미타불을 불렀는데
한 소리에 부처님이 천상으로 오르고
염불 10성에 열 부처님이 하늘로 올라가는 것을
보고 모두 감탄하였다.

〈佛祖統記〉

4-55. 이발참문 (李渤叅門)

당나라 석지상(釋智常)은 골고루 직분을 갖추신 분이다.
남전(南泉)의 그림자 속에서 대적(大寂)의 문을 거쳐
강서(江西)의 도에 주석했다가 여산(廬山)에 돌아가
종귀(宗歸)의 메아리 속에서 법풍(法風)을 쐬인 분이다.

백낙천이 강주 사미로 있을 때
가장 흠중(欽重)히 여기신 분이고
이발(李渤)이 숭산에 숨어 살 때
함께 저작하신 분이다.

건주 자사 남강(南康)이 강주 자사로 옮겨 가기 전에
많은 지식을 얻고
백가의 시(詩)를 보지 아니한 것이 없기 때문에
별호들이 만권이라 하였다.

백낙천과 시를 만나 여산의 물에 목욕하고
많은 현철들이 숨어 있는 혜원(慧遠)의 유적지를 찾아
귀종(歸宗)의 선답을 저술하니
조정의 함방(含榜)에 조신 간에
그 이름이 붙어 오를 것이다.

이발이 물었다.
"교중에 수미산을 겨자씨 속에 넣는다는 말이 있는데

어떻게 수미산이 겨자씨 속에 들어 갑니까?"

"박사께서 만 권의 책을 머릿속에 어떻게 넣습니까!"

"참으로 이름이 헛되지 않습니다.

만권의 책이 그 속에서 들어갔다 나왔다 하니 말입니다.

〈高僧傳〉

4-56. 전가의 오도 (全家悟道)

당나라 거사 방온형(龐蘊衡)은 형양 사람이다.
세상에 있을 때는 유업을 익히어
티끌 같은 학문을 익힌 사람이다.

처음 석두(石頭)를 뵈오며 물었다.
"그대는 노승을 뵈온 이래 날마다 무슨 일을 하였는가?"
"일용사(日用事)에 충실하였습니다."
하고 다음과 같이 시를 지어 받쳤다.

　　日用事無別　唯吾自偶諧　頭頸非取捨　處處勿張乖
　　珠紫誰爲號　丘山絶點埃　神通幷妙用　運水及撥柸

석두가 그러겠다 하고 "속인인가, 중인가?"물으니
"머리를 깎는 것도 원하지 않습니다." 하였다.

뒤에 강서에 찾아가니 마조(馬祖)가 물었다.
"만법으로 더불어 짝하지 않는 것이 누구인가?"
"한 입으로 서강의 물을 다 마셔버렸습니다."
"쉬었다 가거라."

하여 2년 동안 있으면서 노래 불렀다.

　　有男不婚有　女不嫁大家　團圝頭共說　無生活自爾

機辯迅捷一　女名靈照製　竹苽籬響之　以供朝夕偈
心如境亦如　無実亦無處　有亦不受無　亦不居不是
賢聖了事凡　夫易復易卽　此五蘊眞有　眞智十方世界
一乘同無相　法身皆有二　若捨煩惱入菩提　不知何方有佛地

〈傳燈錄〉

4-57. 무업돈오 (無業頓悟)

무업스님이 홍주 대적에 대한 이야기를 듣고
한번 뵙기 위해 갔더니
6척 단구를 산처럼 곧추 세우고
서서 사방으로 코를 돌리고 있었다.

홍종대적(洪種大寂)이 한번 보고 싱긋 웃으며
"巍猥佛堂 其中無佛
至如三乘 文學租窮
其旨嘗聞禪師 卽心是佛 實未能"
하니 대적이 말했다.

"단지 알지 못했으면 마음이 곧 그것이라 딴 물건이 없다.
알지 못한 것이 미신이고 알면 곧 깨달을 것이다.
알지 못했을 때는 중생과 부처가 있으나
알고 보면 중생도 부처도 없다.
쥐면 주먹이고 펴면 손바닥이기 때문이다."

"괜히 오랜세월 불법을 찾느라 고생하고 다녔더니
오늘 깨닫고 보니
이 몸이 그대로 법신입니다."
"만법이 唯心所作이라 명자(名字)에도
실허(實虛)가 없습니다."
"일체법이 불생불멸이요 일체법이 본래 공 하기 때문에

경에 이르기를 諸法從本來 常自寂滅相이라 한 것이다."

다시 여기에는 발아래가 그대로 도량이라
무슨점차(漸次) 열반이 있겠습니까."

반산이 정례하고 돌아갔다.

〈高僧傳〉

4-58. 이고참문 (李翶參門)

당나라 석유엄(釋惟儼)은 한(寒)가이다.
일찍이 석두를 찾아뵙고 은근히 깨달음을 얻은 뒤
약산사에 가서 하룻밤을 지내려 하는데 유독 달이 밝았다.

한바탕 웃고 나서
"澧陽東九十里가 온통 밤이 풍양이로다.
사람들이 그 소리를 듣고 동쪽 집만 밝고 밝은가?"

"약산으로 바로 가보라.
대중들이 밤새도록 화답의 웃음소리에
흔들리고 있다."

원화년(元和年) 간에 이고가 공원외랑이 되어
이경검(李景儉)과 간의 대부가 되었다가
낭주자사로 가게 되었는데 처음 유엄스님을 뵙고 물었다.
"도가 어느 곳에 있습니까?"
지엄이 정병을 가르키며
"雲在靑天水在瓶"이라 하니
"鍊得身形侶鶴形 千株松下兩函經
我來問道無餘說 雲在靑天水在瓶"
이라 하였다.

〈高僧傳〉

4-59. 지서결연 (智誓結緣)

지공(智公)스님은 어려서부터 영리하여
범학(梵學)을 공부하더니 무엇이든지 한번 보면
입신(入神)의 경계에 들어갔다.

유양(瀏亮)이 늘 대(臺)에 올라 논전하는데
언어가 통하지 못해 한탄하였다.
"차차 세월이 가면 알 수 있을 테니 걱정하지 마라."
하였는데도 끊임없이 걱정하였다.

"이것은 쌀로 떡을 만드는 이치 하고 꼭 같은 것이니
한 생각 바꾸면 능히 그렇게 될 것이다."
하여 다소 위안을 얻기도 하였다.

그런데 하루는 떡을 치면서
"누구든지 내 떡을 먹는 이는 쌀이 되든지
떡이 되든지 마음대로 하라."

20년 후에는 떡쌀의 법회가 성행하여 업중(鄴中)에
스님의 법문을 듣는 사람이 자그마치 천명이 넘었다.

〈高僧傳〉

4-60. 은봉해진 (隱峯海陣)

당나라 은봉스님은
성이 등(鄧)씨로 건주 사람이다.

어려서 정신이 바로 서지 못해 부모에게 쫓거나
사방으로 돌아다니다가 지양(池陽) 남전스님에게 가서
병(瓶) 닦는 일을 하게 되었다.

한번은 원화(元和) 때 오봉산에 갔다가 길거리에서
훼서에 속하는 오원재를 만났는데
관군들에게 잡히게 되었다.
은봉이 "나는 사람을 죽인 도적이 아니다" 하고
시비하다가 결국 오대산 금강굴에 거꾸로 매달리게 되었다.

한 비구니 스님이 오대산에 가다가 화를 내며
"법률을 알지 못하니 사람을 죽이려 하느냐?"
하고 야단했으나 듣지 않아 결국 죽어 화장하여
사리를 탑 속에 넣으면서
등은봉(鄧隱峯)이 게송을 읊었다.

　獨弦琴子爲君彈　松栢靑靑不怯寒
　金礦相和性自別　任向君前試取看

〈高僧傳〉

4-61. 종밀스님이 소를 짓다 (宗密作疏)

종밀스님은 처음에는
촉(蜀)나라에 있다가 재(齋)나라로 와서
원각요의경(圓覺了義經)을 깊이 통달하여
소, 초(疏, 鈔)를 지었는데
모두가 일심으로서 모든 법을 통관한 것이었다.

어떤 사람은 스님이 선행(禪行)을 지키지 않고
경율을 강의하여 유명해진 분이라 하였지만
많이 듣고 본 데 원인이 있다.

대도(大道)의 나아가는 바는 사실
만법이 일심에 총괄되는데
그 또한 계 · 정 · 혜 3학을 넘지 않고
육도 만행에 지나지 않았다.

그러므로 선을 알고 보면
육도 가운데 한 가지이므로
따로 특별히 내세우지 않았다.

원래는 가섭이 정법안장(正法眼藏), 열반묘심(涅槃妙心)을
아난에게 전하였는데
결국 그 논리는 일심이 만법을 꿰뚫은 것이므로
걸림 없는 교로써 걸림 없는 선을

실천하게 한 것이라 생각된다.

그러므로 공부인은 천교도생(闡敎度生)으로
만행을 실천해서 인색해서는 안 된다 생각한다.

〈高僧傳〉

4-62. 관세음이 나타나다 (觀世音顯代)

당 원화 12년 관세음보살이
대자비력으로 중생들을 교화코자
아름다운 여자의 상으로 나타나니
그의 자태를 보고 욕심을 내지 않는 사람이 없었다.

배우자를 선택하고자 하룻저녁에
보문품을 외우는 자에게 가겠다 하니
당선된 사람이 20여 명이 넘었다.

"한 몸이 어떻게 20여 명을 모시고 살겠는가."
하니 다음에는 화엄경을 외운 자가 10수 인에 달했다.

또 다음에는 법화경 일곱 권을
3일 내에 외우는 자에게 가겠다 말하였더니
풍(馮)씨의 아들이 경전을 통달하여 결혼식을 올렸다.

손님들이 흩어지기 전에는 합방하지 않겠다 하여
하룻저녁을 자고 나니 앉은 모습 그대로 죽고 말았다.

그런데 순간순간 육체가 무너져 건너편 산에 장사 지내고
날마다 쳐다보고 있었는데 한 노스님이 와서 지팡이로
그 묘지를 파자 황금쇄골을 지팡이에 꿰어들고
"이것이 관세음보살이다."

하고 다음과 같이 시를 읊었다.

竊窕髮歌斜　賺然郎君念法華

一把骨頭桃去後　不知明月落誰家

〈釋氏稽古畧〉

4-63. 한유의 참문 (韓愈參門)

당 원화 14년 석가문부처님의 지골(指骨)을 모셔 공양하는데
형부시랑 한유가 표를 올려 간(諫)하자
임금님께서 화를 내어 조주 자사를 보내
대전(大殿)선사에게 물었다.

선사가 말이 없으므로 삼평(三平) 사자에게 물으니
"먼저 정(定)으로써 통하고
다음에 지혜로써 빼내라 하였습니다."

"화상의 문풍(門風)이 고준하여
제자는 입로(入路)를 잘 알지 못하겠습니다."
하니 임금님께서 말하였다.
"가련하도다."

원주 자사가 다시 선사에게 가 물으니
"장군이 가면 병졸이 온다.
알아듣는 자는 칭찬할 것이고
알아듣지 못한 자는 비방할 것이다."

과연 모르는 사람은 망하였고
아는 사람은 가슴에 체한 물건까지 말끔히 뚫렸다.

〈稽古畧〉

4-64. 백낙천이 물었다 (樂天參問)

도림스님의 성은 반(潘)씨로 부양(負陽) 사람이다.
일찍이 장안 서명사 복례(福禮) 법사를 뵙고 읽힌 뒤
경산 국일선사 후견인으로 추천받은 바 있다.

진망산 기슭에 무성한 소나무가 번성하였는데
마치 새집처럼 따박한 소나무 가지에 앉아 있는 분이 있으니
그 별호가 조과선사라 하기도 하고 까치 집 위에 앉았다고 하여
작과(鵲果)스님이라 부르기도 하였다.

시자 회통(會通)이 스님께 하직하자 물었다.
"어디로 갈 것인가?"
"스승님의 가르침을 받지 못하니
여러 곳으로 다녀볼까 합니다."

"왜 나에게 불법을 묻지 않았는가?"
"어떤 것이 화상의 불법입니까?"
스님께서 몸에서 털 하나를 뽑아 훅 불면서
"알았는가?" 하고 물었다.

원화 연중에 태수가 직을 그만두고 떠나면서 물었다.
"선사의 주처가 위험합니다."
"태수의 자리가 더 위험한데……"
"저는 강산을 위진하고 있는데요?"

"업화(業火)가 상교 치성하고 있기 때문이네."

"어떤 것이 불법의 대의입니까?"
"諸惡莫作 衆善奉行이네."
"그 정도는 3척동자도 알 수 있습니다."
"80 노인도 행하기는 어렵다네."
태수가 예배드리고 떠났다.

〈傳燈錄〉

4-65. 문제께서 즐긴 바지락 (文帝嗜蛤)

당나라 유정선사의 성은 주씨로 평원사람이다.
수계 후 본주 연화사(延和寺) 전등 법사로 있다가
숭산 보적선사에게 가서 태일산 중학에서 가르침을 받았다.

태하 년중애 문제가 꼬막을 즐겨 하여
연해 관리가 늘 진상을 하였다.
그런데 하루는 어찬 중의 한 꼬막이 열리지 않아
임금님께서 의심되어 분향 기도하고 여니
꼬막 속에 관세음보살상이 또렷하게 나타나 있었다.

깜짝 놀라 태일산 유정선사에게 물으니
"좋은 법을 들으셨습니다.
관음경에 이 몸 제도한 자에게는
이 몸을 나투어 설법한다 하셨습니다."

"보살신이 꼬막 속에 나타나자
어찌 믿지 않을 수 있겠습니까?"
"희귀한 일입니다. 황제께서 보살신을 보고
법문을 들으셨으니
어찌 천하 인신들이 가피를 입지 않겠습니까?"

이로 인해 관음성상 1백구를 조성하여
천하사찰에 봉안케 하였다.　　　　　　　　　〈傳燈錄〉

4-66. 뱃사공 스님 (船子和尙)

당나라 덕성(德誠)스님은
약산 유엄(藥山惟嚴)스님에게 법을 얻고
화정 오송강 사이 범일 소주우유(小舟優游)
자락시인(自樂時人) 선자(船子)스님께 도를 배웠다.

도오(道吾)스님이 말했다.
"이 뒤로 영이한 좌주 한 분이 오거든
도오스님은 따라가라.
메주 협산 선회(善會)스님이 상당하여 물었다.

"어떤 것이 법신인고?"
"법신은 모양이 없습니다."
"어떤 것이 법안인고?"
"법안은 멀리 떨어져 있지 않습니다."

도오가 이에 깨닫고 의심나는 점이 있어 물었다.
"저는 누구를 의지해야 합니까?"
"화성선자를 찾아가거라. 그 스님은
기왓장 하나 가진 것이 없고
송곳 하나 꽂을 땅이 없다."

그래 찾아가니 물었다.
"좌주(座主)는 어떤 절에서 살다 왔는고?"

"머물러도 머무른 것이 없었고 벗도 없었습니다."

"눈앞에 모양 없는 것은 벗이 아닌가?"

"그런 소식은 어디서 배워 알았는고?"

"누구에게서 배운 것이 아닙니다."

하고 스님은 배를 몰고 어디론가 가버렸다.

〈傳燈錄〉

4-67. 산신과 씨를 뿌리다 (山神種業)

당나라 보문(普聞)스님은 희종의 제3자로
눈썹과 눈이 길상하게 생겼고 풍골(風骨)이 깨끗하여
진여상을 그려 놓은 것 같았기 때문에
희종이 매우 사랑하였다.

그런데 중화 원년(中和元年) 세상이 어지러워지자
종친에게 부탁하여 멀리 도망치게 되었다.
어찌어찌하여 석산(石蒜)을 찾아뵙자 찬탄하였다.
"기이하다. 네가 무슨 원력으로 여기까지 왔느냐?
왕가를 벗어났을 때 불 가운데 연화입니다."

밤중에 입실하니 물었다.
"따로 전할 말이 있느냐? 안산(按山)이 점수하면
즉시 와서 물어라. 봉(奉)자가 든 곳에 가면 그치고
진(陳)자가 든 곳에 가면 살아라."

드디어 진(陳)자가 든 곳을 가니 채소를 심어 먹고 사는
사람들이 있었다. 그래서 그 곳에서 다시 나가지 않고
씨앗을 뿌려 먹고 살았다. 그런데 거기서 처음 씨를 뿌리고
살던 사람이 바로 그 산의 산신이었다.

〈神僧傳〉

4-68. 지현스님이 바로 간하다 (知玄直諫)

지현스님은 소시 때부터 총명 예지하여
내외 경전, 백가이도를 모르는 것이 없었다.

무종(武宗)이 임금이 된 뒤 공채산 높은 곳에
날아가는 집을 짓고 간관들의 항소에도 불구하고
린덕전에 치황(緇黃)을 불러 물었다.

치도(緇徒)는 탈진(脫塵)하고
황도(黃道)는 신선이 되어
자유자재한 삶을 하므로
제왕의 도를 황관(黃冠)을 의지하여 다스려갔다.

   生天本自生　天業未必求
   仙便得仙鶴　背傾危龍背
   滑君王旦住　一千年帝覽
   詩未解帝納　玄忠諫而嘉

이란 글을 써 올렸으나 듣지 않고 죽으니
희종이 불러 가 자비수참으로 대답하여
마침내 오달국사(悟達國師)란 호를 받았다.

                         〈高僧傳〉

4-69. 집을 버려 절을 만들다 (捨室爲寺)

당나라 태자 소전(少傅) 백거이(白居易)는
말년에 불경을 외우고 채식 중심으로 살면서
거택(居宅)을 버리고 향산사(香山寺)를 만들어
자칭 향산거사(香山居士)라 불렀다.

　　十方世界　天上天下
　　我今盡知　無如佛者

불자는 巍巍當當天人師가 되므로 내가 그의
발에 절하고 귀의하노라 하고 회창(會昌) 때는
객주(客舟)가 되어 바람 따라 대산에 이르러
한 도사를 만났다.

"이 산이 무슨 산이오?"
"봉래산인데 낙천이 이곳에 와 살면
미래 중국에 즐거움이 있으리라."
하였다. 낙천이 듣고 시를 지었다.

　　吾學眞空不學仙　恐君此語是虛傳
　　海山不是居吾處　歸則須歸極樂天

드디어 화공이 그 자리서 서방정토극락을 그리자
거기에 글을 썼다.

우리 스승 석가모니 부처님께서
극락세계 이야기를 말씀하셨는데
8고 4악취가 없어
그 이름이 정토이라 하였다.

3독 5탁의 업이 없고
그 부처님 이름이 아미타라
한량없는 수명에 무량한 공덕을 갖추고
상호가 무량하기 때문이다.

〈佛祖統說〉

4-70. 오달국사가 원혼을 씻어주다 (悟達洗魂)

당나라 오달국사는 이름이 지현(知玄)이다.
드러나지 아니했을 때는 한 스님과 같이 살았는데
그 스님이 악한 병에 걸려 뭇사람이 싫어하였다.

지현이 가까이 와 싫어하는 기색이 없으므로
"내 병을 치료해 줄 수 있겠는가?"
"그러고 말고요"
하고 정성껏 치료하여 낫게 되었는데 가면서 말했다.
"만약 이후 어려운 일이 있으면
팽주 다롱산 두 소나무 사이에서 만나자."
기약하고 헤어졌다.

그런데 그 뒤 지현이 무릎 위에 인면창(人面瘡)이 나와
백가지 약을 써도 듣지 않아 고민하고 있다가 다롱산 생각이 나서 두 소나
무 사이를 찾아가니 한 스님이 거기서 계시면서
"내 그대를 기다렸노라. 저 아래 샘에 가서 목욕하고
씻으면 깨끗하게 나을 것이다."

그래 가서 물속에 들어가려 하니 인면창이 말하였다.
"내가 누구인 줄 아느냐?"
"어떻게 너를 알겠느냐?"
"나는 오나라 착조다. 네가 옛날 나를 미워하여

나라 임금님 앞에서 망신을 주고 죽여 내 세세 생생
그 원수를 갚으려 했는데 빈두로존자의 안내로
나를 만나게 하였으니 더 이상 갚지 않기로 하겠다.”
하고 감쪽같이 사라졌다.

그래서 그는 그 삼매수의 물로
전생의 업장을 씻는 글을 써
그 이름이 자비수참(慈悲水懺)이라 되었다.

〈水懺序〉

4-71. 종례스님이 비를 빌다 (從禮祈雨)

당나라 종례스님은 모범적인 율사다.
조차전폐(造次顚沛)시라도 항상
천태의 괘탑(掛搭)을 가지고 대중 앞에서
언제나 편안한 모습으로 어질고 착한 모습을 보였다.

"바라제 목차는 나의 스승이다. 출가한 사람이
계를 갖지 아니하면 재주 부리는 원숭이고 날뛰는 말이다.
특히 포살계는 대중의 훈령이니 잘 지켜야 된다.

"나한재를 어떻게 모셔야 합니까?"
"아사리를 청하여 기도하되 진군(眞君)들이
나라와 서자 선관들께 제사 지내듯이
경건한 마음으로 오악제군(五岳帝君)에 예배하고

천태승방(天台僧房)의 도관(道觀)에 의해서
신심을 단련하고 주방을 청정히 하여
재를 지내면
산문은 숙정(肅靜)하고 천하가 태평할 것이다.

〈高僧傳〉

4-72. 영사식하 (寧師食荷)

영사스님은 기양(岐陽) 사람이다.
이름도 성도 모르지만 어디서 왔는지 불쑥 나타나
절에서 살면서 때로는 난폭하기도 하고
때로는 난초처럼 향기롭게 도량을 잘 지켜 편안하게 하였다.

한번은 마굿간이 소란하여 물으니
"염라국의 제1 판관이 얼마 안 있으면 죽을 스님들의
수명을 검사해 갔는데 각각의 전각(殿閣)마다
10여 명씩 검사하는 사람들이 있어 물었습니다.

'무슨 경을 읽느냐?'
물으면 여러 가지 경율로써 대답하며
'금강반야바라밀경이 제일이다' 하였습니다.

'죽은 사람을 살려내기도 하고
산 사람을 묶어 집어넣기도 하였는데
그 전후 사실을 말로 다 할 수 없습니다.'

〈高僧傳〉

4-73. 두 왕이 법을 묻다 (二王問法)

당나라 종심(從諗)선사는 일찍이 남전스님을 뵙고
관음원에서 도풍을 폈다.
하루는 연왕(燕王)이 조나라를 치고자 군인들을 데리고
산골짜기에 진을 치고 있는데 산골에서 밤중에 훤히
빛이 나는지라 물으니 도인이 있다 하였다.

조나라 임금님께 연락하여 함께 찾아갔다.
조주스님이 자리에서 일어나지 않고 책상을 한번 쳤다.
시자에게 물으니
" '임금님께서도 내 나이가 되면 아실 것이다' 하는
말씀입니다."

"스님의 나이가 몇 살입니까?"
"120세입니다."
"아 그러면 나보다 120세를 살라는 말씀입니까?"

그때 노스님이 말했다.
"차나 한 잔 드시고 가세요."
강물을 떠다 돌 솥에 끓인 백비탕(白沸湯)을 가져와
너무 뜨거워 한 모금 마시고 방안을 쳐다보고
한 모금 마시고 쳐다 보니 방안에는 한 물건도 없었다.

"저렇게 빈 몸으로 차만 하시고 살아도 120살을 사는데

전쟁을 해서 무엇하겠는가?" 하고
조왕과 화해한 뒤 돌아갔는데
연왕의 호위장군이 자신들의 임금을 지나치게 박대했다하여
그냥 죽여버리려고 뒷문으로 칼을 빼 들고 들어가니
어느 결에 선상에서 내려와 좌복을 들고
"장군님 여기 앉으세요."
하였다.

"아니 임금님이 오셨어도 일어나지 않던 분이
웬일 이십니까?"
"임금님만 같아서야 내려올 필요가 없지요.
귀한 몸을 받은 장군님을 지옥에 보내서 되겠습니까?"

하여 여덟 자 한 칸 조주원을 지어주었다.

〈釋氏通鑑〉

믿고
받들어
행하다...

4-74. 동빈과 문답하다 (洞賓參問)

석회기(釋悔機)스님의 성씨는 장(張)씨다.
회주(懷州) 현천언(玄泉彦)의 보호를 받았다.

천우 원년 돌아다니다가 악주(惡州) 황룡산에 갔더니
절도사가 법당을 창건하고 자의(紫衣)를 내리고
호를 초혜(超慧)로 법석을 마련해 주었다.

당당한 한 스님이 물었다.
"스님의 가풍은 어떤 것입니까?"
"밑 없는 유리발우 이니라."

"어떤 것이 군왕검(君王劍) 입니까?"
"만류를 상하지 않는 것이니라."

그 뒤 여동빈(呂洞賓)과 화상이 가서 놀다가 종리권을 만나
금단을 얻어 먹고 악주 황룡산으로 가서
좁쌀 속에 화장세계를 다 잡아 넣는다는 말을 듣고 시를 지었다.

自從一見黃龍後 始覺從前錯用心

〈佛祖統記〉

4-75. 민왕이 도를 묻다 (閩王問道)

당나라 의존스님의 성은 증(曾)씨로 천주(泉州)사람이다.
유민(游閩)에 가서 설봉스님과 살면서 민왕(閩王)의
시중을 들면서 민월(閩越) 병정들을 가르쳤다.

하루는 등산 가다가 물었다.
"짐이 절을 지어 복을 지으려 하는데요
보시로 도승(度僧) 하는 것과 어느 것이 좋겠습니까?"
"선악 불사는 성불하고는 거리가 멉니다.
유위법은 결국 하나의 망상에 불과합니다."

"그러면 어떻게 하여야 생천수복도 보증하고
성불작조도 하겠습니까?"
"일체 업장은 모두가 허망한 것입니다.
진짜 참회는 단정히 앉아 실상을 관하십시오.
실상을 통철하면 자연 성불하게 됩니다."

임금님이 일어나 절하고
"스님의 가르침대로 생사대사를 해결하도록 하였다.

〈釋氏統鑑〉

4-76. 장대들고 다닌 포대화상 (長汀布袋)

포대화상은 당나라 계차(契此)스님이다.
처음 명주 봉화에서 배불뜨기 스님을 만났는데
날씨가 좋겠다, 궂겠다 외치면서 거리를 배회하였다.

무엇이든지 보기만 하면 '나 주십시오.' 하여
주면 자루에 넣어 가지고 가서 동네 아이들과 나누었다.

"어디서 오십니까?"
"사람들에게서 옵니다."
고기고, 밥이고, 채소고
발우에 주는 대로 받아먹기도 하고
나누어 주기도 하였다.
악림사 동쪽 반석 위에서 살았다.

> 彌勒眞彌勒　分身千百億
> 是時是時人　是人俱不識

화장한 뒤 뒷사람들이 자취를 살펴보니
정병 하나, 석장 하나가 그 절 안에 었었다.

〈佛祖統記〉

4-77. 스님이 되어 부모의 은혜를 갚다 (爲僧報父)

당나라 사수(師修)스님은 요양 사람으로 성이 사(沙)씨다.
낚시꾼 아버지가 밤이면 배를 타고 나가
고기를 잡는 것을 보고 있었는데
호수에 뜨는 달이 인생과 꼭 같은 것을 느꼈다.

"아버지께서 일생 동안 잡아 우리들에게 삶아 먹인 고기가 얼마나 될까,
이것은 필시 3도의 씨앗이 되리라."
하루아침에 인연을 버리고 부모님의 은혜를 갚기로 하였다.

계를 받은 뒤 사방으로 돌아다니며
떨어진 옷, 신발로 풀, 나무 과일을 생기는 대로 먹고
어느 곳에나 앉아 종일토록 선을 닦았다.

설봉 의존선사를 굴선사게서 만나 물었다.
"두타행이 좋은가?"
"살이 떨어지고 피가 흘렀습니다."
"무엇을 얻었는가?"
"달마는 일찍이 동토에 오지 않고
그들도 인도를 가지 않았습니다."

"그렇다면 이것을 보게."
하고 능엄경 한 권을 주었다.
"두타에 집착하면 다시 또 이 세상에 오네.

다시 태어나지 않아야 아버지 과보도 갚게 될 것이네."

"그렇지 않아도 어젯밤, 아버지께서 꿈에 나와

이제 그만하라. 나는 네 덕분에 천상에 태어났다."
하셨습니다.

〈釋氏統鑑〉

4-78. 불교의 사태를 그치게 하다 (勸停沙汰)

주나라 석도배(釋道盃)는 장안 사람이다.
어려서 친구들과 놀다가
갑자기 7세 된 친구가 죽는 것을 보고
사방으로 돌아다니다가

어느 절에 이르러 다 잊어버리고
어머니께 출가를 고백하고
보수사라는 절에 출가하였다.

그러나 순원 연간(順元 年間)에 출가를 국가에서 금하므로
동경(東京)에 와서 때를 기다리고 있었다.
그러나 정부에서는 타락한 스님들과
방탕한 도사들만을 본으로 내 세워 사태(沙汰)하였다.

다행히 새로이 등극하여 불법의 장점을 들자
산국 이공도(李公渡)와 추밀왕 태부왕(太傅王)이
박한림(朴翰林)과 의논하여 사태를 정지할 것을 권하여
드디어 삼무일종(三武一宗)의 폐해를 금지하게 되었다.

〈高僧傳〉

4-79. 법을 듣고 당장 깨닫다 (聞法頓悟)

송나라 덕소국사(德韶國師)는 진씨로
처주(處州) 용천(龍泉)사람이다.

일천 정혜(淨慧)선사께서 상담하는 것을 보았다.
어떤 스님이 물었다.
"조계일적수(曹溪一滴水)가 무엇입니까?"

무엇인가 생각하다가 갑자기 터졌다.
"너야말로 이 뒤 국왕의 스승이 되리라."
그로부터 천하를 주유하며 법문을 듣다가
천태지자 대사의 마하지관(摩訶止觀)을 통하여
삼세인과(三世因果)를 통철하고 후배들을 양성하였다.

〈高僧傳〉

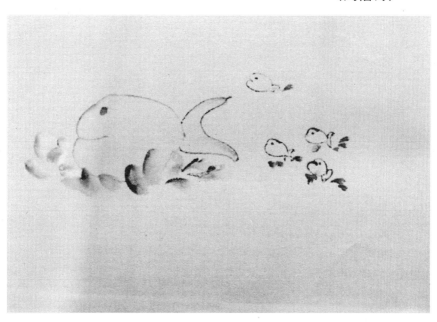

4-80. 연수스님이 방생하다 (延壽放生)

송나라 연수스님은 총각 때부터
법화경을 외우면서 방생하였다.
육순 때까지 비단옷을 입지 않고
기름진 음식을 먹지 않고
덕소국사에게 찾아와 심지(心志)를 털어놓았다.

국사께서 말씀하였다.
"너는 장차 천태지자 대사처럼 구순이 되더라도
입정하면서 국청사에서 법화참을 하리라."

과연 그는 초야에는 방등법을 닦고
중야에는 본산을 돌았는데
보현보살이 손에 연꽃을 들고
선정 속에서 그대로 정토를 장엄하는 것을 보았다.

한번은 일의전심(一意專心)으로 정업을 닦고 있는데
그때부터 입에서 말이 터졌다.

저녁에는 영평사를 돌면서 염불하였는데
산봉우리에서 천억을 울리는 소리가 들려
비가 오면 서방정토의 아름다운 모습이 그 안에 나타났다.

〈佛祖統記〉

4-81. 라계의 흥교 (螺溪興敎)

송나라 의적(義寂)스님은 영가 호(胡)씨다.
어려서 두 부모님께 출가를 고백하고
개원사에 들어가 법화경을 독송하였다.

이어서 천태지관(天台止觀)에 관심을 가지고
사명산 육왕사에 들어가 국청사에 오르는 꿈을 꾸었다.

상방이 온통 보배 자리로 이루어졌는데 문수대 밑으로
관음당에 들어가 말을 타고 한 바퀴 돌았다.
자신이 그대로 관음과 일체되는 것을 보았다.

그로부터 무진한 요설(樂說)이 나와 천태 교적을
차근차근 보게 되었는데 회창 법난 이후
소실된 것을 찾을 수가 없었다.

금화고장(金華古藏)에 이르러 정명소(淨明疏)와
영가집을 보고 나라의 왕에게 건의하니
오월왕이 10인의 사신을 일본국에 보내 구해 쓴 책을
정혜사에 보관하고 정광법사로 하여금
1종을 되살리게 하였다.

〈佛祖統記〉

4-82. 간절한 마음으로 이생업을 실천하다 (懇留利生)

송나라 의통(義通)스님은 성이 윤씨인데 고려국 사람이다.
범상(梵相)에 육계(肉髻)가 있어
미간 백호상이 5,6촌 따르르 말려 있었다.

어려서부터 불승을 따라 화엄경, 기신론을 천복사에 이르니
중국 천지가 천태종 일색이었다.
나계(螺溪)에 이르러 일심삼관(一心三觀)을 듣고
원돈(圓頓)의 학이 바로 여기 있구나 감탄하였다.

장차 본국에 이르러 포교할 것으로 생각하고
동주에서 배를 타고 본국에 돌아와 부모님을 먼저 제도하고
다음에 선후배, 지인들에게 20년 동안
전법하여 법화경과 정토사상을 모르는 사람이 없게 되었다.

〈佛祖統記〉

4-83. 사명중흥 (四明中興)

송나라 석지례(釋知禮)는 사명 김씨다.
어머니 이씨에게 한 스님이 동자 하나를 데리고 와 주면서
"이 애는 부처님 애, 라홀라다."
하였는데 바로 임신하였다.

모습이 청초하고 준수하여 대중 앞에 뛰어났으나
7세에 어머니가 돌아가셔서 15세에 출가하였다.
율부를 탐색하여 보운학교(寶雲學校)를 마쳤는데

수좌스님이 말했다.
"너는 법계차제(法界次第)를 봉지하라."
"어떤 것이 법계차제입니까?"
"원융무애한 대염상법문(大捻相法門)이다."
"이미 원융무애 하다면 무엇 때문에
차제(次第)가 있습니까?"

그날 저녁 아버지가 꿈에 나타나 보운스님께 무릎을 꿇으니
보운스님이 병에 든 물을 부어주면서
"이것이 원돈을 한꺼번에 받는 것이다." 하였다.

보운스님이 돌아가신 뒤 꿈에 스님을 뵈오니
머리로부터 왼쪽 팔을 잡고 한 바퀴 돌았다.
마치 가뭄에 비를 맞듯 흐뭇한 마음으로 꿈을 깼는데
장차 일본 법화종의 증흔조사로 일컬어지게 되었다. 〈佛祖統記〉

4-84. 구양수가 깨달음을 얻다 (警歐陽脩)

송나라 거눌(居訥)스님은 성이 채(寨)씨다.
신주 사람으로 원통사에 있으면서 구양수와 함께
배를 타고 여산룽(廬山陵)을 왔다 갔다 하면서
백가이도(白家異徒)의 논사들이 토론하는 것을 보았다.

그 가운데서도 불법은 숙연(肅延) 침묵하면서도
듣는 사람들로 하여금 권태를 느끼지 않게 한다는
것을 알았다.
참지 못한 속인들은 불평불만 하면서도 어쩔 수 없이 고개를
떨구고 떠났으나 스님은 조금도 자만한 기색이 없었다.

"불도는 마음을 깨닫는 것이고
그 마음은 본래부터 가지고
있는 것이기 때문에
새삼스럽게 떠들 필요가 없다."
하였다.

비로소 스님은 거기서 유교는 세상을 편안하게 하는 것이고
도교는 장수무병의 종교임을 깨닫고
불교는 생사해탈의 종교이기 때문에
유·도를 통쳐서 공부하여도 걸릴 것이 없음을 깨달았다.

〈佛祖統記〉

4-85. 임금님 앞에서 자리에 오르다 (御前陞座)

송나라 석회연(釋晦連)스님은
인종황제가 화성전(化成殿)에 청하여 불법의 대의로 묻고
대각선사(大覺禪師)의 호를 내렸다.

또 남방선림의 법에서도 자리에 올라
자운법우(慈雲法雨)를 내리게 하셨는데
그때 게송을 읊었다.

　　古佛堂中曾無異　說流通句內誠有
　　亐談得之者妙用　無虛失之者觸道

　　有節非千竹　三星達月宮
　　一人居日下　弗與衆人同

　　六我皇却唱祖機　兩曾金般奉天威
　　靑山隱去欣何得　滿篋唯將御頌歸

〈稽古畧〉

4-86. 진보교편 (進輔教篇)

송나라 계숭(契嵩)스님이 이태백(李太白)에게 말했다.
유석결의논(儒釋決疑倫)을 문충공이 옛날 항주 영은사에서
낸 정종기(正宗記)에 도면을 보충하여 만든 것입니다.

그런데 근래 신이 항주 영은사 스님 계숭을 만나
대조해 본 결과 전법 조종(祖宗)이 심히 분명치 못합니다.

교학을 한 사람들이 자기 집착에 의하여
고금의 전기를 다투어 정리하다 보니
맞지 않는 것이 많습니다.

중상 한위공(韓魏公)과 구양수공이 대조해 보고
경전으로 고증하였아오니
조정에서 이를 받아주시기 바랍니다.

하여 이 스님 호를 명고숭(明敎崇)이라 내리게 되었다.

구양공이 찬탄하였다.

　不意僧中有此郎　探經孝證既無訛
　謬於是朝廷旋以　明敎大師號賜書

〈稽古畧〉

4-87. 뇌성 소리를 듣고 깨닫다 (聞雷悟道)

송나라 조청헌(趙淸獻)공은 병평(抃平)에 살았다.
천발(千鉢) 중원선사(重元禪師)와
방외(方外)의 친구로 청주 목사로 있을 때
뇌성벽력 치는 소리를 듣고 한 소식을 깨달아 시를 지었다.

   退食公堂自凭几　不動不搖心似水
   霹靂一聲透頂門　警起從前自家底
   擧頭蒼蒼喜復喜　刹刹塵塵無不是
   中下之人不得聞　妙用神通而已矣

사실 부처님 가르침은 일촉즉발(一觸卽發)하게 되어있어
근기가 차별한 점이 많으므로
갖가지 학설이 나오게 된 것이다.

마음이 있는 자는 누구나 이 안락법문(安樂法門)을
들을 수 있으니 어렵다 재미없다 말하지 말고
꾸준히 노력하시기 바란다.

〈稽古畧〉

4-88. 북망산행 (北邙山行)

송나라 법천(法泉)스님은 어려서 많은 책을 읽었는데
눈으로 제목만 보고 모두 다 외웠다.
그래서 누구고 법천을 선지식으로 모셨는데
일찍이 북망산행이란 글을 지었다.
간단히 몇 구절만 적어 본다.

前山後山高峩峩　襄車轔轔日日過
哀歌幽怨滿岩谷　聞者潛悲薤露歌
哀歌一聲千載別　孝子順孫徒泣血
世間何物得堅牢　大海須彌竟磨滅

〈稽古畧〉

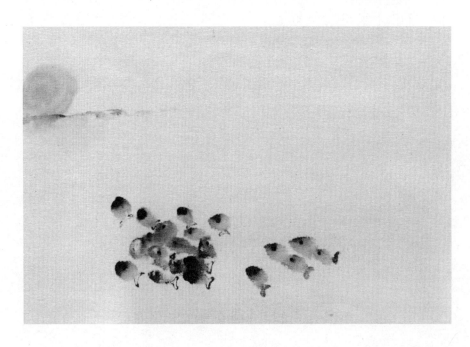

4-89. 풀잎 옷을 입은 문수 (草衣文殊)

송나라 태위(太尉) 여혜경(呂惠卿)은
오대산에 갔다가 머리가 어깨까지 풀려 있는
한 동자를 보고 물었다.
"관인이 무엇 때문에 여기까지 옵니까?"
"대사를 뵙기 위해 옵니다."
"무엇 때문에?"
"화엄대교의 깊은 뜻을 이해하기 위해!"

"칠흑 같은 세상을 밝히는 데는 광명이 제일입니다."
"모든 부처님의 묘한 뜻을 간단히 설명해 주세요!"
"10지 1품만 알아도 백권 성의(聖意)를 알 수 있습니다."

태위가 동자 모습을 보니 꾸짖는 것 같은 눈치였다.
"관인은 착각하는 것이 없습니다.
풀 한 포기 나무 하나가 문수 아닌 것이 없는데
먼저 보고도 깨닫지 못하면
이를 어찌 문수라 할 수 있습니까?"
하고는 온데 간데 없어졌다. 태위가 안타까워 머리를 들고
쳐다보니 그 분이 진짜 문수였다.

구름 가운데 은은히 떠 가므로 황홀한 태위가
"다시 뵙기를 희망합니다."
하니 깔깔 웃으며
"탐착하지 마십시오." 하였다.   〈稽古畧〉

4-90. 호법론에 집착하다 (着護法論)

불조통기에 송나라 장상영 거사가 절에 가서
대장경이 잘 정돈되어 있는 것을 보고
"우리 공자 성인의 책도 이렇지 못한데
하물며 오랑캐들의 그림이겠는가."

밤새도록 앉아 생각하니 아내가 물었다.
"어찌하여 주무시지 않습니까?"
"내가 무불론(無佛論)을 쓰고자 생각 중입니다."

"당신도 참 이상합니다. 없는 부처를 써서 무엇합니까?"
상영이 그때부터 아무 말 없이 유불론 무불론만 생각하였다.

그래 그때 부인께서 유마경을 주어 읽어보니
모두가 4대 병 아닌 것이 없었다.
상영이 그때 사 크게 깨닫고
깊은 신심을 일으켜 호법론을 짓게 되었다.

동림총 선사와 도솔열 선사가 보고
돈점(頓漸)이 함께 존재하니
비로소 명근(命根)이 끊어졌다 하였다.
그 후 상영은 구게(句偈) 10송을 지어
자신의 소회를 밝히니 구우열(區宇悅)이 노래불렀다.

證之商英遂作十　頌敍其事以酬之　　　　　　〈佛祖統記〉

4-91. 스님들은 공양하다가 진짜 금을 얻다 (飯僧覬金)

송나라 홍경(洪慶)거사가 강동 절도사가 되어
지주(池州) 우구(禹丘)선사와 밤새도록
이야기를 나누다가 물었다.

"스님은 주로 무슨 경을 보십니까?"
"42지장경을 봅니다. 백 명 밥을 먹이는 것보다
한 가지 선을 하는 것이 낫고 착한사람 천명
밥보다도 무주, 무작, 무증자가 났다 하였는데
바른 생각 속에서 해탈한 하기 때문입니다."

"그런 사람이 있습니까?"
"진소유(秦少游)가 스스로 자기 만장(挽章)을 지었는데
황금반승(黃金飯僧)이 동파일구(東坡一句)만
못하다 하였습니다.

그러나 그는 그로부터 매년 선찰(禪刹)의 반승을
그치지 않았다고 한다. 백 가마의 쌀 가운데
황금 1구가 들어있기 때문이다.

홍경스님이 노래하였다.

向讀名臣傳只見　補仲山袞和傳說
羹一聡而己今問　師言其飯僧若此　　　〈稽古畧〉

4-92. 하늘에 계신 어머니가 자신을 보호해 주다 (天母護身)

송나라 융우태후(隆祐太后) 맹씨가
나라를 버리고 남극에 들어가 호신법을 배우는데
거기 도량에 마리지천이 모셔져 있었다.

"언제 모신 것입니까?"
"도읍을 정하고 명호(冥護)의 덕을 빌기 위해
조성해 모신 것입니다.

조각가는 인도인이고
말 위에 앉아 있는 것은 천조(天曹) 대신입니다.

미리지천을 하루에 7백 번씩 외우면
죽을 사람의 명단을 삭제해 주고
병과(兵戈)의 액을 면해 주고 질병도 없애줍니다.

염송할 때는
"나무석가모니불 10번
마리지천 보살 7백 번씩 외우면 됩니다."

〈佛祖統紀〉

4-93. 보암선사 (普庵禪師)

송나라 인숙(印肅)스님은 속성이 여(余)씨로
원주 의춘 사람이다.

여섯 살 때 출가하면 모든 액을 때울 것이다 하여
수융원(壽隆院) 현공(賢公) 선생에게 보내
17년 동안 공부한 뒤 머리 깎고 스님이 되었다.

법화경을 주로 읽고 대위산에 들어가
만법귀일화(萬法歸一話)에 대하여 물었더니
그만 불자(拂子)를 들어 보였다.

그 이웃 절에는 종이 옷을 입고
죽으로 연명해 사는 스님이 있었는데
화엄경 합론을 설한 뒤 시를 읊었다.

　捏不聲團　撥不開何
　須南岳又天台　六根門首無人用

모든 사람 뜻을 따라 설법하고 글씨를 써 주었는데
모두 병이 나았다.

〈稽古畧〉

4-94. 진무시건 (眞武施巾)

온방(蘊方)스님이 서경 선제원 주지 용근(用勤)스님을
찾아 뵙고 어떻게 화주 노릇을 하면서
목욕하는 수건을 주고 다니는가 보았다.

하루는 개울가에서 청의동자가
온방스님 앞에 가다가 뒤를 따라갔다.
숲속 꽃잎이 무성한 곳에 이르러
진무진군이 돌 위에 앉아 있는 것을 보고

인사를 한 뒤 한 묶음 수건을 올려 드렸다.
곡부산에 성명을 알 수 없는 사람이
무엇인가를 구해 근접해 왔다.

신장이 8척이 넘는 비범한 사람이
찬물에 들어가 씻고 담그고 온탕, 열탕을 거쳐 나왔는데
온몸에서 이상한 향기가 진동하였다.

소문관 학사 이종부가 생각하다가 나아가 고하였다.
동자 온이 대궐에 들어갔다 오더니
성지(聖旨)를 받들어 스님이 되었다.

그리하여 그 모든 수건을 거두어
도량 안에서 일 보는 사람들에게 공양하고
자신도 거기서 머물렀다.   〈啓聖實錄〉

4-95. 금강명참 (金剛明懺)

송나라 석약눌(釋若訥) 스님은 효종이
선덕전에 모셔 자리를 드리고 물었다.

"무엇 때문에 매년 금강명참을 하십니까?"
"대범천 사바세계 주인 석제환인이 33천에 임하게 되면
4대 천왕들이 호법호민하는 까닭에
제천들게 금강명경을 설하여 삼매에 듭니다.

아침마다 향과 등불을 밝힙니다.
금강명경은 성세(聖世)의 보전입니다."
"광명참에도 과의(科儀)가 있습니까?"
"경중에 이참(理懺), 사참(事懺)이 있는데

이참은 단정히 앉아 마음을 연구하므로써
업장을 얼음처럼 녹이고
사참은 눈, 귀, 코, 혀, 몸, 뜻을 깨끗하게 가져
부모님께 효도하고 4해를 평온하게 하는 것입니다.

그 가운데서도 정법으로 세상을 다스리고 6재일을 지키고
깊이 인과를 믿고 마음에 반야를 잊지 않고
모든 일을 이치에 맞도록 합니다."

임금님께서 기뻐하며 천축사를 건립하고
호국 금강명참을 실천하게 하였다.   〈稽古畧〉

4-96. 혜원스님이 효종을 만나다 (慧遠入封)

송나라 혜원스님에게 효종이 물었다.

"어떻게 하여야 생사를 면할 수 있겠습니까?"

"대승의 도리를 깨달아야 합니다."

"어떻게 깨달아야 합니까?"

"자신의 성품을 연구해야 합니다."

"깨달은 뒤에는 어떻게 해야 합니까?"

"털끝만큼도 상이 없어야 합니다."

"즉심즉불은 무엇입니까?"

"눈앞에 딴 법이 없는 것입니다."

"꿈에 종소리를 들었습니다."

"꿈을 깨달은 자가 바로 누구인가를 깨달아야 합니다.

만법으로 더불어 짝하지 않는 자를 알면

한 입으로 서강의 물을 다 마셔버릴 수도 있습니다."

임금님이 듣고 그렇게 되기를 희망하였다.

〈稽古畧〉

4-97. 임금님이 3교에 대하여 물었다 (上問三教)

송나라 효종이 명주 설두사 보인(寶印)스님에게 물었다.

"3교 선인이 동일합니까?"

"허공에는 동서남북이 없는 것 같습니다."

"그러므로 공자님은 중용을 설하셨던 것이며

불법에서는 세간을 파괴하지 않고

출세간법을 이룬다 하였습니다."

장상영은

"누구든지 자기 학문을 내세우고

남의 도를 뒤에 붙여 비교하기 때문에

승열(勝劣) 고저(高低) 장단(長短)이 생긴다 하였습니다."

노자는 이 몸을 큰 환난에 비유하였고

소승은 이 몸을 싫어하여 고생시켰으나

대승에서는 자미득도선도타(自未得度先度他)라 하고

중생도진방증보리(衆生度盡方證菩提)라 하였다.

〈佛祖統記〉

4-98. 승도변론 (僧道辯論)

도가서(道家書)에
"노군(老君)이 인도에 태어나
중생들을 제도하고자 성불하였다."
하였는데 그 내용이 사방에 퍼져 허탈한 소리로 불법을 업신여기니
헌종께서 양도의 도인을 불러
시비를 가리게 하였다.

도사가 말했다.
"우리들은 인도 빔비사라왕의 찬불공덕경에서 보았다."
하고 찬불송을 읊었다.

　　天上天下無如佛　十方世界亦無比
　　世間所有我盡見　一切無有如佛者

임금님이 듣고
"그렇다면 어찌하여 노자 도덕경에는
그런 말이 한마디도 없는가?"
하니 할 말이 없어 꿇어 엎드려 사과하고 벌을 받았다.

〈辯僞錄〉

4-99. 도교경을 불사르다 (勅燒道經)

지원 18년 정부에서 분명치 못한 도교 경전을
한데 모아 불을 태웠다.
왜냐하면 도교에서는 신행 중 나타난 천서(天書)들을
진경(眞經)으로 착각하다 보니 5천여 경전이 모두
위경(僞經)으로 오인될 염려가 있었기 때문이다.

그래서 모든 도경을 장도릉 구겸지도사와
당나라 모균 두광정 등이 찬찬히 비교하여 진위를 가리자
두 교 자체 안에서도 진짜 가짜가 수없이 쏟아졌다.

그 후 도교는 노자 도덕경과 남화 장자경 이후에는
대부분의 경전을 위경으로 판단하고
불교에서도 위경을 판단하는 기준이 만들어지기는 하였어도
이미 널리 보급되어 가려내기 힘들어
각 시대 대장경에 일람표를 만들어 가려보도록 하였다.

〈辯僞錄〉

4-100. 담파국사 (膽巴國師)

원나라 국사 담파는 일명 공가갈자사(功嘉葛刺思)다.
티베트 출신으로 어려서 인도에 들어가
달마실이전을 익히고 범음의 비밀한 뜻을 익혀

세조 때는 제사(帝師) 팔사파(八思巴)와 함께
대란재 때 비를 빌고 진조주(眞潮州) 처가 병이 나서
고생하고 있을 때 수주(數珠)를 몸에 붙여 쾌유케 하였다.

또 성종 때도 기도하여 항서(降書)를 받고 병을 치료했고
성종이 북쪽을 순회할 때도 코끼리를 타고
길을 인도하여 무사하게 돌아오게 하였다.

그래서 그 이름을

功嘉葛勅思西番實甘斯旦麻人

이라 불러 칭송하기도 하였다.

〈神僧傳〉

제5편 세조대왕의 불사

제5편 세조대왕의 불사

5-1. 군국사업(君國事業)에 충실한 세조대왕

세조대왕은 조선조 제7대 왕으로 13년밖에 왕위를 계승하지 못한 임금님이지만 위로 세종 장헌왕의 정신을 받들어 대왕이 이루지 못한 국문사업(國文事業)과 문화예술을 정성을 다해 실천하다 가신 분이다.

2년(1456)에는 노산군을 사직시키고 부인 송씨를 정업원으로 출가시켰으나 3년 부터서는 왕세자의 명복을 빌기 위해 금강경을 사경하고 영웅대군과 계양군 민성군 하성위 정현과 중추원 김수원, 한계희 등을 이끌고 능엄경, 법화경을 언문화하고 금강경오가해, 선종영가집, 증도가와 주석화엄경, 지장경, 자비도량참법 등을 만들어 불교의 대중화, 민중화에 큰 공을 세웠다.

아울러 해동 사문 백암 성총에게 명하여 영암월출산 도갑사 묘각화상 비문을 쓰게 하고 4년에는 대장경 50부질을 인출하여 경향각지의 명산 대찰에 모시게 하였다.

아울러 세종대왕이 소헌왕후를 위해 석보상절을 쓰게 하자 대장경 속의 석씨 원류를 찾아 정리하니 세종대왕은 이에 감동하여 시 500수를 지어 마침내 월인석보(月印釋譜)가 만들어진다.

이어서 용문사 종을 만들고 6년 아악을 바로 잡아 영산회상곡(靈山會上曲)과 처용무(處容舞)를 정리하고 8년에는 흥천사 종을 완성한뒤 9년(1463) 간경도감에서 묘법연화경 1부 7권을 내고 10년에는 선종영가집을 편찬하였다.
2월 8일에는 속리산 법주사에서 신미, 사지, 학열, 학조 스님들을 모시고 대법회를 보고 악학도감을 만들어 불교예술을 진흥하고 원각사 대종을 만들고 원각사 부근에서 각종 복지불사를 실천하였다.

12년에는 원각사 사리탑을 세우고 오대산 상원사를 중창하였다. 또 금강산 장안사에 가서도 사리에 예배하고 낙산사 종을 주조한뒤 건봉사 염불당을 만들었다.

계룡산 동학사 옆에는 고려의 왕실들과 정몽준 등을 모신 3은각이 있는데 김시습이 출가하여 8방으로 유랑하다가 이곳에 이르러 사육신과 생육신의 혼을 불러 제사 지낸 일이 있다.

세조대왕 정축년 9월 온양온천에 가다가 이곳에 들려 김시습의 정신을 감사하고 당시 희생된 모든 신하들의 이름과 고려인들을 위하여 재를 모시고 년년이 끊어지지 않게 하라 명령하였다.

그런데 공교롭게도 1457년 가을 왕세자를 잃자 금강경 사경을 마치고 세종대왕께서 만든 한문을 응용하여 능엄, 법화, 오가해 등을 차례로 출판하니 한문을 아는 학자뿐 아니라 언문밖에 모르는 궁중의 나인들까지도 불경을 공부하여 조선조 불교가 안방까지 퍼져나가기 시작하였다.

그뒤 여러 선사들의 비문과 불사의 내력을 정리한 석문(石文)들이 지금까지 전해 내려오고 있으니 몇가지 소개하면 다음과 같다.

5-2. 영암군 월출산 도갑사 묘각화상 비명과 서문

대저 바다가 크다고 하는 까닭은 맑고 깨끗한 물만 받아들이지 않기 때문이고, 또 무엇이라 말하기 어려운 까닭은 뚜렷하게 그 모습을 볼 수 있는 형체가 없기 때문이다. 만약 이 표현하기 어려운 도를 얻으면 불문의 삼매에 유희하고 생사의 고해를 항해하는데, 이러한 사람은 세상의 존중을 받지만 대저 많지는 않다. 그러나 근고에 있어 묘각왕사가 바로 그러한 분으로 보인다.

스님의 휘는 수미이고 옛 낭주 사람이다. 최씨 가문 출신으로 어머니가 이상한 사람에게서 구슬을 넘겨받는 꿈을 꾸고 잉태하였는데, 태어날 때에는 이상한 향기가 방안 가득 찼다. 어릴 때부터 영특하여 항상 세속을 멀리하려는 뜻을 품었다. 13세 때 낭주의 서쪽에 있는 월출산 도갑사로 출가하였다. 20세가 되어 구족계를 받았고, 새가 날 듯 자유롭게 여러 강원을 돌아다녔다.

속리산 법주사에서 사미 신미를 만났는데 나이도 같았고 이름도 같았다. 그와 함께 마치 옥돌을 자르고 쪼고 갈고 닦듯이 대장경을 강독하며 율장을 익혔다. 그리하여 점점 자용과 도골, 미채가 빛났고, 말하는 기운이 활달하였으며, 변재가 막힘이 없어서 학자들이 모두 그들을 두 감로문이라고 추앙하니 차츰 세상에 두각이 드러났다. 얼마 되지 않아서 동학에게 말하기를, "내가 본분을 등지고 있는 것이 마치 승요스님이 인물을 잘 그려서 비록 뛰어난 그림이라고 할지라도, 마침내 살아 있는 것 같지 않다."고 하면서 드디어 배우던 것을 버리고 우산 겸용 지팡이를 들고 짚신을 신은 후, 선굴에 출입하기 시작하였다.

처음으로 구곡을 만났으니 서로 계합하지 못하였다. 그 후 등계의 문하에 들어갔으나 불법이 어둡고 막힌 시절을 만나 선석이 황폐하고 쓸쓸한 것이 마치 새벽 별빛처럼 희미하였다. 스님은 판선종사에 뽑혀 횡으로 터져 흐르는 억불의 물결을 막았으며, 이미 무너진 둑을 다지고 물결을 돌려 종문의 큰 힘이 되었다.

스님이 도갑사를 찾아 돌아오니 이는 근본을 잊지 않음을 보여준 것이다. 선국사가 지정한 비보도량이 거의 황폐화되고 몰락하여 서늘한 안개로 덮인 무성한 잡초 속에 떨어져 있는 것을 개탄하고 대중들에게 이르기를 "우리가 이 지경을 가만히 앉아 보고만 있고 복구하지 않을 수 있겠는가. 하물며 성상께서 국사의 문도인 홍월에게 그 불사를 맡겨 중건, 복구하도록 명령을 내렸음에 있어서랴."라고 하였다. 그리하여 장엄의 신묘한 정성을 다하여 강궐과 청도가 마치 공중으로부터 떨어진 것과 같았다.

또한 영웅대군이 대단월이 되어 소조 약사여래상 3구를 감전에 봉안하였는데, 그때가 천순 기원 원년이었다. 이리하여 4사를 공양하는 이들이 모여들고 6화의 대중이 무리를 지어 몰려왔다. 많은 대중이 둘러싸듯이 몰려오고 고승대덕이 발에 차일 듯이 모이니 마침내 종풍이 크게 진작되었다.

뒤를 이은 세조는 스님께 예를 갖추고 받들어 맞이하여 왕사로 책봉하고, 묘각이라는 호와 자색 가사 한 벌과 코끼리 털의 불자, 유리 구슬 여러 개를 하사하였다. 또 빈번히 친서를 보내 안부를 물었다. 진신하고 봉액한 공경대부로부터 묵수와 동부 등의 관인에 이르기까지 서향하고 꿇어앉아 법을 묻거나 북쪽을 향하여 예배하는 사람들을 일일이 다 이를 수 없으니, 스님은 한 시대 사람들의 존중을 받았음을 이로써 알 수 있다.

모년 모월 모일에 제자들을 불러모아 종문의 대사를 부촉한 후 조용히 입적하시니 세납은 63세이고 법랍은 51년이었다. 부도탑을 절의 동쪽 산기슭에 세우고, 덕을 기록하여 비석을 세웠으나 이미 글자가 많이 닳아 없어져 읽을 수가 없었다. 그리하여 지금의 주지 청신 스님이 다시 새로운 비를 건립하여 사라지지 않도록 보존하고자 스님의 사적을 적은 글을 가지고 와 비명을 청탁하였다. 명은 다음과 같다.

월악이 솟아 남쪽 바다 끝까지 진압하였고,

영검이 가득차고 빼어나, 스님 같은

특별한 분을 탄생시켰네.

예전에 도선스님이 있어 국로라 칭송하였고,

후일에는 왕사라 일컬으니 묘각스님이 이 분이라.

선풍이 이미 사그라질 때 왕사께서 다시 바람을 일으켰고,

다시 복구하여 사라진 것을 일으켜

종소리와 북소리를 크게 떨쳤네.

첫째도 묘각이요, 둘째도 묘각이라.

영원토록 잊지 않고자 마땅히 돌에 새기노라.

승정 기사년 2월에 시작하여 계유년 6월   일에 세우다.

도갑사 큰법당

5-3. 대장경 인출 불사에 대한 김수온의 발문

　천순 기원 정축년 겨울에 왕께서 계양군 신 증과 영중추원사 신 윤사로, 의정부좌찬성 신 신숙주, 판중추원사 신 이인손, 신 권람, 이조판서 신 한명회, 승정원도승지 신 조석문 등에게 전지를 내렸다.

　"내가 하찮은 덕으로 천지조종의 영위를 잇고 신민의 위에 있어 다행히 경 등과 시대를 함께하게 되었으니 이 또한 선근의 작은 씨앗을 심는 일이 아니겠는가.

　생각하건대 불교가 진단에 흘러온 지 이미 오래되었고, 그 법설이 글로 실린 것으로는 또한 대장경만한 것이 없는데, 다행히 그 간행 판본이 모두 해인사에 갖추어져 있다. 오늘날 백성들이 선근을 쌓기에 좋은 일은 전부를 인성하는 것이나, 그동안 국가에서 일본에 하사하느라 남아 있는 것이 거의 없다. 그러므로 내가 약간 부를 인경하여 명산 복지에 나누어 소장하고자 한다.

　위로는 선왕과 선왕후 및 조상의 혼백에 이르기까지 좋은 명복을 기원하고, 아래로는 법계의 모든 영혼과 곤충 초목의 미물에 이르기까지 명리를 함께하여 끊임없이 미치게 하려 한다. 또한 모든 일은 시작하는 것이 어려운 법인데 이제 일을 시작하여 50부를 완성하기에 이르렀다. 장차 우리나라의 대사찰에 두루 안치하려고 하니, 경들은 조치를 따르고 그것을 차례대로 알리도록 하라."

　신 증 등이 삼가 서둘러 그 경의 본말과 대소를 모두 혜각존자 신 신미와 판선종사 신 수미, 선사 신 학열 등과 상의하였고, 이에 따라 위로는 임금께 아뢰고 승정원을 거쳐 각 도에 공문을 보내 그 지역의 넓고 좁음에 따라 종이 제출의 많고 적음을 정하였다. 부지통례문사 신 윤찬과 종부주부 신 정은에게 명하여 경상도에 가서 미리 업무를 나누고, 판선종사 신 수미, 해인사 주지 신 죽헌과 함께 그 일을 감독하도록 하였다. 또 감사 신 이극배에게 일러 모두를 살피도록 하였다. 드디어 행하여 이듬해 봄 윤2월 일을 시작하여 그해 4월에 이르러 마쳤다.

5-4. 용문사 종기(鍾記)

천순 기묘년 10월, 내가 중궁과 함께 동종을 주조하여 용문사에 받들어 시주하는 일을 의논하였다. 위로는 돌아가신 군왕과 왕비의 영가를 위하고, 가운데로는 의경세자를 위하며, 아래로는 법계의 모든 혼령들을 위해 고통이 사라지기를 엎드려 원합니다. 삼보께서 바로 알아주기를 불제자로서 삼가 생각하옵니다.

나무석가모니불 나무아미타불 나무지장보살

승천체도열문영무 조선 국왕 이유

자성왕비 윤씨

정빈 한씨

세자 신 황

통정대부 판내시부사 신 이존

통정대부 동판내시부사 신 신운승 받들어 출납을 맡다.

보의장군 행의흥위섭호군 겸 군기부정 신 김석제 주조를 감독하다.

봉승대부 액정서사약 신 장중동 교서를 받들다.

●용문사 사기

지평현 서쪽에 미지라 불리는 산이 있는데, 백리를 빙 돌아 천 겹으로 둘러싸여 웅거하고 있다. 날카로운 봉우리들이 준수하고 산골짜기는 깊은데 그중에 한 줄기 긴 천이 산봉우리 사이로부터 나와 돌고 돌아 용의 계곡 물을 만들었다. 아래에는 두 개의 석봉이 좌우에서 서로 마주보고 우뚝 솟아 있어서 저절로 석문이 되었으므로 용각석이라 부른다. 그 아래에 5리 정도의 양지에 대가람이 홀로 우뚝 솟아 있으니 용문사라 일컫는다. 신라 때에 창건되었고 나라 가운데에 이름난 사찰이 되었으며, 우리 왕조에 와서 소헌왕후를 위한 원찰이 되어 다른 사찰보다 남다르게 높이 대우하였다.

정통 병인년에 이르러 소헌왕후가 수양대군의 궁에서 죽게 되자 대군은 애통해 하며 슬픔이 끝이 없었다. 정묘년 봄에 왕후가 꿈에 나타나서 대군에게 이르기를 "나를 위하여 두 부처님과 여덟 보살상을 조성하여 용문사에 안치해다오."라고 하였다. 대군은 더욱 애통해 마지않았으며 널리 승려들에게 물었다. 그때에 승려 신미와 학조 등이 있었으니, 모두 함께 아뢰었다. "불경에 이르기를, '이 사바세계의 중생들을 고해를 건너 벗어나게 하여 극락세계로 인도하는 가장 인연있는 이로는 사바세계의 교주이신 석가여래와 극락세계로 인도하시는 아미타불, 그리고 문수보살 · 보현보살 · 관세음보살 · 대세지보살 · 금강장보살 · 제장애보살 · 지장보살 · 미륵보살이다' 라고 하였습니다. 소헌왕후께서 나타내신 두 부처님과 여덟 보살은 곧 이 분들일 것입니다."

대군은 명승들을 불러모아 궁 안에 두 부처님과 여덟 보살을 조성하도록 하였다. 문종대왕이 동궁에 있을 때에, 경복궁 청연루에 봉안하여 재를 올리고 반승을 하였다. 정묘년 7월 용문사로 옮겨 봉안하면서 승려들에게 명하여 보전을 고쳐 꾸미게 하고, 본래 봉안하고 있던 불상은 다른 전당으로 옮겨 봉안하도록 하였다.

다음 해 무진년 사월 초파일에는 경찬법회를 베풀었는데, 대군과 부부인이 함께 친히 왕림하여 기도하고 축원하였다. 대군은 부처님 전에 서원을 세우고 이르기를, "이 법회에서 만약 신령한 감응이 없으면 나는 불법에서 장차 물러날 것이다."라고 하면서, 승려 10여 인과 함께 부처님 전에 서서 7일 동안 한마음으로 정근하였다. 여섯째 밤에 이르러 탁상 위에서 쇳소리가 나니 학조스님이 이르기를, "우리 부처님께서 신령함을 내리셨도다."라고 하였다. 대군은 놀라움과 기쁨을 이기지 못하고 친히 향합을 열자 그 안에 6매의 사리가 있어 밝고 환하게 빛을 발하였다. 그때가 한밤중인 데도 대낮과 같이 온 경계를 금색으로 물들였으며, 3일이 지나서야 그쳤다. 대군은 눈물을 흘리며, "우리 부처님의 자비롭고 신령한 감응이 과연 이와 같도다."라고 하였다. 드디어 용문사를 원찰로 지정하였으며, 그 후 호념하고 높이 받드는 인연은 가히 다 기록할 수가 없다. 경태 을해년 윤6월에 이르러 드디어 보위에 올라 다시 전각을 중수하니, 사찰의 이름이 더욱 드러나 동국 제일의 도량이 되었다.

원래 저 대각은 원만하여 그 진리가 공과 유를 비추고 지극한 성인은 빈 가운데 응하고 그 이치는 생멸이 없다. 그러므로 형상을 천백억으로 화신하여 정성이 있으면 반드시 감응이 있고, 형체는 티끌 같은 국토에 흩어져 나투지 않는 곳이 없도다. 지금 우리의 성군께서 광겁의 인연을 쌓아 오래전에 보리를 증득하여 사람의 왕으로 내려오시어 세계를 호지하시고, 멀리는 모든 부처님의 부촉하심을 받들고 가까이는 사리의 신령한 감응을 얻으셨도다. 나라의 복이 반석에 영원히 견고하고 그 전함이 무궁하여 법의 북소리가 다시 대천세계에 진동하여 만세에 이를 것이니, 그 안의 모든 곳이 정토가 되고 중생들이 모두 다 은혜와 혜택을 입도다. 지극한 덕과 정성으로 도가 진지에 계합하지 않고서야 어찌 신령의 미묘한 모습일 수 있으며, 이러한 기특하고 신령한 감흥에 이르겠는가. 지극한 기쁨을 이기지 못하여 삼가 기록한다.

천순 무인년 10월　일

갖가지 종류의 사리들

5-5. 처용무(處容舞) 이야기

『용재총화』에 다음과 같이 이른다. 처용의 유희는 일찍이 신라 헌강왕 때부터 시작된 것이다. 한 신인이 바다 가운데서 나와서 처음에는 개운포에 나타났다가 왕도에 들어왔다. 그 사람됨이 훌륭하고 뛰어났으며 노래하고 춤추는 것을 좋아하였다. 익재의 시에 이른바 "흰 이빨 불그레한 낯으로 달밤에 노래 부르고, 솔개처럼 어깨를 치켜들고 붉은 소매 휘저어 봄바람에 춤을 추네."라고 한 사람이다.

처음에는 한 사람을 시켜서 검정 베옷에 사모 차림으로 춤을 추게 하였는데 뒤에 오방처용이라는 유희가 있게 되었다. 세종이 처용 유희가 생기게 된 사연을 가지고 가사를 고쳐 지었으며 이름을 봉황음이라고 하고 드디어 묘정의 정악으로 삼았다. 세조가 드디어 그 제도를 확대하여 크게 악을 합주하게 하였다.

처음에는 승려들이 부처께 공양하는 것을 모방하여 여러 기녀들이 '영산회상불보살'을 제창하면서 외정으로부터 빙 돌아서 들어오면 광대들이 각기 악기를 잡는다. 쌍학인과 5처용의 탈을 쓴 열 사람이 모두 따라가면서 느리게 세 번 노래하고, 제자리에 들어가 소리를 점점 빨리하다가 큰 북을 치면 광대와 기녀들이 몸을 흔들고 발을 놀리다가 한참만에 그친다.

이때에 연화대 놀이를 시작한다. 이보다 향산과 연못을 만들고 주위에 갖가지 색의 가화를 꽂아 두는데 높이가 한 길을 넘는다. 그 좌우에도 그림을 그린 등롱이 있어서 달아 놓은 수실이 그 사이에 어른거린다. 못 앞 동쪽과 서쪽에 큰 연꽃봉오리를 두는데 어린 기녀가 그 속에 들어가 있다. 보허자 곡을 연주하면 쌍학이 곡조의 가락에 따라 너울너울 춤을 추다가 가서 연꽃봉오리를 쪼면 두 사람의 어린 기녀가 꽃봉오리를 비집고 나와서 서로 마주 향하기도 하고 서로 등지기도 하면서 뛰며 춤춘다. 이것을 '동동'이라 한다.

이때에 쌍학은 물러나가고 처용이 들어간다. 처음에는 만기곡을 연주한다. 처용들이 열을 지어 늘어섰다가 이따금 소매를 구부려 춤을 춘다. 다음에는 촉기곡을 연주하고 이어서 신방곡을 연주하면 너울너울 어지럽게 춤을 춘다. 마지막으로 북전곡을 연주하면 처용들이 물러가 제자리에 정렬한다. 이때에 기녀 한사람이 들어와 '나무아미타불'을 부르면 여러 사람들이 따라 부른다. 또 관음찬을 세 번 부르고 빙 둘러서 나간다.

매년 섣달 그믐날 밤에 창경궁과 창덕궁 두 궁전의 들에 나누어 들어가서 처용 유회를 한다. 창경궁에서는 기악을 쓰고 창덕궁에서는 가동을 쓰는데, 새벽이 될 때까지 음악을 연주한다. 광대와 기녀들에게는 각각 포물을 하사한다. 사귀를 물리치기 위한 것이다.

처용무

5-6. 흥천사 종명(鍾銘)

    우리 승천체도열문영무 전하께서는 천명을 가슴에 받고 태어나시어 부서 쥐고 국운을 여시니, 국토는 편안하고 바람과 비는 시절에 따랐도다. 이에 맑고 고요하게 머물면서 삼가 도를 조용히 생각하니, 지극한 성인의 덕이 햇살과 상서로움으로 응하시었다. 이에 7년 신사년 여름 5월 임자일에 석가여래의 사리가 회암사에서 분과하여 상서로운 빛과 기운이 하늘에 밝게 빛나고 기이한 향이 일어나 산과 계곡에 두루 가득하였다. 효령대군 보가 사리 25매를 절에서 가져와 주상과 자성왕비가 내전에 봉안하고 예배하였다. 또 사리가 분과하니 함원전에 봉안하였는데, 또 분과하였다. 병진일을 지나 대군께서 다시 얻은 사리를 가져와 왕비와 함께 내전에 봉안하고 예배하였는데, 또 다시 분과하였다. 정사일에 주상은 친히 게송을 짓고 관현악으로써 왕비와 함께 함원전에 공양하였는데, 또 분과하였다. 이리하여 전후로 분과하여 얻은 사리가 총 102과가 되었으며, 회암사 법회 중에 사람들이 스스로 취하여 가져간 것 또한 부지기수였다. 주상은 크게 기뻐하여 죄수들을 석방하고 친히 스스로 『능엄경』을 번역하겠다는 대서원을 발하였다. 그리고 종친과 정부 육조, 장수들을 거느리고 조종과 일체 중생들을 위하여 여래상 1구를 조성하고, 또 궁중의 세자를 위해 1구를 조성하였다. 또 꿈에 관음과 지장 두 보살이 마주 대하는 기이함을 보고는, 이에 두 상을 조성하고 각각 그 가운데에 사리를 봉안하여 선종 흥천사의 사리각에 섬겨 모시었다. 주상은 왕비와 함께 보좌에 예배하고 향을 살라 공양하고는, 종을 주조하도록 명하여 6시에 일깨우고 어둡고 막힌 것을 인도하도록 하였으며, 이러한 연기를 새겨서 밝게 보이고 무궁하도록 하였다. 명은 다음과 같다.

    생각하건대 우리 성신은 일찍이 부처님의 수기를 받으시고 손에 금강륜을 쥐시고 하늘로부터 다스림을 위해 나오셨도다.
엄정하여 공경하고 두려워하며 선함에 허둥거리지 않으니
신인들이 협력하고 신령들이 나란히 하도다.
오직 대각을 우러르니 널리 인연있는 이들을 거두어들이시고
사리가 분과하여 이익을 베푸시는 희유한 일을 나투시도다.
눈과 귀는 놀라움에 떨며 그 빛은 천리를 비추고
신령한 상서로움이 진동하니 광겁에 드문 일이도다.
천심은 기쁨에 넘쳐 널리 서원을 발하니
부처님의 상을 조성하고 요의경을 펼치도다.
우리의 열조를 복되게 하고 일체 중생에게까지 미치게 하며
조종이 영원하고 경고함을 도모하여 억만 세를 지내도다.
오직 불도를 널리 홍보하여 두루 어둠과 막힘을 뽑아 버리나니
성군께서 부처님을 예배하고 대비로써 널리 제도하시도다.
쇠를 제련하여 종을 주조하니 일체중생에게 깨달음을 열고
괴로움을 쉬게 하고 혼미함을 일깨움이 미래세를 다하도다.

사리함

5-7. 진경전문(進經箋文)

　진경전문에 간략히 이른다. 공경하옵는 우리 주상 승천제도열문영무 전하께서는 예지가 날로 새롭고 다재다능하시고 하늘이 내신 성인이시다. 금륜을 마음대로 날리는 치세이고 옥의 등불을 조정하여 지역을 편안히 하신다. 다스림은 여섯 대의 융성함을 넘어서며 덕은 아홉 황제의 성품을 넘으셨다. 조정의 정사가 한가하다는 말을 들으니 불전을 높이 받들고 정신을 집중하여 칠각의 그윽하고 미묘함을 궁구하며, 삼공의 깊고도 오묘함을 통찰하셨다.

　경은 일곱 두루마리의 기록에 불과하나 실은 1백 부의 으뜸이라. 구마라집이 오천축에서 받아 적으니, 처음 범본을 택하여 온릉이 1세 동안 엄중히 숨기고 남겨진 경만 홀로 껴안고 다만 그 도에 의존하였다. 몽매한 사람들이 아직 깨닫지 못하니, 보배로운 게송을 자세히 번역하여, 모든 일을 주상의 생각대로 하였다. 언어가 끊어지고 뜻이 끊어진 사이를 나누고, 구두점의 옳음, 비유와 법도의 다름을 조사하고 밝혀 과단을 나누어 배열하였다. 가릉빈가의 선음을 펼침이며, 비밀한 뜻을 묘하게 펼침이고, 경의 진제를 펼침이며, 현묘한 길을 안온하게 펼침이니라.

　마음을 다한 번역은 한문에 바로 근거하고 구결은 방언으로 자세하게 베풀었으니, 비록 정무가 몰려오나 항상 한 가지 뜻에서 나누어지지 않는도다. 이치에 계합함이 더욱 깊고, 깊이 생각함이 지극함을 갖추었다. 묘하고 깊은 이치를 발휘하니 상서로운 밝음이 미려하고도 높은 하늘과 같도다. 오래된 의문을 펼쳐 해석하니 층층이 쌓인 얼음이 녹아 큰 골짜기에 흐르는 듯 하였다. 그 문체를 자유롭게 향기로운 강이 흐르는 것 같고 제망이 다시 비치는 것 같았다.

선비들이 서림에서 널리 고찰하여 사람들에게 강연을 펼치고 개사들이 예원에서 토론하니, 모두가 사경에 마음을 모으도다. 말에 힘써 불심에 잘 맞도록 하고 구절구절은 쉽게 하여 세속의 귀를 밝게 하였으니, 몰래 감춰 두었던 것을 세상에 알려 중생들의 미혹함을 깨우쳐 도와주었다.

5-8. 대원각사 종명과 서문

간략하게 이른다. 삼가 생각하옵건대, 승천체도열문영무 전하께서 부처님의 도가 자로써 즐거움을 주고, 비로써 괴로움을 제거하며, 근기를 따라 널리 제도하니 그 가르침보다 더 큰 것이 없어서 그에 의지하면 나라와 왕실을 복되고 이익이 되게 할 것으로 생각하였다. 이에 임금의 자리에 오른지 10년, 용집 갑신년에 도성 가운데에 원각대총림을 세울 것을 명하여, 정금 5만 근을 녹여서 대종을 주조하고 운뢰의 누각에 매달게 하였으니 법기를 밝힌 것이다.

간략히 이른다. 우리 주상전하께서 재위하신지 10년째인 갑신년에 공이 이루어져서 치세가 안정되고, 예로써 질서를 세우고 음악으로 교화하여 나라와 국토가 태평하고 백성과 만물이 풍족하고 편안하다. 임금께서 이에 신령스럽고 지극한 도에 노니시며 현묘한 가르침에 공손히 계합하시니, 억조의 군생과 함께 덕의 근본을 심어서 다 함께 태평한 세상으로 나아가고자 생각하셨다.

여래가 일생 동안 설한 삼장 12부 중에 오직 대원각이 참된 돈교의 진전이라. 천하의 큰 정사를 베푸시는 여가에 몸소 구결을 정하여 한자와 언문을 섞어 펴서 장차 나라의 사람들로 하여금 모두 대승의 도를 듣게 하셨다.

이해 여름 4월 경술일에 효령대군 보가 회암사 동쪽 산등성이에 석종을 세워 석가모니의 사리를 봉안하고, 인하여 법회를 베풀어『원각경』을 강설하였는데, 이날 저녁에 여래께서 허공 가운데에 모습을 나타내시고 신승이 단상에서 경행하며 상서로운 기운이 가득 퍼지고 광채가 어리어 두루 비추며 감미로운 샘물이 두루 적셔 사리가 분과하여 8백여 과가 나왔다.

5월 갑인일에 영적을 갖추어 사리를 봉안하고 알리니, 전하께서 왕비와 함께 함원전에서 정례하였는데 사리가 또 분과하여 4백여 과가 나왔기에 백관이 글을 올려 칭송 하례하였다.

이에 크게 서울과 지방에 사면을 행하고 의정부에 전지를 하였으니, 이에 이르기를 "현겁의 천불중에 가문씨가 네 번째가 된다. 도는 시방세계를 덮고 지혜는 한 세계에 두루 미쳐서 법을 설하여 중생을 제도하시니 그 도가 중국에 흘러들어온 책이 8만 4천여 부인데『원각경』하나가 본래 구경의 과를 일으킨 것이다. 내가 곧 명구를 번역하고 그 뜻을 발휘하여 장차 유포하려 하는데, 마침 백부 효령대군이 법회를 열었다. 제불 여래께서 신통 변화를 현현하신 것이 이 같은 경지에 이르렀으니 오탁악세에 이런 희유한 일을 만났구나! 마땅히 옛날의 흥복사를 중창하여 이름을 '원각사'라 하고, 최상승의 법문의 뜻을 붙이게 하려는데 어떠한가?"라고 하니, 많은 신하가 머리를 조아리고 절을 하면서 말하기를, "감히 왕명을 공경히 받들지 않겠습니까."라고 하였다.

절이 나라 도읍의 경행방에 있어서 주위가 2천여 보 이다. 처음에 우리 태조 강헌대왕이 한양에 도읍을 정하고 그 절을 조계종 본사로 삼았으나 종이 이미 혁파되자 절 또한 얼마 안 있어 폐하여 관청이 된 지 거의 40년이 되었다.

6월 을묘일에 이르러 전하께서 친히 이곳에 행차하여 두루 살펴보시니, 백악이 북쪽을 지키고 목멱이 남쪽에 끼었으며, 그 위치가 남쪽을 향하고 있으며, 그 터 또한 앞이 탁 틔어 밝은 땅이어서 큰 사찰을 건립하기에 적합한지라, 곧 신 보 등을 제조로 삼아 그 역사를 감리하게 하였다. 우선 간방의 모퉁이에 가옥을 세우고 비로소 불상을 조성하는데, 홀연히 집 위로 황색의 구름이 덮이고 허공 꽃이 무수히 떨어져 내렸으며 오색이 다 갖추어졌다. 보 등이 달려와 여쭈니, 전하께서는 근정전에 납시어 군신의 하례를 받고서 죄수를 석방하고 백관에게 관작 1급씩을 올려 주었다.

9월 갑자일에 절의 정전 위로 상서로운 기운이 솟아올라 위로 푸른 하늘을 덮더니, 함원전으로 이어졌다. 군신이 또 글을 올려 칭송하였는데 전하께서 대사면을 단행하셨다. 이에 일하는 무리들이 모여들어 서둘지 말라고 해도 부지런히 일하였으며 사부대중이 보시하였는데 오히려 뒤처질까 걱정했다.

원각사지 10층석탑

10월 을묘일에 이르러 마쳤음을 고하였다. 기둥을 헤아려 보니 총 3백개가 넘었으며, 불당이 가운데에 솟아 있어 대광명전이라고 편액을 하사하였다. 좌측을 선당으로 하고, 우측을 운집이라 하였다. 문을 두어 적광문이라 하고, 그 다음 바깥문은 반야문이라 하였으며, 그 다음 바깥문은 해탈문이라 하였다. 동편에는 연못을 파서 연꽃을 심고 서쪽에는 동산을 만들어 화훼를 심었다. 정전 뒤쪽으로는 장경을 비치할 전각을 만들어 해장전이라 하였다. 또 솔도파를 13층으로 건립하고, 분과사리 및 신역『원각경』을 봉안하였다. 전당과 요사, 창고와 부엌이 각각 그 위치와 순서를 얻으니, 규모가 넓고 시원하게 트였으며 단청이 휘황하고 장대하고 화려한 건물의 아름다움은 그 짝이 드물다. 건추 도구와 항상 사용하는 집기까지 다 넉넉하게 갖추었다.

이듬해 4월 8일에는 여러 산의 시 잘 짓는 승려들을 불러 크게 법회를 열기를 명하여 새로 번역한 『원각경』을 전독하고 낙성식을 거행하였다. 전하께서 친히 도량에 나오셔서 시종, 관료 및 외국으로부터 예물을 가지고 찾아온 이들로 하여금 다 들어와 첨례하게 하였다. 그때에 오색구름이 엉키어 자욱하고 하늘에서 꽃이 비 오듯 하였다. 흰 용이 뛰어오르고 쌍쌍의 학이 구름 사이에서 춤추며 날았으니, 상서로운 조짐이 답지하는 것을 여러 사람이 다 보았으므로 특별히 절의 승려들에게 쌀과 포목을 하사하였다.

또 이듬해 4월 8일에는 탑이 완성되어 법회를 베풀고 전하께서 친히 행차하셨는데, 그 때에도 하늘꽃, 서기, 사리의 기이한 일이 있었다. 또 흰 기운이 위로 올라 여러 갈래로 나누어지더니 허공 가운데를 가로질러 뒤덮고 돌면서 수레바퀴처럼 되고 쌓이고 쌓여 다함이 없었다. 일광이 노랗게 되니 승니와 도속이 우러러 보고 무릎을 끊고 두 손을 들며 절하는 이가 억만을 헤아렸다. 환궁하려 하자 학생과 노인, 교방 할 것 없이 모두 노래를 불러 바쳤다. 서울에 사는 사람, 남녀가 길을 가득 메워 거리가 막힐 지경으로 모여들어 손뼉치고 춤추며 뛸 듯이 기뻐하고 환호하는 소리가 우레와 같았다. 전하께서는 죄수를 사면하고 백관들에게 벼슬 1급씩을 올려 주셨다.

5-9. 오대산 상원사 중창 권선문

　생각하건대 우리 성상께서 천명을 받아 태어나셔서 다시 동화를 이루고 많은 백성 또한 편안하며, 사역이 편안하고 조용하여 작은 것이나 큰 것이나 할 것 없이 다 천지의 은혜를 입었다. 몽매한 이나 석가를 믿는 이나 다 같이 갚을 수 없는 지기를 물려받았으니, 악산의 은혜가 중함을 돌아봄에 호발같은 힘이 미미하기 그지없다.

　강릉 오대는 천하의 명산이고, 문수대성이 계신 곳이다. 영이가 나타나는 상원사는 더욱 수승한 곳이다. 우리들이 의발을 다 내어 이 절을 중창하니 복을 빌기 위한 곳으로 삼기 위함이라. 양전께서 이를 듣고 특별히 조서를 내려 이르기를, "스님들이 나를 위하여 가람을 짓고자 하니 내가 마땅히 보조하여 나라 사람들에게 이익을 넓히려 한다. 어의 몇 벌을 내놓고, 아울러 쌀과 옷감, 토목의 비용을 주라 명하노라."하였다.

　우리(신미, 학열, 학조) 등이 특별히 다른 대우를 받아 구구하고 작은 정성이나마 만수무강을 빌고자 했는데 다행히 임금께서 들으시고 이러한 큰보시가 있으니 삼보를 더욱 숭상하고 법륜이 거듭 구르도록 하며, 모든 착한 보시를 한 자와 보고 듣는 자가 다 환희심을 내고, 같이 보리심을 발하여 함께 덕의 근본을 심기를 원한다. 위로 성수의 무강하심을 축원하고 아래로 큰 복이 수억년 동안 이어져, 복되고 이로움이 끝이 없어서 현재와 미래가 다 이익이 되기를 축원한다. 운운

천순 8년 12월 18일

●임금이 지은 글

　세간에 일곱 가지 중한 것이 있으니, 삼보와 부모, 임금, 선지식이다. 삼보는 세간을 벗어나는 근본이 되고, 부모는 생명을 기르는 근본이 되며, 임금은 몸을 보존하는 근본이 되고, 선지식은 미혹을 인도하는 근본이 된다. 내가 잠저에 있었을때부터, 우리 혜각존자께서 일찍이 서로 알고 만나, 도로써 화합하여, 매양 진로로부터 이끌어 거두어서 나로 하여금 항상 깨끗한 생각을 품게 하고 욕망의 구덩이에 빠지지 않게 하여 금일에 있도록 하셨으니, 스승의 공과 여러 겹의 숙인이 아니면 어찌 능히 이와 같이 계합할 수 있겠는가! 이제 나의 몸이 편치 않아 기분 또한 좋지 아니함을 듣고 매우 급히 평상에서 내려와 주야로 수백리 밖에서 분주하게 달려오셨으니 비록 그 행위가 고상하지는 않으나, 만약 그것이 중생을 제도하는 대비라면 나는 듣고 놀라 감격하여 눈물이 마를 길이 없노라. 또 듣자 하니 스승께서 열, 조사와 함께 나를 위하여 옷과 자산을 모두 다 팔아 신령스런 사찰을 중창하신다 하는데, 스승이 나를 위한 마음 씀씀이와 내가 스승의 은혜에 감사함을 다른 사람이 서술할 바가 아니다. 내가 짐짓 스승 등을 위하여 같이 기뻐하며 비용을 도와서 구경의 바른 인을 삼고자 한다. 이른바 곧은 마음이 보리라 하니, 이에 세자에게 부촉하여 길이 후사에게 드리우노라. 운운.

　불제자 승천체도열문영무조선국왕 이

　자성왕비 윤씨가 비단과 쌀 5백석, 면포 5백 필, 정포 5백 필, 정철 1만 5천 근을 내리다.

5-10. 오대산 상원사 중창기

오대산은 강원의 경계에 있으며 그 산맥의 뿌리가 3백여리에 걸쳐 뻗어 있다. 그 웅장하고 깊으며 높고 큰 것이 풍악산과 더불어 우열을 견줄 만하다. 산허리를 베고 누운 고을은 주와 군현이 무려 10여군데가 된다. 산에는 다섯 봉우리가 있는데, 높고 낮음이 고르고 대등하며, 대소가 서로 가지런하다. 바라다보면 부용이 물 밖에 나온 것 같고, 대각이 허공에 떠 있는 것 같아 옛날부터 '오대'라 불렀다. 중대의 남쪽에 절이 있는데 상원이라 한다. 거듭 화재를 만났으나 그때마다 일을 주관하는 사람이 다시 짓고는 때로는 폐하고, 때로는 일으켰다. 그러나 그 규모가 협소하고 비색하여 승려가 즐겨 거처할 곳이 못 되었다.

천순이 연호를 세운지 8년 4월, 우리 세조 혜장대왕이 병이 들어 고생한지 열흘이 넘었다. 대왕대비 전하가 우려하고 두려워하며 내관을 보내 혜각존자 신미, 대선사 학열 등에게 묻기를, "중외의 사사에서 주상의 쾌차를 비는 법을 일으키는 것도 좋지만 내가 명산승지에 한 사찰을 창건하여 특별히 기원할 곳을 만들어 국가의 안녕을 기도할 만한 일이 있으면 이곳에 나아갈 것입니다. 경등은 사방을 유력하였으니 반드시 그곳을 알 것입니다. 숨김없이 알려 주십시오."라고 하였다. 신미 등이 대답하여 말하기를, "오대산은 우리나라의 명산입니다. 그리고 중대의 상원사는 지덕이 더욱 기이하니 승도가 결제하면 반드시 경침의 변이가 있습니다. 불행히도 음식 만드는 사람이 실화하였는데, 화주가 힘이 부족하여 서둘러 힘썼으나 겨우 사람만이 비바람을 가릴 정도입니다. 만약 그 옛터에 다시 건축하여, 그 규모와 법제를 넓게 하면 한 산의 명찰이 될 것입니다. 마땅히 기축하고 특별히 향과 예물을 내려 불사를 일으킨다면 이 절보다 편리한 곳은 없습니다."라고 하였다.

대왕대비 전하가 승려의 말이 진실로 마땅하다고 여겨 전지하여 곧바로 세조에게 아뢰고 승려 학열에게 명하여 절을 짓는 임무를 맡기고 경상감사에게 영을 내려 쌀 5백석을 배에 실어 강릉부에 운반하고, 제용감에서 비단과 베 1천필을 내어 처음 절을 짓는 경비로 쓰도록 하였다. 얼마 후에 세조의 질병이 점차 평소의 좋은 때처럼 좋아졌다. 대왕대비 전하가 놀랐다가 또 기뻐하며, 그 산의 영험함이 부처의 교화를 입었음에 안심하여, 말 한마디에 마음을 가라앉혔다.

세조가 친히 공덕소를 지어 종친과 재추에게 널리 보이니, 성지를 공경히 받들어 가진 것을 내 놓았고 인수왕대비 전하가 양전의 뜻을 높이 계승하여 조 5백석을 더 시주하여 모자란 것에 보태게 하였다. 이에 학열 공은 기뻐하며 이른 아침부터 일하고 밤에 생각하며, 몸소 독려하여 힘쓰니, 을유년 3월에 시작하여 다음해 병술년에 끝마침을 고하였다.

먼저 불전의 동서에 모두 상실을 두었는데, 공은 별도의 거처를 정교하게 만들고, 상실의 양벽을 헐어 장지로 대신하였다. 만약 큰 법회를 열고 정진하게 되면, 그 양쪽의 장지를 들어 올려 불전과 상실이 확 트여 하나가 되었다. 남쪽 회랑 사이에 누각 5칸을 세워 종과 경 등의 도구를 두게 하고 이어 그 아래에 문을 두어 출입하게 하였다. 동상실의 동쪽에 나한전을 세우고, 서상실의 서쪽에 청련당을 세우며, 청련당의 서쪽에 또 재실, 주방, 승당, 선당, 창고, 목욕실을 두었다. 마땅히 얻어야 할 것에 없는 것이 없었는데, 기둥을 세어 보니 총 56개였다. 헛간 곁에는 돌을 뚫어 물통을 만들고, 나무를 도려내어 통을 만들어 냉천이 빠르게 흐르도록 하여 사용함에 고갈됨이 없었다. 일용 집기들을 모두 넉넉히 갖추었다.

강릉에는 예로부터 봉전 수백 결이 있었는데 혜각존자는 절에 소속시켜 달라고 청하였다. 그것을 수전으로 만들어, 수백 석을 파종하고, 결실을 맺은 것을 해마다 수확하여 절의 유지비로 썼다. 인수왕대비 전하가 절에 탱화를 조성하고자 또 조 150석을 헌납하고, 선고비를 위하여 매일 저녁 시식하도록 조 60석을 주었다. 세조가 절의 불사가 끝났다는 소리를 듣고, 또 쌀 5백 석과 포 1천 필을 하사하여 의발, 좌구, 탕약, 등 사사를 두루 갖추게 하고 시를 잘하는 승려 52명을 모아 크게 낙성회를 베풀었다.

이해에 세조가 강원도를 순행할 때에, 산아래 성오 지역에서 머물렀다. 대왕대비 전하와 왕세자와 호종하는 문무 신료들을 거느리고 상원사에 행차하였다. 이날 낙성 개당식에 가는데 산수는 수려하고 골짜기는 청유하며, 전각과 요사는 화려하고, 승도들이 가지런히 늘어서 있으며, 법기들이 다같이 소리 내고 범패를 함께 불렀다.

세조가 몸소 불전에 이르러 세 번 향을 사르고 예배를 올렸다. 시종하는 군료들이 또한 막배하는 것을 허락하였다. 이어 공을 불러 한참동안 있었는데, 공은 산중의 고적을 거론하고, 또 본사의 흥폐와 시말 그리고 다시 불조가 동서에 몰래 전한 심법의 요결을 정하였다. 말의 기세가 신속하고 예리하였으며, 이치는 깊고 오묘하였다. 말이 모두 임금의 뜻에 맞으니, 세조가 크게 기뻐하여 내탕금과 베, 비단을 하사하였다. 법회가 끝나자 어가는 머무르는 곳으로 돌아왔다. 다음날 학열 등이 승도와 대중을 이끌고 행궁에 가서 은혜에 감사드렸다.

성화 6년 경인년, 지금의 우리 주상전하가 상원사를 세조대왕의 원찰로 삼았다. 또 전날에 임금이 거동하여 머무르던 곳이므로, 특별히 내수사의 노비를 하사하고 잡요 및 절에 속한 전지에 부과하는 세 외에 염분에 부과하는 세를 왕패를 내려 모두 영원토록 면제하였다. 이후 8년에 공이 절의 불사가 이미 완결되었음을 알리고, 세상을 피하여 은둔하려는 뜻에 따라 공직에서 물러나기를 청하니, 임금이 허락하였다. 공은 납의를 입고, 훌쩍 남쪽으로 갔다.

떠나기 전에 기록을 남겨 영구히 전하기를 청하니, 이에 신이 명을 받아 그일을 기록한다. 신이 듣건데 인성의 군주는 천하와 국가를 다스리는데 있어 몸소 인의 덕을 행하여 크게 변화하는 근원을 세우지 않으면 안되고 또한 청정의 도를 숭상하여 필요없는 정치를 하지 않으면 안된다고 하였다. 생각건데 우리 세조 혜장대왕은 몸소 큰 난리를 평정하고, 능히 국가를 편안하게 하였고, 몸을 단속하여 덕을 수련하여 선을 위함에 힘을 쏟고 기강을 세워 만세에 교훈을 드리워 대화의 근본이 이미 세워졌으며 나라를 다스리는 기구를 넓혔으니, 드디어 동방에 다시없는 태평을 이루었도다. 한편 생각하면서 석씨는 역외 대성이니 그 도는 자비청정을 귀하게 여기고, 이익과 은택을 미루어 주고 또한 나라와 가정을 복되게 하였고 임금과 어버이가 장수를 누리게 하였다. 성학은 만물을 드러내 보이고, 삼장구부의 문장과 일심 만법의 으뜸으로 미묘함을 연구하지 않는 것이 없으니 마음으로 그 뜻을 헤아려야 한다.

오대산이 비록 멀고 상원사가 비록 벽지이지만 도를 구하는 무리가 결집하는 곳이므로 반드시 개조를 해야 하는데, 특히 그 비용을 하사하여 공사를 시작하게 되었고, 그 공사가 끝났을 때에는 내탕금을 내려 주어 낙성의 법회를 베풀고 범채를 널리 선양하였다. 두루 법계의 함령들에게 미쳐 함께 끝없는 이로움과 즐거움의 은혜를 입게 하였다. 이에 임금께서 친히 거동하여 이 산 골짜기에 오셨으니, 바람과 구름이 색을 바꾸고 초목이 살아 빛을 발하도다. 천지가 있은 후로 이 산이 있어 왔으니, 이미 지나간 천백년이나 앞으로 마주할 천백 년 동안에 이처럼 훌륭한 일이 다시 있을지 알지 못하겠다.

이뿐만 아니라 멀고 후미진 땅에 산마루와 물가에 사는 백성들이 임금의 수레 소리를 듣고 휘황한 깃발의 아름다움을 본다는 것이 얼마나 다행스러운 일인가? 두 임금의 은혜를 입었으니 미담이 되어 억만년까지 전해질 것이다. 이 것은 의당 훌륭한 유학자와 큰 문장가를 칭송하여 아송을 짓게 하고, 암석에 새겨 영원히 없어지지 않게 해야 하지, 우매한 신은 진실로 그 훌륭함을 드러 내기에는 부족하다. 그러나 성지를 받들었으니 감히 글이 졸렬하다고 사양할 수 없다.

5-11. 금강산 종명과 낙산사 종명

　산의 뿌리는 동쪽으로 일본에 이어졌고 물의 근원은 서쪽으로 천축에 닿았다. 우리 동방 산수의 아름다움으로는 금강산만한 것이 없고 선찰의 정림하고 깨끗하기로는 장안사만한 것이 없다. 절은 산 서쪽에 있는데 시원하고 맑음이 제일이고, 건물들은 웅장하고 화려하여 청수와 고절의 무리가 마치 팔방의 구름이 용이 따르는 것과 같이 항상 머무르는 무리의 수가 2백명을 밑돌지 않았다. 신라 때부터 산의 본사가 되었고, 우리 세조대왕에 이르러서는 친히 이 산에 오셔서 법기보살의 진신사리에 예배하시게 되자 향로와 범종이 극히 융대하였다.

　태상대왕 재위 12년에 동쪽으로 순행에 나서 금강산에 올라 담무갈을 예경하고 아울러 바다 남쪽으로 가서 친히 이 절에 행차하였다. 왕대비와 우리 왕상전하와 함께 관세음보살상을 보고 예경하였다. 이때 사리가 분과하였는데 오채가 밝게 빛났다. 태상왕이 크게 서원을 세우고 선덕 학열에게 명하여 중창하게 하여 우리 전하의 자복사찰로 삼았다.

5-12. 건봉사 사적기

49생각건대 성화 원년 을유년 4월 11일 우리 세조대왕이 동쪽으로 행차할 때에 5일동안 머무르고, 원당으로 삼았다. 전결을 내리고 부처를 공양하고 작법하는 곳으로 삼았다. 왕이 친히 짓고 쓴 발원문에 이르기를 "무릇 우리는 동계의 사람이다. 이미 맑은 믿음이 생기고 헛되고 미혹됨을 일으키지 않는다. 망혹됨이 일어나는 곳은 모두 속세의 티끌에 기인하는 것인데, 속세의 티끌이 모여 거듭 탁한 산을 이루면 마침내 장애에 부딪혀 가볍고 맑은 날이 없으니 만일 그것을 제거하고자 삼태기와 삽을 병용하면 마치 대해와 같게 되어 나문동음하여 모두 충족함을 얻게 될 것이다. 스스로 포기하지 않고 떠다니며 가라앉은 것을 제거하고자 한다면 보리를 서원하는 일만이 있을따름이다."라고 하였다. 서명하여 이르기를 '승천체도열문영무조선국왕 이'라고 하고 옥새를 이안하여 본사 원당에 봉인하여 침범하지 말 것과 요역을 주지 말 것을 명하였다.

성화 5년 기축년에 예종대왕이 신성의 뜻을 우러러 본받아 또 원당을 정하였다. 교시를 내려 돈유하며 또 침범하지 말고 요역을 주지 말 것을 명하였다. 6년 병인년에 성종대왕이 특별히 효령대군 신 보, 영의정 고령부원군 신 신숙주, 상당부원군 신 한명회, 진용교위 신 조홍수 등을 파견하여 선왕의 발자취를 비고하였다. 특히 노비를 내리셨으며 채곽세, 선세, 염분세 등을 감해 주고, 절 주위의 산 사방 10리를 봉표로서 경계를 정하였다. 또 침범하지 말 것과 요역을 시키지 말 것을 명하였다.

가정 31년 임자년에 봉림과 제안 두 대군이 입계하여, 교시를 받들어 말하기를, "건봉사는 열성조의 원당 사찰이니 소중하며 자별하다. 본군은 아끼지 말고 평지의 밭 10결을 향화의 자금으로 공급하라.”라고 하였다.

　만력 30년 임인년 10월에 의인왕후 박씨가 복호 5결을 주었다. 순치 6년 효종대왕이 또 원당으로 정하고 어각을 중건하였다. 또 침범하지 말 것과 요역을 시키지 말 것을 명하였다. 강희 22년 계해년 3월, 명성왕후 김씨가 천금을 하사하였다. 아울러 침장, 가사, 세간살이를 하사하였다. 옹정 12년 갑인년 또 천금을 하사하고, 석가여래 치아를 봉안한 9층 석탑을 중수하였다. 건륭 19년 갑술년 정성왕후 서씨가 팔상전을 건립하고 원당으로 정하였다. 가을 8월, 영종대왕이 숙종조때 친히 만든「절함도」를 하사하여 어필가에 봉안하였다. 또 원당 사찰로 명하고 침범하지 말 것과 요역을 시키지 말 것을 명하였다. 별제 신 이인배를 보내 재를 감독하게 하였다. 가경 4년 기미년, 순찰사 남공철이「사명당대사기적비」의 비문을 지었다.

건봉사 적멸보궁

낙산사 종

부처님의 행적을 찾아서

釋迦如來行跡頌

2019년 7월 10일 인쇄
2019년 7월 23일 발행

편저자 수말라
삽 화 박미경

발행인 불교정신문화원
발행처 불교통신교육원
등록번호 76. 10. 20 제6호
주 소 12457 경기도 가평군 청평면 남이터길 65
전 화 031-584-0657, 02-969-2410
인 쇄 이화문화출판사 (02-738-9880)

값 : 28,000원